Schwarze Witwen und Eiserne Jungfrauen

Reclam Verlag Leipzig

Christian Bolte Klaus Dimmler

Schwarze Witwen und Eiserne Jungfrauen

Geschichte der Mörderinnen

ISBN 3-379-00763-3

1. Auflage 1997
Gestaltet von Matthias Gubig, Berlin
Schutzumschlag unter Verwendung eines Gemäldes von Artemisia Gentileschi: Judith enthauptet Holofernes (1611/12; Museo Nazionale di Capodimonte, Neapel)
Gesetzt aus Janson Text und Futura Condensed Bold vom Satzstudio XYZ, Naumburg
Gedruckt und gebunden von der Druckerei zu Altenburg
Printed in Germany

Für Sil und Natasha

Carlos Schwabe: Der Tod des Totengräbers, 1895

Im Zustande des Hasses sind Frauen gefährlicher, als Männer; zuvörderst weil sie durch keine Rücksicht auf Billigkeit in ihrer einmal erregten feindseligen Empfindung gehemmt werden, sondern ungestört ihren Hass bis zu den letzten Consequenzen anwachsen lassen, sodann weil sie darauf eingeübt sind, wunde Stellen (die jeder Mensch, jede Partei hat) zu finden und dort hinein zu stechen: wozu ihnen ihr dolchspitzer Verstand treffliche Dienste leistet (während die Männer beim Anblick von Wunden zurückhaltend, oft grossmüthig und versöhnlich gestimmt werden).

NIETZSCHE

Inhalt

Liebe Leserinnen und liebe Leser!
Erinnern Sie sich noch an die turbulente Komödie *Arsen und Spitzenhäubchen?* In diesem erfrischenden amerikanischen Spielfilm aus dem Jahre 1941 bemühen sich zwei distinguierte, aber resolute alte Damen darum, alleinstehenden älteren Herren einen dauerhaften Aufenthaltsort zu verschaffen. Statt in ein möbliertes Zimmer einzuziehen, finden die graumelierten Kavaliere nach dem Genuß von vergiftetem Holunderbeerwein allesamt als Leichen im Kellerboden eine ständige Bleibe – für die Ewigkeit umgeben von Unrat und Ungeziefer, von Würmern und Maden.

Auf diese scheinheilige, hinterhältige und wirksame Weise gelingt es den unerschrockenen Tanten, ebensoviele Morde zu begehen wie ihr mißratener Neffe Jonathan, der von Boris Karloff gespielt wird. Die Polizei jagt diesen gefährlichen Gangster wegen seiner Untaten rund um die Welt, und erst nach einer verpfuschten Gesichtsoperation, die ihm das Antlitz von Frankensteins Ungeheuer beschert, kehrt er zurück in die Arme von Abby und Martha. Und erkennt schließlich die tragische Ironie seines Schicksals: Er ist kein größerer Bösewicht als seine weibliche Verwandtschaft, natürlich nicht. Nur hat diese im Unterschied zu ihm ihr ganzes Leben lang Achtung und Respekt erfahren. Denn niemand, nicht der übelste Verleumder oder Verräter, würde sie je eines Verbrechens für fähig halten.

Ist diese ganze Geschichte deshalb nur Fiktion, nur eine literarische Erfindung? Keineswegs. Sie dient vielmehr als Hinweis und komödiantischer Fingerzeig. Hollywood führt uns in einem seiner besten Streifen mit den Mitteln eines ziemlich schwarz geratenen Humors vor, daß auch Frauen Schattenseiten haben, die für andere Menschen tödlich enden können. Und das Lachen darüber kaschiert nur den Ernst des lange Zeit totgeschwiegenen Themas. Doch verweilen wir kurz bei der Traumfabrik. Die 40er Jahre, das war die Glanzzeit der sogenannten Schwarzen Serie, düsterer Krimis, in denen es oft wie aus Eimern goß und der in einen Trenchcoat gehüllte Privatdetektiv im Sumpf des Verbrechens watete. Die Gangster waren meist Männer, selten Frauen. Und wenn, dann machten sie sich eher harmloser Vergehen schuldig.

Schließlich konnte es nicht angehen, daß eine »Puppe« einen wirklich ekelhaften Mord begeht und damit auch noch durchkommt. Also nahm man ältere Damen. *Arsen und Spitzenhäubchen* ist auch eine Persiflage auf das Genre des Gangsterfilms. Das von Patriarchen wie Louis B. Meyer und Irving Thalberg regierte Studiosystem verdrängte noch die Vorstellung von einem weiblichen Killer, einer Psychopathin, und erst recht die von einer Serienmörderin, von haarsträubenden Grausamkeiten und blutigen Monstrositäten, die vom sogenannten schwachen Geschlecht verübt werden. Derartige Phantasien schüren gewisse Ängste – sowohl bei den Frauen selbst als auch bei den Männern.

Eigentümlich ist: Bis in unsere Tage hinein hat das Medium Kino kaum Lebensgeschichten historisch verbürgter Mörderinnen auf die Leinwände gebracht. In den letzten Jahren häufen sich lediglich fiktionale Figuren und Geschichten. Und wenn in der feministischen Literatur von bösen Mädchen die Rede ist, dann in erster Linie im Sinne der Überwindung vorgegebener Rollenklischees.

Daß zarte Frauenhände, die in den Parfümerien so geschickt und kunstvoll teure Duftflakons in hübsches Geschenkpapier einpacken oder am heimischen Schreibtisch Klassenarbeiten korrigieren, zu extremen Gewalttaten imstande sein können, die denen des Mannes in nichts nachstehen, sorgt auch in unseren Tagen immer wieder für besonderes Aufsehen. Der Fall der Marianne Bachmeier, die im Gerichtssaal den Mörder ihres Kindes erschoß, ist hierfür ein Beispiel, wenngleich ihr Tatmotiv von einem großen Teil der Öffentlichkeit nachvollzogen werden konnte und ihr deshalb auch Sympathie entgegengebracht wurde. Tatsache ist aber auch: Eine psychopathische Serienmörderin wird von der Gesellschaft mit anderen Augen betrachtet als ihr männliches Pendant. Vielleicht, weil man sich scheut, die Abgründe ihrer Seele zu akzeptieren.

Anders als in herkömmlicher Frauenliteratur, die fast ausnahmslos von den Glanz-, Liebes- und Erduldungsleistungen historischer Frauengestalten kündet, wollen wir ein Buch der dunklen Kapitel aufblättern. Von Frauen soll hier die Rede sein, die wegen ihrer außergewöhnlichen und erschreckenden Taten berühmt-berüchtigt wurden. Manche von ihnen gerieten wieder in Vergessenheit; wir versuchen, sie hier zum Leben zu erwecken. Wir wollen die teilweise recht unheimlichen, teilweise sehr blutigen Geschehnisse nach den uns vorliegenden Dokumenten rekonstruieren und nacherzählen.

Wir schreiben über diese Frauen, weil sie menschliche Extreme darstellen, die aus dem Rahmen des Herkömmlichen und Konventionellen fallen und schon gar nicht in die vorgefertigten Raster positiver Auffälligkeiten passen. Sie gingen selbstbewußt und gewalttätig ihren Weg. Sie gaben nicht nur Lippenbekenntnisse von sich oder hielten flammende Reden, sondern wehrten sich handgreiflich, aus eigenem Willen. Oft grundlos, wie es schien.

Dieses Buch soll eine gänzlich andere Perspektive eröffnen auf eine Vergangenheit, die weit zurückreicht: bis hin zu Judith, der alttestamentarischen Mörderin, die aus öffentlich anerkannten Gründen gehandelt haben soll. Diese Entdeckungsreise in die labyrinthische Finsternis der Gefühle und des Wahnsinns und der Skrupellosigkeit menschlichen Machtstrebens kann keine erschöpfende analytische Untersuchung eines großen und ergiebigen Themenkomplexes sein. Selbst in einem umfassenden und zweifellos ambitiösen Projekt wie der fünfbändigen *Geschichte der Frauen* von Georges Duby und Michelle Perrot[1] ist kaum die Rede von weiblichen Akten zerstörerischer Aggression und schon gar nicht von Mörderinnen oder Serienmörderinnen. Wir betreten hier einen nahezu unerforschten Kontinent.[2]

Die Frau ist eben nicht nur eine »schöne Leiche«, wie uns die Literaturwissenschaftlerin Elisabeth Bronfen zu suggerieren sucht.[3] Für die erfolgreiche Autorin ist der tote, als schöne Leiche dargestellte weibliche Körper gerade deshalb ein bevorzugtes Sujet der Kunst, weil diese künstlerische Verarbeitung Symptom einer kulturellen Verdrängung ist. Der Mann als Künstler wehrt seine »Angst« vor der Sterblichkeit und vor dem Weiblichen dadurch ab, daß er seine Furcht auf ein totes, weibliches »Kunstobjekt« verschiebt und so ein »unsterbliches« Werk hervorbringt, in dem er sich verewigt. Darin offenbart sich eine Kultur, die den Tod und die Frau aneinander bindet und als das ganz Andere begreift und ausgrenzt – und auf diese Weise ihren neuralgischen Punkt bekundet.

Nun wirft sich allerdings die Frage auf, ob diese Verbindung von Weiblichkeit und Tod nicht auch einen weiteren Sinn annehmen kann. Die Frau muß nicht immer nur den Tod erleiden, sie kann ihn auch bringen. Und wie dies geschieht, zeigen viele makabre Horrorszenarien, die mancher Autor sich so nicht ausdenken könnte und die nichts an verstörender Irritation zu wünschen übrig lassen. Bereiche des Geheimnisvollen, Gruseligen und Übernatürlichen, Grenzregionen des Bewußtseins, der Leidenschaft und der inneren Qual werden ausgelotet.

Beschreibungen literarischer Figuren sollen die Geschichten tatsächlicher Mörderinnen begleiten. Darin wird der Wandel der Bilder, Metaphern und Symbole, mit denen das Weibliche und das Todbringende zusammengefügt und wahrgenommen werden, von einer Epoche zur anderen sichtbar. Zudem erörtern wir durchaus lesbare Wechselwirkungen zwischen Realität und kreativer Phantasie und machen aufmerksam auf die jeweilige Art und Weise, wie eine Mörderin wahrgenommen, beschrieben und behandelt wird.

Sigmund Freud hat gezeigt, wie Gefühle der Wut, des Zorns und des Hasses – also Aggressionen, die von der Gesellschaft im allgemeinen abgelehnt werden – eine Veränderung erfahren, wenn ein Individuum sie aufgrund seiner Abwehrmechanismen nicht ausdrücken kann oder erst gar nicht wahrnimmt und verdrängt. Derartige Emotionen verwandeln sich in Schuldgefühle, in Ängste, Phobien, Zwänge oder in dunkle Wolken der Depression.

Es gibt nicht wenige Frauen, die aufgrund traumatischer Schockerlebnisse während ihrer Kindheit und Jugend neurotisch oder psychotisch werden. Zweifellos besteht hinsichtlich pathologischer Auffälligkeiten eine verborgene Verbindung zwischen manchen der hier dargestellten Mörderinnen und Patientinnen der Psychiatrie. Es hat den Anschein, als ob an der Schwelle zum Irrsinn die einen einen Schritt nach außen tun und ihre innere, vielleicht panische Leidenschaft als Leid und Tod auf andere übertragen – während die anderen die ihnen zugefügten Verletzungen und traumatischen Erlebnisse in ihr Innerstes aufnehmen und daran psychisch erkranken.

Passive, duldende und dienende Frauen neigen bei der Verarbeitung von Schmerz- und Aggressionsgefühlen zu Verinnerlichung und Selbstzerstörung, denn »das Verdrängen des aggressiven Anteils der eigenen Produktivität, das sich in der Autoaggression um so stärker entlädt, ist selbst noch ein Erbe des verinnerlichten patriarchalischen Weiblichkeitsideals.«[4] Dieses Buch hingegen erzählt von Frauen, die diesem Bild nicht entsprechen.

1.
Gesche Gottfried und der Giftmord als weibliche Kunstform

Nun frönt' ich sicher heimlichem Genuß;
Mein Gift verwahrte mich vor Ueberdruß
Und ließ die Zeugen nach der That verschwinden.
Daß Lust am Gift, am Morden ich gewann,
Wer, was ich that, erwägt und fassen kann,
    Der wird's begreiflich finden.
Ich teilte Gift wie milde Spenden aus
Und weilte lüstern Auges, wo im Haus
    Der Tod hielt Schmaus.

Adelbert von Chamisso, *Die Giftmischerin*

Gesche ermordet eine Freundin

Es ist tiefe Nacht. Fahl beleuchtet der Mond eine dunkle, unwirtliche Waldschlucht, die rings umgeben ist von hohen Gebirgen. Gewitter scheinen aus verschiedenen Richtungen aufzuziehen. Erste Blitze zucken und erhellen die schaurige Szenerie. Zertrümmerte, faulige, verdorrte Bäume leuchten für kurze Momente auf. Raben, Eulen und anderes Nachtgevögel macht sich bemerkbar. Unsichtbare Geister umschweben den finsteren Ort, und Kaspar, der Jägerbursche, legt mit schwarzen Feldsteinen einen Kreis um einen Totenkopf.

Schon schlägt die Uhr in der Ferne zwölf. Mitternacht.
Der Kreis ist vollendet, und Kaspar ruft Samiel, den schwar-
(20 zen Jäger, die satanische Ausgeburt. Der Totenkopf verschwindet in der Tiefe, und an seiner Stelle erscheinen glühende
Kohlen und einige Reisigbündel. Kaspar entfacht das Feuer,
das sogleich knistert und knackt. Max, der Jagdkamerad, ist
auf einem Felsen gegenüber einem kleinen Wasserfall zu
sehen. Alles hat Kaspar, der scheinbar treue Freund, nur für
ihn unternommen, um ihn ins Verderben zu stürzen. Er-
schreckt überblickt Max die fürchterlichen Vorgänge:

»Ha! – Furchtbar gähnt
Der düstre Abgrund, welch ein Graun!
Das Auge wähnt
In einen Höllenpfuhl zu schaun!
Wie dort sich Wetterwolken ballen,
Der Mond verliert von seinem Schein!
Gespenst'ge Nebelbilder wallen,
Belebt ist das Gestein!
Und hier – husch, husch,
Fliegt Nachtgevögel auf im Busch!
Rotgraue narb'ge Zweige strecken

Nach mir die Riesenfaust!
Nein! Ob das Herz auch graust,
Ich muß! Ich trotze allen Schrecken!«[5]

Es muß sein. Max will die Freikugeln, das Silberrund, die Kugeln des Teufels, die keinen Schuß danebengehen lassen, die immer ihr Ziel treffen. Denn nur dann kann er das Preisschießen gewinnen, die Försterei erhalten und obendrein Agathe, seine große Liebe, ehelichen.

Und schließlich sind die Zauberkugeln gegossen. Der letzte Blitz schlägt ein. Samiel verschwindet, und Max erhebt sich, krampfhaft zuckend.

Der Vorhang fällt, der zweite Aufzug der romantischen Oper *Der Freischütz* von Carl Maria von Weber ist beendet. Tosender Applaus bricht sich Bahn, huldigt sowohl der raffinierten Illusionen und Illuminationen der Bühnenmaschinerie als auch dem Können der Sänger.

Unter den Besuchern des Theaters befindet sich Gesche Gottfried. Eine zweifache Witwe, die im Laufe weniger Jahre nicht nur den Verlust ihrer beiden Ehegatten zu beklagen hatte, sondern auch den ihrer Eltern, ihrer Kinder und manch anderer Person, die ihr nahestand. Das Schicksal hat sie schwer geprüft, und all ihre Nachbarn und bremischen Mitbürger achten und bewundern sie in Anbetracht ihrer schweren Bürde. Allgemein gilt sie als »christlich-starke Dulderin«, als ein Gegenstand öffentlicher kirchlicher Fürbitten.

Nun, kurz nach ihrem vierzigsten Geburtstag, hat sie sich die Freude gegönnt, mit ihrer treuen Freundin Lucie, einer Musiklehrerin, die Aufführung zu besuchen, um ein wenig Zerstreuung zu finden. Beide sind ausgesprochen angetan von dieser erbaulichen Unterhaltung. Sie lächeln einander zu und schreiten zusammen ins Foyer, um mit einem Gläschen anzustoßen. Inmitten des allgemeinen Pausengemurmels und unter Einwirkung des edlen Tropfens bedankt sich Gesche bei Lucie vielleicht sogar ein wenig zu euphorisch für den schönen Abend. Am Ende der Vorstellung verabreden sie sich für den nächsten Morgen zum Frühstück.

Und so betritt Lucie gegen zehn Uhr des folgenden Tages mit einem Notenbuch unterm Arm Gesches Wohnung. Da sie nicht viel Zeit hat, will sie nur ein halbes Stündchen bleiben, um dann Musikstunden zu geben. Sie nimmt auf dem Sofa Platz, und Gesche bietet ihr ein Glas Wein und etwas Zwieback an. Beide sind noch ganz im Banne des vergangenen Abends.

Langsam, geradezu bedächtig holt Gesche den Zwieback aus der dekorativen Kuchentrommel, da sie überlegt, ob sie das trockene Gebäck nicht mit etwas Butter bestreichen soll. Mit dem Messer in der Hand geht sie zögernd zur Kommode, in der sich das Butterfaß befindet. Als sie sie öffnet, fällt ihr Blick erst auf das große Butterfaß, dann auf die danebenliegende kleine Schale mit »Mäusebutter«, einer mit Arsen versetzten Butter, die als Vertilgungsmittel für Mäuse und Ratten dient. Gesches Augen wandern kurz von einem Behältnis zum anderen, dann verstohlen zu Lucie, die in ihrem Notenbuch blättert und angeregt über den gestrigen Abend schwatzt. Rasch schabt Gesche ein Stückchen Mäusebutter ab und bestreicht damit den Zwieback. Einen dicken Batzen Butter schmiert sie darüber und legt den Zwieback zusammen, damit Lucie nichts bemerkt. Nach dem genüßlichen Verzehr von Zwieback und Wein geht diese denn auch vergnügt von dannen.

Die Stunden verrinnen. Der Nachmittag bricht schon an, und Gesche wird unruhig. Irgendwann zwischen 3 und 4 Uhr schickt sie schließlich unter einem Vorwand einen Boten, um etwas nachzufragen. Doch eigentlich will sie wissen, wie es ihrer Freundin geht. Abends gegen neun Uhr erhält sie dann endlich die Nachricht, auf die sie gewartet hat: Die Musiklehrerin fühle sich unwohl, heißt es.

Erst ein starker Stuhlzwang und heftiges Erbrechen, dann Schwellungen, Leibschmerzen und Bauchgrimmen – »als wenn sie mit einem Schwert durchschnitten würde« – werfen sie aufs Krankenbett. Gesche eilt sofort zu ihr, um ihr beizustehen und sie zu pflegen. Ein Arzt wird herbeigerufen, dem sie verspricht, bei Lucie zu bleiben. In der letzten Nacht wacht sie ohne Unterlaß am Krankenlager. Von unerträglicher Pein gequält, keines klaren Sinnes mehr mächtig, schlägt die Kranke ungestüm um sich, greift selbst die ihr Nahestehenden an und stößt sie von sich. Furchtbar entstellt stirbt sie wenige Stunden später, am Morgen des 21. März 1825.

So oder so ähnlich müssen sich die Ereignisse in Bremen zugetragen haben, als die Musiklehrerin Anna Lucie Meyerholtz jenen qualvollen Tod fand. Fest steht, daß Gesche Margarethe Gottfried, eine angesehene Bremer Bürgerin, sie mit arsenhaltiger Mäusebutter vergiftet hat. Dokumentiert ist auch, daß sie ihre Freundin bis zuletzt aufopfernd gepflegt hat. Doch warum sie so und nicht anders gehandelt hat, scheint unerklärbar und unergründbar. Vorerst jedenfalls.

Noch irritierender wird der ganze Vorgang, wenn man die Geschehnisse unmittelbar nach Anna Lucies Tod betrachtet. Geschickt gelang es Gesche Gottfried, eine Obduktion zu verhindern. Selbst eine oberflächliche Untersuchung der Leiche konnte sie vereiteln, indem sie an das Schamgefühl und die Pietät der Betroffenen appellierte, welche es nicht zuließen, so despektierlich mit dem Leichnam der verehrten und geliebten Verstorbenen umzugehen. Desto schneller und unbemerkter erfolgte die Einsargung der Lucie Meyerholtz.

Kaum war dies geschehen, nahm sich die Mörderin des erblindeten 80jährigen Vaters der Getöteten an, der in seiner Tochter seine einzige irdische Stütze verloren hatte. Mitleid war gefordert, und dem stellte sich Gesche, indem sie sich aufrichtig um den alten Mann kümmerte. Ohne freilich davon abgehalten zu werden, das von Anna Lucia zusammengesparte Geld an sich zu nehmen. Nach Gesches Aufenthalt im Hause des vergifteten Opfers konnte es nicht mehr im Nachlaß gefunden werden. Selbst die Leinenschränke waren leergeräumt, und manch anderes Gerät im Haushalt fehlte. Überdies klagte sie öffentlich darüber, daß sie der verstorbenen Freundin einen größeren Geldbetrag geliehen hätte, den sie nicht mehr zurückerhalten habe.

Widersprüchlicher kann kaum ein Charakter beschrieben werden. Denn daß Gesches Zuneigung und Mitleiden nicht nur geheuchelt und vorgetäuscht waren, daran zweifelte auch Jahre später niemand. Sie verhielt sich zu fürsorglich und aufmerksam im Umgang mit anderen. Viele Jahre war sie mit Lucie Meyerholtz befreundet gewesen und hatte dieser auch manch kleine Freundlichkeit und Wohltat erwiesen.

Doch plötzlich, ohne jedes warnende Anzeichen, hatte sie zum Gift gegriffen. Nach ihrer Verhaftung im März 1828 wurde schnell klar, daß sie zwischen 1813 und 1827 insgesamt fünfzehn Menschen mit Mäusebutter zum Tode befördert hatte. Von unzähligen anderen Vergiftungsversuchen und fehlgegangenen Anschlägen ganz zu schweigen. Erbrechen, Durchfall, Halsbrennen und nicht zu löschender Durst, Schwindel und Herzklopfen, schließlich Lähmungserscheinungen, Gefühllosigkeit und halluzinatorische Angstzustände sind die üblichen Symptome einer derartigen Vergiftung.[6]

Wie ist ein solches Verhalten zu begreifen? Betrachtet man die zeitgenössischen Versuche einer Klärung des scheinbar Unerklärlichen, so sticht sehr bald das eigentlich Nichtssagende und Hilflose der Argumentationsmuster ins Auge. Wohlklingende Worte, die oberflächlich alles sagen und zugleich alles zudecken. Der Fall der Gesche Gottfried ist zu ungeheuerlich, als daß er mit den allgemeinen Phrasen von Moral und Doppelmoral gelöst werden könnte.

Schon das sehr frühe Bemühen einer präzisen Nachzeichnung und Erläuterung des Lebenslaufs dieser außergewöhnlichen Frau durch ihren Verteidiger Friedrich Voget in seiner *Lebensgeschichte der Giftmörderin Gesche Margarethe Gottfried*, sein Versuch, dort ein Motivations- und Kausalgeflecht zu erstellen, verkeilt sich in einem psychologischen Profil, das nur vordergründig einleuchtet, oder einer frömmlerischen Religiosität.[7] Ein Stechen mit Eisenstangen in einem sich nur zäh lichtenden Nebel von Vorurteilen.

Einerseits wirken Vogets Kommentare »häufig genug einfach sekundär nachgeschoben«[8], wie Eckart Oehlenschläger in seinem Nachwort zur Neuausgabe der Schrift Vogets konstatiert. Andererseits erkennt auch Voget, daß Motive und Mittel in den Handlungen der Gesche Gottfried bei genauerem Hinsehen auseinanderdriften. Die Motive, die aufgerechnet werden könnten – Selbstsucht, Eigenliebe, Machtrausch, Geldgier –, reichen nicht an die Taten heran. Solche einfachen Bestimmungen sind auch nicht haltbar, wenn sie scheinbar psychologisch abgesichert werden, wie beispielsweise durch die Formel von der »giftmordsüchtigen Monomanie«. *Monomanisches Irresein* ist, auch in äußerst komplexen Versionen der Beschreibung, nur eine willkommene Ausflucht vor einer dunklen, schrecklichen Wahrheit. Was bleibt, sind Gesches eigene Beschreibungen ihrer Taten:

> »Man schaudert doch sonst vor dem Bösen; allein das war nicht bei mir der Fall; *ich konnte mit Lust Böses tun.*«[9]

Was dieser Satz als Schlüssel zum Verständnis ihrer Morde beiträgt, wird noch deutlich werden. Manchmal verschließt sich auch Voget nicht einer möglichen, tieferen Einsicht. Dann scheint er zu ahnen, wen er wirklich vor sich hat, und spricht davon, daß das Morden mit Gift wohl »die geliebteste Unterhaltung ihrer Seele«[10] gewesen sei. Doch schnell wendet Voget den Blick ab und nennt seine eigentliche Meinung zu diesem Fall: Gesche Gottfried habe sich von Gott losgesagt und sei eine himmelschreiende Sünderin.

Leben und Sterben der Gesche Margarethe Gottfried

Bevor wir uns ausführlicher den Gründen und Erklärungen für Gesches Taten zuwenden und auf die Bevorzugung von Gift als Tatwaffe bei Mörderinnen eingehen, werfen wir lieber einen näheren Blick auf die Lebensgeschichte dieser berühmt und berüchtigt gewordenen Frau.

Als Tochter des Damenschneiders Johann Timm und der Wollnäherin Gesche Margarethe Schäfer wurde sie am 6. März 1785 geboren. Da ihre Mutter, deren Namen sie erhielt, die kleine Gesche und ihren Zwillingsbruder allein nicht versorgen konnte, stellten die Eltern alsbald eine Amme ein, in deren Obhut das Mädchen übergeben wurde. Dieses Ereignis wurde später sowohl von der Mörderin als auch von einigen anderen Personen als erstes Übel einer ganzen Kette von »betrüblichen Umständen« bezeichnet, die schließlich eine beispiellose Serie von Giftmorden auslösten. Die Amme hatte bereits einen kurzen Gefängnisaufenthalt hinter sich, außerdem war sie cholerisch veranlagt. Nicht zuletzt deshalb hätte wohl ihre Milch das Kind negativ beeinflußt.

Das strenge Elternhaus war auf Sparsamkeit und Gelderwerb ausgerichtet. Eine »feine Abgötterei zum förmlichen Geiz«[11], wie Voget schreibt, bildete eine weitere Wurzel aller kommenden Bosheiten, zumindest nahmen dies viele Zeitgenossen an. Ansonsten galten die Eheleute Timm als gutmütige, rechtschaffene und gottesfürchtige Mitbürger, die aus Gründen des öffentlichen Ansehens manche Spende für Bedürftige leisteten. Der Vater stimmte allmorgendlich einen frommen Lobgesang an, um das Haus zu wecken und zu beglücken. Doch beides, die Freigebigkeit gegenüber den Armen und die religiöse Hingabe, konnte nicht ausreichen, um andere Versäumnisse aufzuwiegen: die nicht eingehaltenen Kirchgänge und das bedenkenlose Fernbleiben vom sonntäglichen Gottesdienst, um einen geschäftlichen Auftrag zu erfüllen. Auch wies er unermüdlich auf die Gottgefälligkeit der eigenen Taten hin.

Schon im Alter von sieben Jahren sah sich Gesche Gottfried veranlaßt, all den Einschränkungen und Behinderungen entgegenzutreten, denen ihr Alltag unterlag. Da sie zu diesem Zeitpunkt in eine ordentliche Schule eintrat, kam sie mit anderen Mädchen ihres Alters in Berührung. Sie stellte fest, daß sich ihre Klassenkameradinnen kleine Näschereien und Spezereien leisten konnten, die sie entbehren mußte. Fortan entwendete sie geschickt geringe Summen aus der Haushaltskasse ihrer Mutter und den Ersparnissen einer Untermieterin, der alten Mamsell Stubing. Gesche ihrerseits ging ganz und gar nicht geizig mit dem Geld um, sondern verteilte es immer mit offenen Händen, ohne Hintergedanken. Sie wurde nicht entdeckt. Selbst als der Verdacht am größten war, zerstreute sie dank ihrer freundlichen und fröhlichen Wesensart die Bedenken in alle Winde. Eher schrieb man ihrem verschlossenen, menschenscheuen Zwillingsbruder Johann Christoph die Diebstähle zu.

Und hier wurde Gesche eine andere Einsicht zuteil: Das einnehmende Auftreten, die Fähigkeit, »Komödie zu spielen«, die Verstellungskunst, sie sind von entscheidender Bedeutung für Erfolg und Ansehen.

Sie nahm Tanzunterricht und lernte etwas Französisch. Sie bildete mit anderen Mädchen eine kleine »Theatergruppe« und schauspielerte immer sonntags in privatem Kreise. Sie war die Königin. Und sie bekam auch stets die schönsten und schwierigsten Rollen. Ja, sie war die Beste und verfeinerte sogar ihre Darstellungsmöglichkeiten. Ihre Talente, ihre äußeren Vorzüge, ihre Tüchtigkeit, ihre weiche, gefühlvolle Herzlichkeit – all das waren Qualitäten, die Gesche zum Vorbild für die Nachbarstöchter werden ließen. Voget sieht hier nur Ehrgeiz, Eitelkeit und die Kunst, »fälschlich einen guten Schein geltend zu machen«[12], der als blendend-strahlende Maske einen dunklen Kern verborgen hält. Trotzdem erklärten selbst Gesches Jugendfreundinnen nach Bekanntwerden der Vergiftungen, sie hätten nie Streit mit ihr und sie immer gern um sich gehabt.

So ist es auch nicht verwunderlich, daß Gesche, kaum sechzehn Jahre alt, schon drei verschiedene Heiratsanträge erhielt, die sie jedoch allesamt, ebenso wie einen vierten, ablehnte. Die Anträge blieben allerdings nicht folgenlos. Sie wurde sich ihres Wertes bewußt und vertauschte ihren Namen »Gesche«, den sie als unschön und mißklingend empfand, gegen »Gesina«. Ihre Freundinnen nannten sie seitdem »Sienchen«.

Einige Monate nach ihrem zwanzigsten Geburtstag – »noch hatte kein Gift der Schmeichelei leichtsinniger oder lüsterner Männer den Purpur der Unschuld anzutasten gewagt«[13] – lernte sie während eines Theaterbesuchs den Sattlermeister Johann Gerhard Miltenberg kennen. Ihn, den Sohn eines wohlhabenden Nachbarn, hatte sie bis dahin kaum beachtet. Doch nun wurde er, der junge Witwer, auf sie aufmerksam und konnte nicht mehr von ihr lassen. Wie so viele Männer verfolgte er sie und lief ihr nach wie ein »schwachsinniger Polizist«. Und weil alle Elternteile eifrig eine Heirat befürworteten, wurde diese zum baldmöglichsten Termin vereinbart. An ihrem einundzwanzigsten Geburtstag, dem 6. März 1806, wurde Gesche Margarethe Timm mit Johann Gerhard Miltenberg, der einige Jahre später ihr erstes Opfer werden sollte, getraut.

Bald nach der Hochzeit verdunkelten erste Wolken das Glück ihres ehelichen Himmels. Es stellte sich heraus, Miltenberg war ein Säufer und nach liederlichem Lebenswandel physisch erschlafft. Er litt gar an einer Geschlechtskrankheit und hatte Potenzstörungen. Kurz und gut: Er bot ein eher trauriges Bild und enttäuschte seine junge, aufblühende Frau zutiefst, er glich einem »Greis im Jünglingsalter«. Dies selbst wohl wissend, umgarnte er Gesche unbeholfen mit Geschenken und teurer Kleidung. Doch es war vergeblich. Als angesehene, gebildete Dame zog sie wenigstens etwas Befriedigung daraus, über sein Haus und das Gesinde zu gebieten. Miltenberg dagegen begnügte sich damit, ihre Pflege und gute Bewirtung zu genießen, sich seinen täglichen Gang in die

Weinstube leisten zu können und der Eitelkeit zu frönen, das schönste und tugendhafteste Mädchen zum Altar geführt zu haben. Gesche führte daher wohl ein um so strengeres Hausregiment. Mißbräuche im Haushalt, fahrlässiges und veruntreuendes Verhalten der Mägde, Lehrlinge und Gesellen bemerkte sie sogleich und unterband es unverzüglich. Großzügig war sie nur im Erteilen deftiger Strafen.

Miltenberg blieb ein »charakterloser Weichling«, ließ sich immer mehr gehen und stellte schließlich die unentbehrlich werdenden Freuden des Alkohols über alles. In der Folgezeit machte er seine Gattin erst mit einem neu gewonnenen Freund bekannt, dem jungen Gottfried, dann mit seinem Nachbarn Koppisch. Beide waren Weinhändler und versorgten Miltenberg mit den notwendigen flüssigen Prozenten. Das Unausbleibliche mußte geschehen.

Gesche begann sich zu schminken. Sie hörte damit nicht wieder auf bis zum Tag ihrer Verhaftung.

> »Die Schminke ist die abscheulichste Erfindung, die man nur nennen kann, weil sie die Schamröthe verdeckt, die nach dem Morgen- und Abendroth das schönste Roth in der Welt ist.«[14]

Das Verkleiden und Übertünchen mit Farbe wurde ihr unumgängliches Hilfsmittel auf ihrem Weg des Lasters – Maske der Verführung und Verstellung, die der »Schule der Lüge, des Diebstahls und des Mordes« diente. Ein Teil ihrer Persönlichkeit.

> »Die Natur schreibt Männergesichter mit Fraktur, Weibergesichter mit Kursivschrift; die Schminke löscht sie aus, und man fragt umsonst: *weß ist das Bild und die Ueberschrift?*«[15]

Koppisch, der wohlbeleibte, verheiratete Familienvater, suchte zunehmend Gesches Nähe. Und diese, bereit, ihr Wohlwollen zu zeigen, schickte ihm eine Tuchnadel mit einer Locke ihres Haares, dazu einen kleinen Brief. Mittlerweile sah sie ihrer zweiten Niederkunft entgegen. Schon an ihrem ersten Kind, Adelheid, geboren im September 1807, diagnostizierten die Ärzte die Zeichen einer üblen Krankheit, Erbteil des alkoholkranken Vaters. Das zweite Kind, ebenfalls ein Mädchen, erblickte Anfang August 1808 erst gar nicht das Licht dieser Welt – es wurde tot geboren.

Gesche war nun 23 Jahre alt, sie wollte endlich ihre Sehnsüchte und Hoffnungen erfüllt sehen. Da suchte Koppisch sie eines Abends auf, denn er wollte die günstige Gelegenheit einer Abwesenheit Miltenbergs nutzen. Gesche war erfreut, schenkte ihm jene »unselige Stunde, die bei Punsch und Kuß schnell entrann«[16], und vollzog den Ehebruch.

Danach reiste Koppisch nach Berlin ab, und just zu diesem Zeitpunkt kehrte Gottfried von einer längeren Geschäftsreise zurück. Da zudem das Haus, in dem er bisher zur Miete gewohnt hatte, verkauft wurde, bot Miltenberg ihm an, ihn als Untermieter aufzunehmen. Von nun an gab es kein Halten mehr!

Geschickt verstand es Gesche, abwechselnd mit Koppisch und Gottfried Erfreuung und Vergnügen zu haben. Beide Männer beschenkten und umwarben sie, doch keiner wurde richtig des Nebenbuhlers gewahr. Gottfried öffnete nachts des öfteren, wohl wissend um Gesches Begeisterung für das Musikalische, die Tür seines Zimmers, griff zur Gitarre und sang mit klingender, gefühlvoller Stimme kleine Liebeslieder und Balladen. Und ehe er endete, hatte Gesche längst ihre Tür sanft geöffnet und lauschte ihrem Liebhaber mit leisen Tränen.

Es dauerte nicht lange, bis ihre Leidenschaft ganz ihm gehörte. Selbst als sie im Juni 1810 einen gesunden Sohn namens Heinrich gebar, dessen Vater, wie man sich zuflüsterte, Koppisch war, tat das ihrer Zuneigung zu Gottfried keinen Abbruch. Und im Frühjahr 1813, nachdem sie bereits im Oktober 1812 ein weiteres Kind geboren hatte, das allerdings schon nach wenigen Monaten starb, wurde sie wieder schwanger.

Ein Entschluß reifte in ihr. Miltenbergs zunehmender Verfall und ihre immer heftigere Begeisterung für ihren zukünftigen zweiten Gatten brachten sie zu der mißmutigen Erkenntnis, daß Miltenberg das entscheidende Hindernis des heiß ersehnten Glücks mit Gottfried war. Es gab keine andere Möglichkeit: Miltenberg mußte verschwinden. Der Wert seines elenden Daseins war ohnehin gleich Null, wie es sich ihr wohl darstellte.

Unter dem Vorwand, Mäuse vernichten zu wollen, verschaffte sich Gesche bei ihrer Mutter etwas Arsenik. Unter anfänglichem Zögern verabreichte sie es ihrem Mann zunächst beim Frühstück, später in einer Hafersuppe. Am 1. Oktober 1813 segnete Miltenberg unter heftigen Schmerzen das Zeitliche. Lautes Brüllen verkündigte das Ende seiner Existenz. Doch erst nach seinem Tod betrat Gesche das Sterbezimmer, »wie eine Siegerin, angetan mit allem erdenklichen Putz der Gefallsucht.«[17]

Nunmehr hielten es Gesches Eltern für ihre Pflicht, ihrer Tochter jede Fürsorge angedeihen zu lassen, um ihr soweit wie möglich alle Last und allen Kummer über den herben Verlust zu nehmen. Natürlich erinnerten sie sich nur zu gut an ihren einst an Gesche gerichteten Wunsch, den angesehenen Sattlermeister als Schwiegersohn bei sich im Hause willkommen zu heißen, und waren deshalb nur um so beflissener, Gesche eine Hilfe zu sein. Als dann auch noch eine hochschwangere »Weibsperson« auftauchte, die den gerade Verblichenen der Vaterschaft beschuldigte, kannte die elterliche Teilnahme keine Grenzen.

Die junge Witwe aber fürchtete sich vor dem aufgeschwollenen Leichnam Miltenbergs. Als der Sarg zugenagelt wurde, überkam sie das kalte Grausen, und sie dachte, der tote Ehemann müßte durch das Klopfen wieder erwachen und ihre Untat bildlich vor Augen führen. Später, nach weiteren Giftmorden, war sie skrupelloser. – Glücklicherweise wurde ihr verstorbener Gatte nicht als erster auf dem neuen Kirchhof am Heerdentor bestattet, sondern als zweiter. Einem alten Brauch gemäß sollte nämlich eine neue Begräbnisstätte immer nach dem Namen des »Erstbegrabenen« benannt werden, und ein »Miltenberg-Friedhof« hätte Gesches Aufenthalt in Bremen sicherlich nicht erleichtert.

Nun forcierte sie ihre Betriebsamkeit im Sattlergeschäft und in der Hausverwaltung. Es galt, täglich zwei Gesellen, zwei Lehrburschen, zwei Dienstmädchen, drei Untermieter und ihre Kinder zu versorgen. Wenigstens Gottfried brachte etwas Freude in ihr Leben, seine Leidenschaft jedoch wollte sich nicht so recht erhitzen. Auch Koppischs Besuche waren selten geworden, er ging nur noch auf Tuchfühlung mit der alten Freundin, wenn Gottfried auf einer seiner langen Geschäftsreisen war. Zwar waren ihr nach der Geburt von Töchterlein Johanna im Januar 1814 mehrere Heiratsanträge unterbreitet worden, doch sie hatte sich nicht entscheiden wollen – ihr Herz gehörte Gottfried. Was wiederum den Eltern ein Dorn im Auge war, besonders der Mutter. Nur gegen ihren Willen war ein Bund mit Gottfried durchzusetzen.

Der Weg der Seligkeit schien alles andere als offen. Denn Gottfried, von dem es allgemein hieß, er liebe es, Frauen »durch buhlerische Auszeichnungen und Liebkosungen, ja durch Kuß und weitere Vertraulichkeiten bis aufs äußerste aufzureizen, um sich am Ende kalt zurückzuziehen«[18], übte sich in artiger Zurückhaltung. Seine Enthaltsamkeit soll physischer Natur und weniger moralisch begründet gewesen sein. Doch es kam noch schlimmer: Er wollte nicht mit ihr vor den Traualtar schreiten. Ein gemütliches Zusammensein schien ihm ausreichend, begleitet von gelegentlichen Aufmerksamkeiten und zeitweiliger liebender Zuwendung, die freilich für ihn natürliche Grenzen hatte. Gesche verstand ein solches Verhalten nicht. Sie dachte wohl, andere, tief im Verborgenen schlummernde Gründe, die auf diffuse Weise mit anderen Menschen verknüpft waren und die er nicht offenbaren konnte, seien für diese Hemmung verantwortlich. Und so glaubte sie, ihre Eltern und ihre Kinder schreckten Gottfried ab. Sie stellte sich nur eine einzige Frage: Wie konnte sie ihn vollends gewinnen?

Da erkrankte plötzlich ihre Mutter, die sich sofort in die Obhut der Tochter begab. Es verstand sich von selbst, daß Gesche sich liebevoll um sie kümmerte. Vorerst jedenfalls. Denn eines Tages – sie wollte gerade Kleidung für die Mutter holen – sah sie im Schrank ein kleines Päckchen mit der Aufschrift »Ratzenkraut« – Rattengift. Gesche ließ es zunächst liegen, doch ihre Gedanken kamen nicht mehr von ihm los. Die Tage verstrichen, und die Genesung ihrer Mutter schritt sichtlich voran. Da ging Gesche wieder zu dem Schrank der Mutter und »holt in Papier ein wenig aus dem so zauberisch wirkenden Paket.« Weitere acht Tage wartete sie, ehe sie von dem Gift Gebrauch machte. Ihr kam das Theaterstück in den Sinn, das sie kurz nach Miltenbergs Begräbnis gesehen hatte, Schillers *Räuber*, ein Schauspiel, das sie noch Jahre später als dasjenige lobpreisen wird, das ihr am meisten zugesagt habe. Und jetzt erinnerte sie sich an die Worte des Räubergesellen Schwarz:

> »Kann man nicht auf den Fall immer ein Pülverchen mit sich führen, das einen so im stillen übern Acheron fördert, wo kein Hahn darnach kräht?«[19]

Gesches Mutter starb am 2. Mai 1815. Der Vater war untröstlich. In seiner ersten Trauer betonte er ohne Unterlaß, das Leben sei für ihn nun zu Ende. Unterdessen beseitigte Gesche unverhohlen weitere Hindernisse, die ihrer Verbindung mit Gottfried offenbar im Wege standen: Tochter Johanna, Todestag 10. Mai; Tochter Adelheid, Todestag 18. Mai; den Vater, Todestag 28. Juni – er war nach dem Tod seiner Frau und zweier Enkel so geknickt, daß er den Tod sich förmlich herbeisehnte – und schließlich ihr letztes Kind, den kleinen Heinrich, der unter unsäglichen Schmerzen am 22. September desselben Jahres sein Leben beendete.

Diese Fülle von Todesfällen ließ Gerüchte aufkommen, daß dies nicht nur Gottes Wille sei. Doch so kurz vor dem Erfolg war Gesche längst virtuos in Scheinheiligkeit und Heuchelei. Keine Gefahr mehr fürchtend, willigte sie anstandslos in eine Leichenöffnung ein. Der Arzt stellte lediglich fest, daß das Kind an einer »Verschlingung der Eingeweide« gestorben sei. In dieser prekären Situation kehrte unerwartet Gesches Bruder von seiner »Weltreise« heim. Als Husar in der Armee Napoleons hatte er stolz am Rußlandfeldzug teilgenommen, erfrorene Füße blieben sein einziger Lohn. Zerlumpt und verkrüppelt betrat er im Mai 1816 das Haus seiner Schwester. Unter unerträglichen Qualen, die ihm das Gift der Schwester bereitete, geistig verwirrt, mit »Hirnwut« und »vive l'empereur!« rufend, starb auch er – am 1. Juni 1816.

War Gesche nun am Ziel ihrer Träume? War sie frei? Wieder begehrenswert in den Augen des geliebten Gottfried? Nicht ganz. Um den letzten Makel für ihn auszuräumen, verkaufte sie das Sattlergeschäft. Aber auch dieser blinde Aktionismus blieb wirkungslos, denn Gottfried weigerte sich noch immer. Nach einem leidenschaftlichen Silvesterabend – der Jahreswende auf das Jahr 1817 – machte das kommende Frühjahr das Maß voll. Mit Erschrecken stellte sie fest, daß sie erneut schwanger war. Gesche geriet in Panik, fühlte sich vollends betrogen und wußte keinen Ausweg. Gottfrieds einziger Ratschlag bestand darin, das Kind entweder heimlich zur Welt zu bringen oder abtreiben zu lassen. Um aber nicht als uneheliche Mutter ihre Ehre zu verlieren, bat, ja flehte sie ihn an, sie zu heiraten, bis er sich schließlich doch zwölf Wochen vor der Entbindung zum Eheversprechen durchrang. Daß Gesche ein Kind unter ihrem Herzen trug, konnte sie inzwischen nicht mehr verbergen, die Glut ihrer Liebe aber war erkaltet – eine Konsequenz seines Verhaltens – und sie griff zur bewährten bitteren Medizin. Mit vergifteter Mandelmilch verabschiedete sie sich von Gottfried. Noch nicht ganz im Jenseits, körperlich arg geschwächt und nicht mehr Herr seiner Sinne, willigte Michael Christoph Gottfried endlich am 2. Juli 1817 in den Bund fürs Leben ein. Seines wiederum erlosch nur wenige Tage später, am 5. Juli.

In den kommenden sechs Jahren beging Gesche Gottfried keine weiteren Mordtaten, sie übte sich in Zurückhaltung.

Erinnerungen an die Vergangenheit bemächtigten sich ihrer, die sie wehmütig erschaudern ließen. Sie war gescheitert, alle ihre Träume waren zerstoben. Nichts als ein Häuflein schillernd bunter Illusionen lag vor ihr auf dem Boden der Tatsachen. Und oft dachte sie auch an ihre Kinder ...:

> »Ich schloß mich oft auf meiner Bodenkammer ein und weinte unbeschreiblich. Einmal sah mich dort, vom Hof aus, die Frau des ... so heftig weinen und rief zu mir herauf, was mir fehle? Ich trat schnell tiefer ins Zimmer, um mich zu verbergen, und tat, als hätte ich nichts gehört.«[20]

Eine tiefe Traurigkeit erfaßte sie. Sie war jetzt zweiunddreißig und hatte Angst, allein zu sein. Sie fragte sich: Wie wird es mir gehen, wenn ich alt bin? Sie suchte Aufheiterung und Zerstreuung. Trost fand sie im Umgang und in der Liebe zu Kindern, insbesondere zu jungen Mädchen. Immer wieder veranstaltete sie Kindergesellschaften, fuhr mit den Buben und Mädchen aufs Land und verbrachte auch einige Geburtstage mit den Sprößlingen ihrer Nachbarn.

Doch Geldsorgen ließen ihr keine Ruhe. Ihr verstorbener Mann hatte nur Schulden hinterlassen, für die sie nun aufkommen mußte. Ihr eigener großzügiger Lebensstil tat ein übriges. Finanziell ging es ihr mehr als schlecht, und da sie beträchtlich über ihre Verhältnisse lebte, mußte sie sich ständig von verschiedenen Personen Geld leihen. Reichlich Gelegenheit dazu hatte sich ihr nach der Niederkunft, am 2. Oktober, geboten. Das Kind war tot geboren worden. Ihr weiterhin tadelloser Ruf, ihr angenehmes Äußeres und ihr »zartes weich-weibliches Wesen« machten sie zu einer begehrenswerten, »reizenden Witwe«. Dolge, ein wohlhabender, verheirateter Schneider, bekannte ihr gegenüber, sie schon als Mädchen von sechzehn Jahren mit liebevoller Zuneigung beobachtet zu haben. Bei seinen Besuchen brachte er nicht nur Geschenke, sondern auch Geld, das er ihr lieh. Gleichzeitig lernte sie den jungen Kommissionär Johann Mosees kennen, ihren neuen Untermieter. Sie eroberte sein Herz im Sturm, so daß er ihr binnen Tagen blind ergeben war und ihr jeden Wunsch erfüllte. Er kümmerte sich nicht nur fürsorglich um den kleinen Garten der Alleinstehenden, sondern erwies ihr auch kleine Gefälligkeiten und zeigte sich in jeder Hinsicht bemüht.

Heiratsanträge wurden ihr gemacht, die sie jedoch alle zurückwies. Allerdings verstand es Dolge vortrefflich, so manch mögliche Eheschließung zu vereiteln, denn er dachte gar nicht daran, seine Geliebte an einen anderen weiterzugeben. Durch mehrere Schuldverschreibungen versuchte er, Gesche noch fester an sich zu binden. Außerdem erfuhr er von einigen kleinen Betrügereien, die seine Gesche in ihrer finanziellen Not begangen hatte. Doch im Sommer 1822 konnte sie für einige Wochen ihrer mißlichen Lage entfliehen. Eine Freundin lud sie nach Stade zu einem Erholungsurlaub ein. Ausgedehnte Ausflüge, Spaziergänge, Vergnügungen und Festivitäten aller Art stimmten sie wieder fröhlich und ließen ihre Sorgen dahinschmelzen. Es war eine glückliche Zeit. Doch für ihre Kasse bedeutete sie den endgültigen Ruin. Nur mit Diebstählen konnte sie ihre Börse auffüllen.

Da begegnete sie Anfang des Jahres 1823 dem Modewarenhändler Paul Thomas Zimmermann, der schließlich um ihre Hand bat. Und sie wollte. Ewige Geldnot in der unglückseligen Kombination mit unerschöpflichen Bedürfnissen ließen ihr keine andere Wahl, als sich mit ihm zu verloben, um daraus »mit vampirischem Durst für ihr teures Selbst alle möglichen Vorteile zu ziehen«. Doch wiederholt war Zimmermann davor gewarnt worden, ein eheliches Bündnis mit ihr einzugehen.

> »Männer und Kinder seien ihr abgestorben, und man behaupte, daß sie etwas an sich habe, das ihrer näheren Umgebung schädlich sei.«[21]

Zimmermann wurde unsicher, zweifelte. Also setzte sie mit großem Geschick alle ihre einschmeichelnden Waffen ein, um die Bedenken des begüterten Kaufmanns wieder zu zerstreuen. Es gelang ihr mit Bravour; doch solche Mißhelligkeiten verwirrten und entsetzten sie, und sie erinnerte sich daran, wie problemlos sie sich einst von Schwierigkeiten befreit hatte. Nach sechs Jahren unheilvoller Ruhe war wieder ein Mord vonnöten.

Ende April 1823 – sie hatte Zimmermann mittlerweile so umgarnt, daß das Verlöbnis fest und unantastbar schien – reichte sie diesem während eines vertraulichen Gesprächs die erste Gabe Gift. Für sie aber war klar: Stirb langsam! Der Unglückliche sollte zunächst nur schmerzhaft erkranken, damit sie dem Bettlägerigen ihre ganze Fürsorge und ergebene Treue vorspielen konnte – schließlich sollte er sie als Erbin einsetzen. Weitere genau dosierte Giftportionen ruinierten Zimmermanns Gesundheit dann endgültig. Nach einem qualvollen Todeskampf verschied er am 1. Juni 1823. Gesche übernahm den Ausverkauf des Modewarenlagers, nicht ohne bedeutende Summen zu unterschlagen. Um den Menschen ihren Schmerz zu zeigen, bat sie den Prediger ihrer Gemeinde, der die meisten Zuhörer hatte, um eine öffentliche Fürbitte, um Trost von oben.

> »Tiefschwarze Trauerkleidung umhüllte jetzt den Körper der einsamen Braut; aber mit bunten Farben malte sie sich die Freuden des nahenden Sommers aus, mit lüsternem Blick auf das Mittel dazu, das erbeutete Blutgeld.«[22]

Sie belohnte sich mit einer Reise nach Hannover zu ihrem Cousin Temme, erlebte ausgiebige Badetage, Tagestouren und Unterhaltungen aller Art, so daß die schöne Zeit schnell verging. Furcht und Angst erwarteten sie, als sie nach mehrmonatiger Abwesenheit im November nach Bremen zurückkehrte. Abermals war ihr gesamtes Vermögen, sowohl die geliehenen als auch die gestohlenen Gelder, restlos aufgezehrt. Gefangen in einem Netz aus Schuldverschreibungen und Hypotheken, umgeben von Gläubigern und Bürgen, die sie gegeneinander ausgespielt hatte, drohte nun alles über ihr zusammenzubrechen. Sie war bereits so hoffnungslos verloren in einem Gespinst aus Lügen und Täuschungen, daß neue

Winkelzüge ihr zwar morsche Stützen boten, den endgültigen Untergang jedoch nur verzögern konnten. Um die drückenden Sorgen für Momente zu vergessen, stürzte sie sich in Kurzweil und Vergnügen.

> »Ich fing an zu reisen, liebte geistige Getränke, lebte ungesittet, nachlässig, unordentlich, entwandte meinen Nebenmenschen das Ihrige, verleumdete, gab jedem Verleumder Gehör, las gerne Romane, traktierte und wurde aufs neue Mörderin.«[23]

Schon kleinste Anlässe und die Aussicht auf ein lumpiges Taschengeld konnten sie dazu verleiten, giftig zu werden. Um ihre Freundin Lucie Meyerholtz als nächstes Opfer zu erwählen, waren die kleine Barschaft – die bald fällige Hausmiete und eine zusammengesparte, unbedeutende Summe, die dereinst die Begräbniskosten für den hochbetagten, kränklichen Vater hatte decken sollen – und eine Laune Anlaß genug.

Jeder, der jetzt in Gesches Nähe geriet, lebte gefährlich. Selbst die sechsjährige Tochter des Untermieters Specht bekam eine Kostprobe des Giftes, weil Gesche die Mutter nicht mochte. Doch das Mädchen überlebte. Giftige, aber nicht tödliche Rationen servierte Gesche der Dienstmagd Lucie Block, dem Kindermädchen der Spechts, Blandine Witzel, dem Dienstmädchen Sophie Luise Fetten und anderen Personen. Gift war jetzt der Mittelpunkt ihres Daseins, das einzig Interessante und Aufregende, um das ihre Gedanken ununterbrochen kreisten. Ihr treuer Freund Johann Mosees, der sie so gern geheiratet hätte, wird über ein Jahr lang mit wohltemperierten Arsenkuren von einer Krankheit in die nächste gejagt. Bei jeder Erkrankung päppelt sie ihn liebevoll wieder hoch. Nach dieser Strategie verfuhr sie so lange, bis er ein Testament zu ihren Gunsten verfaßt hatte. Dann hatte auch Mosees seine Schuldigkeit getan und war bestimmt für den tödlichen Rest – unter rasenden Schmerzen starb er am 5. Dezember 1825.

Um die gröbsten Schulden abzutragen, blieb Gesche nun nichts mehr übrig, als ihre Immobilien zu verkaufen. Allerdings behielt sie sich ein Mietrecht vor und verkaufte erst dann ihr Anwesen an den Radmachermeister Johann Christoph Rumpff. Inzwischen hatte sie ihr viertes Lebensjahrzehnt erreicht: eine mittellose Frau mit ständig wachsender Existenzangst. Wieder griff sie zum bewährten Mittel, denn sie war fest entschlossen, ihr Haus mit jener schrecklichen Substanz zurückzugewinnen, die schon so viele andere Menschen dahingerafft hatte. Und daher sollte Rumpffs schwangere Ehefrau Wilhelmine als nächstes Hindernis fallen. Fünfzehn Tage nach der Entbindung, am 22. Dezember, starb sie. Ausgesprochen rührend kümmerte sich Gesche nach dem Tod der Mutter um Säugling, Witwer und Haushalt und machte Rumpff eindeutige Avancen. Zwei Raubmorde bildeten notgedrungene Intermezzi, mittels derer sie ihren finanziellen Bedarf kurzzeitig stillte. Nach den Vergiftungen ihres früheren Dienstmädchens Beta Schmidt im Mai 1827 – versehentlich wird dabei auch deren Tochter mit vergiftet – und des Beschlagmeisters Friedrich Kleine, einem hilfreichen Gönner und Freund ihres Cousins, im Juli 1827 hatte sie endlich die nötige Ruhe, die Einsargung Rumpffs intensiver voranzutreiben, denn er signalisierte deutliches Desinteresse. Mit einer Witwe wollte er sich schon gar nicht wiederverheiraten.

Doch jetzt wurde Gesche unvorsichtig, an Rumpffs Geistesgegenwart scheiterte sie. Er war aufmerksam genug, nach ersten Anfällen von Erbrechen und Durchfall auf der Hut zu sein. So entdeckte er wiederholt eine weiße, klebrige, körnige Substanz auf frischem Salat, den er daraufhin wegwerfen ließ, und als Bodensatz in einer Bouillon. Irgendwann erblickte er diesen unappetitlichen Belag auch auf einem Stück Speck. Rumpff war beunruhigt und rief sofort seinen Hausarzt, der ohne Umschweife das Beweisstück einem renommierten Chemiker zur Analyse aushändigte. Das Resultat der Laboruntersuchung: eine beträchtliche Beimengung von Arsenik.

An ihrem dreiundvierzigsten Geburtstag, dem 6. März 1828, wurde Gesche Gottfried verhaftet. Im Verlauf einer Reihe von Verhören gestand sie Zug um Zug ihre Giftmorde. Ende März wurden die Leichen von Johann Mosees und von Wilhelmine Rumpff zum Zwecke der Obduktion ausgegraben. Einen ungewöhnlichen Aufwand mußte man zur Auffindung der Leiche Beta Schmidts betreiben. Mitte April wurden etwa dreißig Särge geöffnet, bevor man ihre sterblichen Überreste fand. Für die chemische Untersuchung wurden Eingeweide entnommen und an die Universität nach Göttingen geschickt.

43)

Gesche Margarethe Gottfried.
Unmittelbar auf Stein gezeichnet im Criminal-Gefängnisse zu Bremen den 3ten October 1829 von Professor R. Suhrlandt

Am 17. September 1830, nach zweieinhalbjähriger Untersuchungshaft, verkündet ein Bremer Gericht das Todesurteil. Am 21. April 1831 geht Gesche Gottfried mit sichtbar großer Angst, aber ohne Tränen, gesenkten Blicks, mit Unterstützung der Polizeidiener auf das Schafott zu, während sich 35000 Zuschauer um das schwarze »Blutgerüst« drängen, um dem »hochnotpeinlichen Halsgericht« beizuwohnen. – Ein mutiger Budenbesitzer hatte schon vorher an den Senat vergebens ein Gesuch gerichtet, die Einsitzende zu den Freimarktstagen gegen eine Gebühr ausstellen zu dürfen. – Oben auf der Hinrichtungsstätte angekommen, nehmen die Leute des Scharfrichters Gesche in Empfang und gewähren ihr noch einen Becher Wein.

> »Augenblicklich waren Hände beschäftigt, die Augen zu verbinden, den Hals zu entblößen; aber da der zur Aufrechthaltung des Kopfes bestimmte Riemen nicht passen wollte, so vergingen noch einige Minuten vor dem Schwertstreich. Während derselben wurde der kraftlos vornübersinkende Kopf der Missetäterin wiederholt durch Stöße der Knechte unter das Kinn emporgebracht, bis ein kräftiger Hieb ihn vom übrigen Körper trennte. – Unter lautem Rufen der versammelten Menge ergriff jetzt der Scharfrichter das Taschentuch, welches die Delinquentin auf ihrem Schoß ausgebreitet hatte, und wischte damit das Blut vom Schwert.«[24]

Die Sezierung des Leichnams ergab eine »vollkommen regelmäßige Struktur aller edlen Körperteile«. Der abgeschlagene Kopf der Gottfried wurde in Spiritus gelegt und in einem Museum ausgestellt, »zum Vorteil der Taubstummenanstalt«. Ein beistehender Schrank nahm das Skelett auf. Beides muß heute als verloren gelten. Die Stelle der Hinrichtung wird bis heute von einem Stein markiert, der mit einem Kreuz gezeichnet ist. Die Bremer Jugend bespuckte ihn lange, um ihre Abscheu, aber wohl auch eine gewisse Ehrfurcht vor der Mörderin zum Ausdruck zu bringen.

Die Ästhetik des Vergiftens

Der Bremer Soziologe Christian Marzahn hat die Erklärungsversuche hinsichtlich der Taten Gesche Gottfrieds mit dem Titel eines Essays ironisch zugespitzt auf die Formel: »Verrucht oder verrückt?«.[25]

Auch er stellt fest, daß es zu einfach ist, nur ein »liederliches Wesen«, eine »fixe Idee« oder eine »spontane Besessenheit« aufzubieten, um »Gesinas« fünfzehn Morde aufatmend zu den Akten zu legen.

Ziehen wir aber den englischen Essayisten Thomas de Quincey zu Rate. 1827 weist er in einem Beitrag zu *Blackwood's Edinburgh Magazine* unter dem Titel *On Murder Considered As One Of The Fine Arts* mit ironischer Süffisanz darauf hin, daß etwas mehr zur Komposition eines wohlgeratenen und geschmackvollen Mordes gehört als zwei Dummköpfe (der Mörder und der Ermordete), ein Messer, ein Geldbeutel und eine dunkle Gasse. Vielmehr seien Stil, Form und Feingefühl notwendig, um einen »schönen Mord« zu begehen.[26]

Ein ordinäres Vorgehen, so könnte man folgern, kommt nur phantasielosen Totschlägern in den Sinn: Männern, die zu Messer, Schwert, Gewehr, zu Hammer, Knüppel, Spaten oder anderen einfachen Utensilien greifen, die gut in der Hand liegen, um in plumper Weise ihren Kontrahenten, ihren Feind oder das Objekt ihrer Begierde anzugehen.

Eine Frau wie Gesche hingegen wählte ein kapriziöseres Verfahren.[27] Was bei ihr ins Auge sticht, das ist die Leidenschaft für das Theater, ein Hang zur Schauspielerei, zur Maskerade und Scharade. Schon als Kind liebte sie es, sich mit anderen Kindern in Rollenspielen zu üben. Und mit zwanzig Jahren, bei ihrem ersten Theaterbesuch, lernte sie, in Begleitung ihrer Freundin Marie Heckendorff, Miltenberg kennen. Sollten diese Theaterbesuche wirklich nur dazu gedient haben, sich in der Öffentlichkeit zu präsentieren und die Möglichkeiten der Verstellungskunst zu studieren, um daraus eigenen Gewinn zu ziehen? Selbst bei Tragödien, so heißt es, war ihr bewußt, daß auf der Bühne nur gespielt wurde,

während ihre Freundinnen Tränen vergossen. Offensichtlich verfügte sie über keinerlei Einfühlungs- und Identifikationsvermögen.

Alles in und außerhalb ihrer eigenen Umgebung, was ihr als wichtig, interessant oder als Zeichen von Weltläufigkeit erschien, versuchte sie im Gedächtnis zu behalten und nachzuahmen. Schön klingende Redensarten, Sprichwörter, gelungene Verse und Aussprüche von Dichtern prägte sie sich ein, um sie bei Gelegenheit wie eine »geistige Schminke« zu gebrauchen. Und um ihre »äußere Schminke« in vollendeter Perfektion aufzutragen, verlieh sie ihrer eigentlichen Gestalt ein sehr viel üppigeres Erscheinungsbild. Sie empfand sich offenbar als sträflich dünn und mager, und so entdeckte man nach ihrer Verhaftung, als sie entkleidet wurde, daß sie nicht weniger als *dreizehn Korsetts* übereinander trug.

Ein weiteres Mittel, die Wahrnehmung der Menschen bezüglich ihres Verhaltens zu beeinflussen, lag in ihrer »werkheiligen Wohltätigkeit«. Arme und Kranke pflegte und versorgte sie mit Speisen. In Not Geratenen half sie jederzeit. Ihre

Freigebigkeit und Großzügigkeit auch gegenüber Freunden und Bekannten hatte sich überall herumgesprochen. Für ihre Nachbarn wurde sie gar zu einem »Engel des Lichts, zum Vorbild frommer Duldung und tätiger Liebe«.[28] Später, nach einigen Giftmorden, sah sie in der Barmherzigkeit freilich den Trost, ihre Untaten irgendwie auszugleichen. Voget kommt angesichts dieser vollkommenen Maskerade in allen Bereichen zu dem Schluß:

> »Ihr Körper, mit übertünchten Wangen, elfenbeinernem Gebiß, falschem Busen und einer durch zehnfache Kleidung erkünstelten Wohlbeleibtheit, worunter sich ein sündenabgezehrtes Gerippe verbarg, stand, möchte man sagen, mit ihrer Seele im Wetteifer der Heuchelei, zur Verbergung des Wahren steter Aufmerksamkeit bedürftig.«[29]

Ein solches Scheinleben fiel ihr um so leichter, als sie sich stets in einem kleinen, sich gleichbleibenden Kreis von Personen aufhielt, deren Verhalten und Reaktionen sie genau kannte. Trotzdem kann ihre Mitmenschlichkeit nicht allein mit purem Egoismus erklärt werden. Die widersprechenden Dokumente sind zu zahlreich. Und sicherlich dienten ihr diese verschiedenartigen, gleichsam kosmetischen Verbesserungen ihres Bildes auch dazu, ihre Lügen, Betrügereien und Morde zu kaschieren, gerade auch für sich selbst zu verschleiern und zu verharmlosen. So sprach sie auch nie von »Vergiften«, sondern immer nur von »etwas Geben«.

Aufgewachsen in einem bigotten Elternhaus und in einer stark religiös ausgerichteten städtischen Gesellschaft, war sie gefangen in einem Netz aus genau definierten Verhaltensnormen. Die Historikerin Lyndal Roper beschreibt präzise die

Bausteine einer protestantischen Gemeinschaft, wie sie auch in Bremen an der Wende vom 18. zum 19. Jahrhundert noch anzutreffen war.[30] Eine strikt patriarchalische Moral mit klaren sozialen und geschlechterbezogenen Hierarchien erforderte in ihrem Zentrum den bürgerlichen Haushalt mit seinem System von Über- und Unterordnungen. Der Hausvater gebietet über die Familie, über Lehrlinge und Gesellen, die Ehefrau über das Hausgesinde, der Ehemann über die Ehefrau, die Eltern über die Kinder. Männern und Frauen oblagen unterschiedliche Pflichten. Doch die Ehe galt als bevorzugtes Instrument zur Erreichung irdischer Glückseligkeit. Alle Mitglieder der Gesellschaft waren aufgerufen, hier ihren Lebensinhalt zu finden.

Die Ambivalenz von Gesche Gottfrieds Persönlichkeit, das Hell-Dunkel, das sich durch ihr gesamtes Leben zieht, ist Ergebnis ihres Konflikts mit den Erwartungen, die das gesellschaftliche Umfeld an sie als Ehefrau und Mutter stellte. Gesche war »Gesina«, eine offensichtlich sensible, feinfühlige Frau mit ungewohnt starkem Charakter. Schon als kleines Mädchen hatte sie ihren eigenen Willen. Hinzu gesellte sich auch die gewisse nötige Portion Mut, um diesen Willen in die Tat umzusetzen. Ihre frühen Jahre fallen in die Zeit der Napoleonischen Kriege; es ist daher nicht auszuschließen, daß sie freiheitliche Gedanken aufgenommen hat, daß Obrigkeitsdenken und hierarchisch-patriarchalische Ergebenheit ihr nicht viel galten. Vor allem, da sie einen unwiderstehlichen Drang, eine leidenschaftliche Sehnsucht in sich spürte, die erfüllt werden wollte. Oder wenn strenge Maßgaben eines knauserigen und übereifrigen Vaters trotzige Aufsässigkeit schürten: Der Vater wird als ein Mann beschrieben, der bei der Arbeit den Atem anhielt, um mehr Nadelstiche in einer Minute tun zu können, als ihm mit Luftholen möglich war.

Es ist also nicht abwegig, daß die revolutionären Ereignisse jener ungestümen Zeit einen Eindruck auf Gesche machten, die eine unterschwellige Unzufriedenheit mit der ihr zugedachten Rolle bewirkten, die sie gleichwohl nicht völlig aufzugeben imstande war. Musisch-künstlerische Anlagen, kreative Phantasie, Sinn für Ästhetik – von all dem besaß sie mehr als genug, um das Triste, die Beengtheit einer ehelichen Gemeinschaft als Bedrohung zu erleben. Ihre erste Verheiratung erfolgte auf den ausdrücklichen Wunsch ihrer Eltern, für die eine gute Partie die beste Voraussetzung für das Gelingen einer Ehe war. Ein gutbürgerliches Leben fernab von finanzieller Not versprach zumindest die Erfüllung bescheidener Träume vom eigenständigen Selbst und gewisse Freiräume. Daß sie Miltenberg, diesen wohl eher einfältigen und langweilig-simplen Menschen, liebte oder gar erotisch von ihm angezogen war, hat sie selbst bestritten. Ihr Jawort unterlag eher einem strategischen Kalkül: Es bot ihr die Chance einer begrenzten, aber sicheren Weise von Selbstverwirklichung.

Doch bald mußte Gesche erkennen, daß sie sich getäuscht hatte. Der von ihr erwartete Versuch, die gesellschaftlichen Normen zu erfüllen, als Gemahlin und schmückendes Beiwerk das Glück zu finden, konnte nur kläglich scheitern. Andererseits kam sie niemals auf den durchaus naheliegenden Gedanken, die Geschäfte ihrer ermordeten Gatten langfristig weiterzuführen. Und Miltenberg selbst – er schien eher darauf erpicht, eine *ménage à trois* zu choreographieren, denn mehrmals soll er, in trauter Zweisamkeit mit Gottfried heimkehrend, zu diesem gesagt haben:

»Was nun wohl unsere kleine Frau macht?«[31]

Und Gottfried, den sie offenbar über alle Maßen geliebt hat – er fand Befriedigung allein im Gesang, in Spiel und Lektüre und geselligen Abenden. Intimität erwiderte er kaum. Er scheint eher homosexuelle Neigungen gehabt zu haben.

Gesche fühlte sich wohl außerstande, diesen frustrierenden Lebensweg bis zu Ende zu beschreiten. In ihrem Inneren schlummerte ein Temperament, das höchst energisch auf Zwänge und Enttäuschungen reagierte, wenngleich in psychopathologischer Form. Sie revoltierte, lehnte sich mit ihren Giftanschlägen gegen Menschen auf, durch die sie sich enttäuscht, bedrängt oder bedroht fühlte, mochten dies Anlässe auch manchmal geradezu trivialer Natur sein.

Weil sie soziale Anerkennung und Zuneigung brauchte, führte sie ihre Tragödien und Komödien, führte sie *ihr* Schau-
(50 spiel unablässig auf. Das so auffällig aufopfernde Krankenpflegerinnen-Syndrom hatte wohl weniger in plötzlichen Schuldgefühlen seine Wurzeln als vielmehr in ihrer tiefsitzenden Ambivalenz und Zwiespältigkeit. Es zeigt sich in ihm auch die Angst, nicht perfekt zu sein, die seltsame Furcht, Unvollkommenheit eventuell nicht ausgleichen zu können. Denn während ihrer Gefängniszeit ist sie mit ihren Gedanken und Erinnerungen vornehmlich bei Miltenberg. Zu sehr ist sie das Kind der familiären Verhältnisse, in denen sie aufwuchs. Lange Zeit führte sie ein inneres Zwiegespräch, malte sie sich aus, was geschehen wäre, wenn sie Miltenberg nur eine gute Ehefrau gewesen wäre. Stattdessen blieb sie eine Raupe im Kokon ihrer durchaus hohen Ansprüche. Die Unmöglichkeit, letzteren gerecht zu werden, zwang sie, ihren Panzer mit explosiver Kraftanstrengung zu sprengen, zwang sie zu Überreaktionen, mit denen sie weit über das Ziel hinausschoß.

Der christlich-konservativen Gesellschaft, in der sich Gesche befand, widerspricht nicht, daß sie von einer abergläubischen

Welt umgeben war. Überzogene Frömmigkeit kann oft nur durch Aberglauben kompensiert und ertragen werden. Ihre Mutter nähte zum Beispiel in das Kleid der schwangeren Gesche eine kleine Silbermünze und eine angeblich wundertätige Wurzel ein. Unter das Kopfkissen legte sie ihr Kräuter, denen übernatürliche Heilkräfte angedichtet wurden, um eine glückliche Geburt zu bewirken. Und selbstverständlich konsultierte sie regelmäßig diverse Wahrsagerinnen. Auch Gesche ließ sich mehrmals die Zukunft prophezeien. Daß gerade ihr gesagt wurde, daß sie ihre Eltern, ihren Ehemann, ihre Kinder und ihre Freunde verlieren würde, um schließlich allein übrigzubleiben, hat sie als höheren Willen gedeutet. Sie zog die bedrohlichen Weissagungen als willkommene Argumente ins Feld, um die Todesfälle in ihrer Umgebung natürlicher erscheinen zu lassen und den Verdacht von sich selbst abzulenken. Öfter gebrauchte sie auch Traumbücher, um in Erfahrung zu bringen, welche Bedeutung ein bestimmter Traum habe. Daß man ihrer vielen übereinander geschnürten Korsetts wegen munkelte, Gesche hätte geglaubt, sich durch diese unsichtbar machen zu können, zeigt deutlich, wie tief der Aberglaube verwurzelt war. Man schrieb ihr gar noch die Fähigkeit des Fliegens zu. In ihrem Haus vermutete man ein unterirdisches Gewölbe, in welchem sie noch weit schändlichere Greueltaten begangen habe als lediglich ein paar Giftmorde. Dort sollte sie ihre Kinder geschlachtet und deren Fleisch zur Bereitung von Speisen verwendet haben. Die schweren Unwetter ein Jahr vor ihrer Entdeckung habe sie als ein Zeichen Gottes genommen, daß sie bald entlarvt werde. Jedes Naturereignis sei ihr schließlich zur himmlischen Anklage geworden.

Es ist daher nicht verwunderlich, daß Gesche häufig von Visionen und Halluzinationen heimgesucht wurde; je öfter sie mordete, desto zahlreicher kamen sie. Ihre überbordende Phantasie, ihre psychische Indisponiertheit und Labilität begünstigten und verstärkten solche Anfälle. Nach Miltenbergs Tod sieht sie ein helles, brennendes Licht knapp über dem Boden die Diele entlangschweben. Ein anderes Mal kommt ihr von oben eine große Wolke entgegen. Nach der Vergiftung Kleines taucht der Ermordete an einem nebligen Morgen vor ihrem Kammerfenster auf, sieht sie an und verschwindet wieder. Gesche vermied es fortan, wenn irgend möglich, allein zu sein oder im Dunkeln zu schlafen.

Als die Polizei sie endlich verhaftet hatte, findet sie, nach dem Zusammenbruch ihrer »schattenhaften« Existenz, erst recht keine Ruhe mehr. Vor dem Fenster ihrer Gefängniszelle sieht sie lauter Truppen patrouillieren, die sie finster anstarren. Der Verhörraum ist für sie voll Rauch, und der Polizeidiener scheint immer größer und größer zu werden, während sie zusammenschrumpft. Ihre Angst tut ein übriges. Furchtsam war sie schon ihr ganzes Leben lang gewesen. Konfrontationen mit anderen Menschen vermied sie, sie waren ihr ein Greuel. Jede unvorgesehene Situation, die sie zwang, von ihren üblichen Verhaltensmustern abzuweichen und sich gegen etwas zur Wehr zu setzen, erschreckte sie zutiefst. Erst im Gefängnis wird ihr bewußt, daß ihr ganzes Leben von einer ständigen Unruhe und Rastlosigkeit gekennzeichnet war, die eine unbeschreibliche Hast zur Folge hatten. Ein ruheloses Leben im Momentanen hatte sie geführt – das ist ihr deprimierendes Resümee.

Lange zögert sie, Vergiftungen von Personen zuzugeben, die selbst oder deren Verwandte noch lebten, da sie Rache fürchtet. Dann hört sie Geräusche, ein Sarg wird auf- und zugeschlagen, sie ist in panischer Angst überzeugt, daß man sie lebendig begraben wolle. Nach der Ausgrabung der Leichen von Mosees und Rumpffs Frau denkt sie, man wolle sie zusammen mit den Toten in den Sarg legen und mit siedendem Wasser übergießen. Ein Bonbonpapierchen mit dem Bild zweier Tiere bringt sie auf die Idee, sie solle zur Strafe wilden Tieren vorgeworfen werden. Zu guter Letzt glaubt sie fest daran, daß alle ihre fünfzehn Mordopfer noch leben. Sie sieht den Kreis der Toten, ihre bleichen, entstellten Gesichter, und die ermordeten Kinder tanzen um sie herum einen Reigen.

Manchmal kommt Voget dem Wesen dieser abgründigen Frau ungewöhnlich nahe; nämlich dann, wenn er schreibt, daß sie mit fortschreitender Instabilität des psychischen Gleichgewichts immer unsicherer und panischer wurde und nur noch im Vergiften Halt fand, in der erregenden Spannung, die sich aufbaute in Erwartung der Folgen ihrer Tat – »ähnlich dem Interesse eines leidenschaftlichen Spielers«.[32] Auf dem Zenit ihrer fatalen Kunst angelangt, konnte sie Intensität, Dosierung und Wirkung des Giftes exakt berechnen. Jeder Vergiftungsvorgang wurde für sie zu einem minutiös kalkulierten Prozeß, zur Inszenierung eines Theaterstücks mit fesselndem Showdown: der Einsatz, der Moment des heimlichen Giftgebens, das Auftreten der Symptome, ihre daraufhin einsetzende Pflegetätigkeit – so lange, bis das Opfer sich wieder besser fühlte. Es waren ausgeklügelte Sequenzen von geordneter Sorgfalt und Stabilität, nach einem Drehbuch mit immer gleichem *plot* – etwas, das sie nicht überraschte. Sie war die Intendantin, Regisseurin und Schauspielerin in Personalunion, die Opfer – ahnungslose Statisten, kaltblütig ausgenutzt und mißhandelt. Deshalb konnte am Ende jeder, der zufällig mit Gesche zusammentraf, ihre Aggressionen zu spüren bekommen. Denn sie brauchte das Gefühl, Einfluß auf ihre Umgebung zu haben und nicht hilflos ausgeliefert zu sein: die Tragik einer ängstlichen, überempfindlichen Frau, die durch eine beachtliche Willensstärke einen mörderischen Schutzmechanismus fand. Jahrelang trieb sie dieses Spiel von Giftgeben und Gesundpflegen mit ihrer Freundin Marie Heckendorff, der sie gleichwohl nie eine tödliche Dosis gab.

In seiner Verteidigungsschrift erklärt Voget, daß die Annahme von Eigennutz, Habsucht und Wollust als Triebfeder aller ihrer Verbrechen unzulänglich sei, bestenfalls vage. Und er stellt fest, daß zwischen dem angenommenen eigensüchtigen Zweck und der Grausamkeit der eingesetzten Mittel ein Mißverhältnis besteht. Als Pflichtverteidiger argumentiert er korrekterweise, aber mit widerstreitenden Gefühlen, die Angeklagte sei an einem »blinden, auf einen seelengestörten Zustand deutenden Trieb« erkrankt, einer »giftmordsüchtigen Monomanie«.[33] Er bediente sich damit einer Erklärungsmethode, die erst zu Beginn des 19. Jahrhunderts entwickelt wurde.

Als Privatmann jedoch teilte Voget, selbst ein frommes Gemeindemitglied, solcherlei neumodische Überlegungen nicht, daran läßt er in einer Fußnote der späteren Veröffentlichung seiner Aufzeichnungen zum Fall Gesche Gottfried keinen Zweifel. Für ihn gehören diese Ansichten »zum Teil einer heillosen, unserer christlichen Religion widerstreitenden, aus Frankreich zu uns herüber gekommenen Theorie an, deren der Verfasser von Herzen gram ist«.[34] Träume und Halluzinationen tut er ab als Erscheinungen einer krankhaft erregten Phantasie, als Zeichen geistiger Leere, gegen die nur fromme Gebete helfen. Er überreicht Gesche ein erbauliches Buch – »Versuch einer Anleitung zum eigenen Unterricht in den Wahrheiten der Heiligen Schrift« – und ermahnt sie zu eifriger Lektüre, um ihr Seelenheil zurückzugewinnen.

Der perfekte Giftmord, den Gesche Gottfried verübte, bedeutet eine ausgetüftelte, subtile Strategie, seinen Willen durchzusetzen oder Rache zu nehmen. Er stellt ein Ventil dar, unterdrückte Gefühle auf eine seltsam stumme und stille Art entweichen zu lassen, die sich im unwissenden Opfer in qualvollen Krämpfen und furchtbaren Entstellungen ausdrücken und Gestalt annehmen. Der Giftmord spiegelt den zeitlosen Konflikt zwischen demütiger Dulderin und aggressiver Versucherin, zwischen der Unberührten und der Verdorbenen und deren Inkarnation. *Heilige* und *Hure* sind zwei mächtige, archaische Bilder, die zur Verfügung stehen, um Einordnungen und Klassifizierungen vorzunehmen.[35] Auch in heutiger Zeit, darüber sollten wir uns nicht hinwegtäuschen lassen, werden dem metaphorischen Potential dieser Bilder allenthalben Bedeutungssplitter entnommen mit dem Ziel zu beurteilen und einzuschätzen, zu provozieren und zu gewinnen. Der Typus der Giftmörderin gipfelt in einem Extremzustand, der zu unlösbaren Spannungen führt, die sich nur in Kurzschlußhandlungen entladen können. Schwere psychische Belastungen werden durch extreme physische und physiologische Aktivitäten kompensiert. Spannungszustände und Schmerz sind ebensosehr »von gesellschaftlichen Bedingungen wie von den Strukturen des Nervensystems«[36] abhängig. Daß Gesche als Kind an einem schweren Nervenfieber erkrankt war, mag sie besonders anfällig und sensibel gemacht haben. Erklären kann dies allein ihr Verhalten nicht. An der Schwelle zum Irrsinn fand sie für kurze Zeit eine Lösung, dem psychischen Druck und den gesellschaftlichen Zwängen standzuhalten. Wäre Gesche Gottfried zu helfen gewesen, falls sie einhundertfünfzig Jahre später gelebt hätte? Darüber läßt sich spekulieren. Solange sie eine freie Bürgerin war, tat sie, was sie nicht lassen konnte.

Die Giftküche der Marquise de Brinvilliers

Im Jahre 1842 wurde Gesche Gottfried eine herausragende Ehre zuteil. Im *Neuen Pitaval*, einer Sammlung spektakulärer Kriminalfälle, kürte man sie zur unangefochtenen Königin eines nachgerade klassischen Giftmörderinnen-Quartetts. Die Anzahl ihrer Untaten und der lange Zeitraum, in dem sie ihr Unwesen trieb, machten es den Juroren leicht, einstimmig zu entscheiden. Die anderen Kandidatinnen waren die Geheimrätin Charlotte Ursinus, die in den besten Kreisen Berlins verkehrte und der deutschen Öffentlichkeit 1803 den ersten großen Giftmordskandal bescherte. 1811 rollte der Kopf von Anna Margaretha Zwanziger, die ebenfalls ein angesehenes Mitglied der Gesellschaft war. Beide Damen hatten, wie später auch Gesche Gottfried, Arsen verabreicht und ihre Opfer bis zum Tode hingebungsvoll gepflegt. Nicht viel anders war die Frau in diesem Quartett vorgegangen, die bereits im 17. Jahrhundert ihr Unwesen getrieben hatte: die Marquise de Brinvilliers.

Zur Zeit der Regentschaft Ludwigs XIII. wurde Anno 1630 dem Beamten Dreux d'Aubray eine Tochter geboren, die man auf den Namen Marie-Marguerite taufte. In den Annalen heißt es, sie sei klein, hübsch und anmutig gewesen, im Auftreten zurückhaltend und von einnehmender Wesensart. Im Alter von einundzwanzig Jahren vermählte sie sich mit dem Sohn einer hochgeschätzten Familie, dem Marquis de Brinvilliers. Wahrscheinlich war es eine Standesheirat, denn der Marquis schien kein besonderes Interesse an seiner Frau zu haben: Er machte sie bald mit dem jungen Offizier Sainte-Croix bekannt. Er nahm ihn sogar in seinem Haus auf, und ein Liebesverhältnis zwischen Sainte-Croix und der frischgetrauten Marquise war unausweichlich.

Erst Marie-Marguerites Vater schob dem unmoralischen Treiben seiner Tochter einen Riegel vor. Er erwirkte einen Haftbefehl gegen Sainte-Croix wegen verbrecherischen Ehebruchs und ließ ihn kurzerhand in die Bastille werfen. Den Marquis de Brinvilliers indes kümmerte dies wenig, er hatte einen Großteil seines Vermögens in der Zwischenzeit vertrunken, verspielt, verschwendet. Doch mit der Inhaftierung des Offiziers beginnt die eigentliche Geschichte, sie gibt dem Geschehen die dramatische Wendung.

Im Kerker machte Sainte-Croix nämlich die Bekanntschaft des Italieners Exili, der sich seinen Lebensunterhalt durch die Herstellung und den Verkauf von Giftmischungen verdient hatte. Exili unterrichtete Sainte-Croix in der Kunst der Giftmischerei, der seinerseits in der Marquise eine gelehrige Schülerin fand.

In den Jahren zwischen 1666 und 1670 vergiftete diese aus Rache ihren Vater, sodann ihre beiden Brüder und ihre Schwester, um an die Erbschaft zu gelangen. Zugleich verfeinerte sie ihr mörderisches Handwerk, denn Sainte-Croix hatte sie nur unzulänglich einweihen können. Sie experimentierte an Tieren und Kranken. Und so sah man später in ihr die Ursache für das plötzliche Hinscheiden von manch Krankem und Armem, denen sie in aufrichtiger Barmherzigkeit und Frömmigkeit präparierte Biskuits und Brote aus ihrer

Küche gereicht hatte. Teils zur Tarnung, teils aus innigsten Gefühlen heraus, besuchte sie regelmäßig die Kirchen, die Krankenhäuser und die beliebten Bethäuser, gab sich fromm und tadellos und mied alle öffentlichen Vergnügungen und Festivitäten, um noch züchtiger zu erscheinen. Hatte sie aber Gäste zu sich eingeladen, übermannte sie zuweilen ein unwiderstehliches Bedürfnis, diesen die besondere Spezialität des Hauses zu kredenzen: Taubenpastete à la Brinvilliers … Auf diese Weise wurde sie peu à peu, von »Mahl« zu »Mahl« eine formidable Meisterin in der exakten Berechnung der optimalen Dosen und deren Verabreichung.[37]

(58 Jetzt schien es Marie-Marguerite an der Zeit, sich ihres Gatten zu entledigen. Sie wollte frei sein, um Sainte-Croix zu heiraten, der sich aber mit dem Gedanken an eine Ehe nicht anfreunden konnte. Die Marquise war ihm suspekt geworden, und er fürchtete um seine Gesundheit. Deshalb verabreichte er dem Marquis, sobald sie diesem wieder einmal eine delikate Komposition aus ihrer Giftküche serviert hatte, eine entsprechende Dosis Gegengift. Der Ärmste pendelte über längere Zeit ständig zwischen Leben und Tod, halb im Delirium, halb bei Bewußtsein, und wußte nicht, wie ihm geschah, und auch die Marquise wunderte sich, warum er nicht endlich die Augen schloß.

Leider unterlief Sainte-Croix in diesem Wettlauf eines Tages ein entscheidendes Mißgeschick. Wenn er seine Gifte in fein pulverisierter Form mischte, mußte er eine Maske tragen. Ein einziger Atemzug konnte tödlich sein. Die aus Glas gefertigte Maske fiel beim Abfüllen des Pulvers auf den Boden und zerbrach. Sainte-Croix verstarb augenblicklich. Da er keine Erben hatte, wurde sofort die Polizei gerufen, um sein Hab und Gut zu versiegeln. Nun befand sich in seinem

Nachlaß auch eine Kiste mit brisantem Inhalt, der Marie-Marguerites Todesurteil bedeutet hätte, falls er in die falschen Hände geraten wäre. Die ominöse Truhe enthielt erstens die verschiedensten Döschen und Gift-Phiolen, allesamt peinlich genau geordnet und beschriftet, zweitens Briefe und Schriftstücke der Marquise und drittens ein Dokument, in dem sie Sainte-Croix eine hohe Summe versprochen hatte.

Deshalb versuchte sie nun sehr eifrig, diese Kiste als ihr Eigentum zu deklarieren und an sich zu bringen, doch gerade diese Eilfertigkeit schürte das Mißtrauen der Behörden. Der massive und gut verschlossene Kasten wurde aufgebrochen, man ahnte Schreckliches. Zudem gestand ein Bediensteter aus der näheren Umgebung des seltsamen Pärchens, daß er der Bote gewesen sei zwischen Sainte-Croix und der Marquise. Er hätte das Gift übergeben, durch das ihre beiden Brüder ermordet wurden. Dafür wurde er bei lebendigem Leibe gerädert.

Inzwischen schreibt man das Jahr 1673. Die 43jährige Marie-Marguerite war längst geflohen, erst nach England, dann nach Lüttich. Und genau dorthin wurde ihr der Pariser Polizeibeamte Desgrez nachgeschickt. Er sollte sie verhaften. Doch das war nicht so einfach: Sie hatte sich in ein Kloster geflüchtet. Er machte sie dennoch ausfindig, verkleidete sich als Geistlicher und machte ihr seine Aufwartung. Tatsächlich gelang es dem Geheimagenten im Dienste seiner Majestät des Königs von Frankreich, zarte Liebesbande anzuknüpfen und sie zu einer heimlichen Zusammenkunft in einen einsamen Garten außerhalb der Stadt zu locken. Die Häscher griffen unbarmherzig zu – und entdeckten ein Manuskript, das die Marquise bei sich trug: die Geschichte ihres Lebens. Sie selbst hatte sie geschrieben. Nun war alles klar. Sie gestand alles und verheimlichte nichts. Man deportierte sie nach Paris. Unter Androhung einer Tortur – drei Eimer Wasser standen bereit, sie damit zu füllen – bestätigte sie schließlich ihr eigenes schriftliches Geständnis. Am Tage der Hinrichtung wird sie auf dem Wege zum Schafott von mehreren Frauen neugierig und verschreckt betrachtet. Auch da ruft sie noch mit trotzigem Zynismus:

»Das ist ein sehenswerthes Schauspiel!«[38]

Am 16. Juli 1676 wurde Marie-Marguerite de Brinvilliers mit dem Schwert enthauptet und auf dem Scheiterhaufen verbrannt. Das Museum zu Versailles stellte später ihren Kopf aus, von dem die Dokumente berichten, die Regelmäßigkeit ihrer Knochen lasse auf große Schönheit schließen.

Die erschreckende Zunahme an Giftmorden in der Zeit nach der Hinrichtung der Marquise erforderte die Einrichtung eines eigenen Gerichtshofes, der nur für solche Delikte zuständig war: den *cour des poisons.* Nicht wenige behaupteten, daß die bei der öffentlichen Verbrennung des Leichnams in die Luft verstreute Asche der Marquise Ursache dieser allgemeinen Freude am Vergiften gewesen sei. Denn feinste Partikel des vom Winde verwehten Aschepulvers der Delinquentin seien durch die Atmung in den Körper vieler eingedrungen und hätten unwiederbringlichen Schaden an Geist und Seele angerichtet.

Der weibliche Blaubart Im Juni des Jahres 1903 ging eine Giftmörderin in die Annalen ein, die der Chronist des Prozesses als *weiblichen Blaubart* bezeichnete. Ausdrücklich wies der Publizist darauf hin, daß diese Massenmörderin alle ihre Vorgängerinnen an Ruchlosigkeit und Grausamkeit weit in den Schatten stellte.

Anna Przygodda, die am 20. Juli 1859 in einem kleinen masurischen Dorf bei Allenstein geboren wurde, war eine kleine, sehr temperamentvolle und redegewandte Frau mit schönen Gesichtszügen. Im Alter von vierundzwanzig Jahren heiratete sie in Röblau den 21jährigen Gutsbesitzer Johann Bachur. Nach fünf Jahren beunruhigten den Gutsbesitzer jedoch unerklärlicher Hautausschlag auf dem Kopf (den ihm die ersten Arsengaben seiner Frau bereiteten), und er bekam ungewöhnlich starken Haarausfall. Dann stellte sich chronischer Brechreiz ein. Es kam noch schlimmer: Gliederkrämpfe schüttelten Bachur wochenlang und ließen ihn schier verzweifeln. Die Schmerzen plagten ihn so sehr, daß sie ihn an den Rand des Wahnsinns brachten. Von innerer Unruhe gequält, lief er panisch durchs Haus. Ein Zeuge berichtete:

> »In der folgenden ganzen Nacht habe Bachur *laut vor Schmerzen fast unaufhörlich geschrien.* Er habe geklagt, daß er innerlich verbrenne. Dieser schreckliche Zustand habe bis zum folgenden Morgen angedauert, bis Bachur unter heftigen Zuckungen und Stöhnen *starb.*«[39]

Dies geschah am 22. Mai 1888. Anna Przygodda – sie hatte in den ersten Ehejahren zwei Kinder zur Welt gebracht – war zu dem Zeitpunkt hochschwanger. Das Baby verstarb kurz nach der Geburt. Hatte sie vielleicht selbst ihrem Kind Arsen gereicht?

Nur wenige Wochen nach diesen mörderischen Zwischenfällen sucht die junge Witwe eine enge Verbindung zu ihrem Gutsverwalter, dem 27jährigen Kempka, der den Bachurschen Besitz bislang betreut hatte. Schon bald ist sie wieder in anderen Umständen, und er wird ihr zweiter Mann. Für ihr kirchliches Jawort, das sie ihm im Dezember 1888 gab, mußte Kempka seiner Anna allerdings einen hohen Preis bezahlen: 100 Mark und 800 Taler. Zusätzlich forderte sie eine gehörige Anzahl von Rindern und Schweinen. Für den freigewordenen Posten des Gutsverwalters war rasch ein qualifizierter Nachfolger gefunden.

Nach einem weiteren halben Jahr, am 22. Juli 1889, kam Kempkas Tochter zur Welt. Der Gutsbesitzer hätte seine Vaterschaft feiern können, wenn er noch gelebt hätte; auch sein Sterben war von ähnlich qualvollen Krämpfen begleitet gewesen wie das Bachurs, auch sein Tod war eine Folge von Annas Arsengaben. Möglicherweise vergiftete Anna Przygodda auch das Neugeborene – man hatte die traurige Pflicht, das nur wenige Tage alte Mädchen noch im selben Monat zu bestatten.

Mit eiskalter Leidenschaft verstand es die zweifache Witwe, ein inniges Verhältnis zu ihrem neuen Gutsverwalter – und baldigen dritten Ehemann – Pannek aufzubauen, dem sie noch vor Jahresende, im November 1889, ewige Treue schwor. Pannek war sechsundzwanzig Jahre alt, Ulan und brachte die stolze Summe von tausend Talern in die Ehe mit. An dem frischgebackenen Gatten und Gutsbesitzer zeigten sich im Laufe des folgenden Jahres ähnlich merkwürdige Symptome, mit denen bereits seine Vorgänger zu kämpfen hatten: Panneks Hände und Beine fühlten sich wie taub an, so als seien sie abgestorben. Eines Wintertags verlor er einen Schuh und lief kilometerlang durch den Schnee, ohne es zu bemerken. Pannek war gewarnt, einem Freund gegenüber äußerte er:

> »Die Frau hat schon zwei Ehemänner um die Ecke gebracht, bei mir soll es ihr aber nicht gelingen.«[40]

Diese feste Absichtserklärung entpuppte sich als leeres Versprechen des aufrechten Mannes, der die mörderische Durchtriebenheit seiner Frau völlig unterschätzte. Als er am 18. September 1891, nach fast zweijähriger Ehe und Leidenszeit, den Tod fand, ging sein Leichnam um so rascher in den Zustand der Verwesung über; man konnte seinen Sarg gar nicht schnell genug zunageln, »weil es vor Gestank kaum auszuhalten war«.

Pannek hinterließ der dreifachen Witwe ein Kind; ein zweites, das Anna von ihm bekommen hatte, lag bereits auf dem Friedhof. Es ist denkbar, daß sie auch dieses Kind ermordet hatte.

Anna Przygodda war nun zweiunddreißig Jahre alt. Sie brachte es offenbar mit großer Leichtigkeit fertig, auch ihren dritten Gutsverwalter innerhalb von wenigen Monaten in ihr tödliches Netz zu locken: den 28jährigen Wieschollek; wie Pannek war er Ulan. Am 19. April 1892 feierten sie ihre Hochzeit.

Im siebten Jahr seiner Ehe war Wieschollek so hilflos, daß er sich nur noch mühsam auf Krücken fortschleppen konnte. Rücken- und Kreuzschmerzen, Gefühllosigkeit und ein scheußliches Kribbeln in Händen und Füßen können selbst den kräftigsten und zähesten Ulan zermürben. Er beklagte sich schließlich bei einem Bekannten, daß seine Frau ihn schlage, kein Essen koche, tagelang fortginge und ihn ohne Hilfe allein ließe, wenn er mit angeschwollenen tauben

Füßen darniederliegen müßte. Darüber hinaus machten ihm Verdauungsstörungen das Leben schwer. Erst als ihm Anna schließlich einen vergifteten Hering auftischte, den er verzehrte, und eine übelschmeckende Mehlsuppe, von der er allerdings kaum etwas angerührt hatte, war er in solchem Maße vergiftet, daß er von nun an weder arbeiten noch auf die Jagd gehen konnte und schließlich getragen werden mußte.

Anna indessen stahl nicht nur Geld aus dem Portemonnaie ihres Mannes, sondern auch die Gänse des Nachbarn – fünf an der Zahl. Wiescholle fuhr seine Frau an und sagte, sie sei eine Hexe und eine Diebin. Sie antwortete kühl:

> »Wenn ich eine Hexe und Diebin bin, dann werde ich etwas machen, daß du bald sterben wirst. Es kostet mich bloß ein Dittchen, dann mußt du sterben.«[41]

Hemmungslos verschwendete sie das Vermögen des Gutsbesitzers. Acht Monate vor Wiescholleks Tod, im Januar 1899, arbeitete ein Knecht namens Kloßeck, der bei dem Giftmordprozeß als Zeuge auftrat, gemeinsam mit Anna in der Scheune. Für ihn war offensichtlich, daß der Hausherr nicht mehr lange zu leben hatte, und er sagte zu ihr, daß ja wohl nach dem Dreschen des Buchweizens gar kein Geld für die Beerdigung da sei. Anna befand kurz:

> »Das kann noch fast ein Jahr dauern.«[42]

Am 16. September 1900 hatten Annas arsenhaltige Speisen auch Wiescholle dahingerafft. Während die zwei Töchter, die sie von ihm hatte, noch lebten, war ein Sohn bereits frühzeitig gestorben – womöglich gleichfalls ein Opfer.

Mit ihrem fünften Ehemann, dem 30jährigen Adam Przygodda, vermählte sich Anna am 3. November 1901. Die Leute hatten ihn zur Vorsicht gemahnt: Es könne ihm genauso ergehen wie den vier Ehemännern vor ihm, die alle unter mysteriösen Umständen einen entsetzlichen Tod gestorben seien. Als er Anna auf ihre Verblichenen ansprach, erwiderte sie nur, daß diese an verschiedenen Krankheiten gelitten hätten.

Letztendlich konnte sie sich durch Ausreden nicht mehr retten – man war aufmerksam geworden und entlarvte sie.

Am 18. Juni des Jahres 1903, einen Monat vor ihrem vierundvierzigsten Geburtstag, trat Anna Przygodda vor das Allensteiner Schwurgericht. Sie bekannte sich nicht schuldig im Sinne der Anklage und bestritt im Verlauf der zweitägigen Verhandlung mit beharrlichem Gleichmut, vier Ehemänner mittels Arsen umgebracht zu haben. Vor Gericht immer nein zu sagen – so ihre feste Überzeugung, die sie einer Mitgefangenen anvertraut hatte – sei die beste Verteidigungsstrategie. Anna Przygodda erfand für jeden Anklagepunkt irgendwie passende Ausflüchte, stellte belastende Zeugenaussagen als unwahr und gemeine Lügen hin oder zerredete sie sonst in irgendeiner Weise. Die bestechendsten Indizien, wie etwa die Arsenfunde in den Leichen durch den Gerichtschemiker Dr. Gutzeit aus Königsberg, versuchte sie durch platte Ausflüchte abzuwiegeln. Dabei blieb sie ruhig und sachlich. Die begüterte Frau hatte offenbar starke Nerven.

Mehrere Zeugen berichteten von Zankereien und Prügeleien, die sich des öfteren zwischen Anna und ihren Ex-Männern zugetragen hätten. Auf diese Vorfälle angesprochen, sorgte Anna für große Heiterkeit im Saal. Sie beteuerte vor dem Richter: »Schlägereien kommen bei allen Eheleuten vor.«

Man erfuhr, daß sie mit Dörflern, die eigentlich unter ihrer Würde waren, genauso wüst zechen konnte wie mit ihren Ehemännern. Zuweilen trank Anna selbst hochprozentigen Alkohol wie Quellwasser. Einmal leerte sie mit ihrer Freundin einen ganzen Liter Schnaps im Laufe eines Abends; zentrales Gesprächsthema der beiden war eine Zigeunerin, die die abergläubische Anna einmal aufgesucht hatte, um sich die Karten legen zu lassen. Später kaufte sie bei der Zigeunerin dann ein »Mittel« für sechs Mark. Zeugen erwähnen schließlich ein Horoskop, aus dem Anna erfahren haben soll, daß ihre ersten sechs Ehemänner sterben werden und sie erst mit dem siebten ihr Dasein beschließe. Anna Przygodda war auf bestem Wege, dieses Ziel zu erreichen. Sie kannte auch ein Kraut namens »Frauenzier«, mit dem man einen Menschen töten kann, wenn es auch etwas länger dauert, unter Umständen ein volles Jahr. Die Einheimischen sahen in ihr eine Frau mit magischen Kräften:

> »Die Leute sind der Ansicht, die Angeklagte habe die Männer behext, so daß sie von dem Weichselzopf und ähnlichen Dingen befallen wurden und starben.«[43]

Wissenschaftliche Untersuchungen, die man an den exhumierten Leichen vornahm, konnten jedoch den Beweis erbringen, daß drei der Männer an Überdosen von Arsen gestorben waren. In Wiescholleks sterblichen Überresten – Magen, Leber, Nieren, Schädel- und Handknochen – waren noch 69 Milligramm davon nachzuweisen. Medizinalassessor Dr. Gutzeit folgerte, daß sich mindestens 140 Milligramm Gift im lebenden Organismus des Mannes tödlich ausgewirkt haben mußten. Bei der Obduktion von Panneks Leiche suchten die Mediziner allerdings vergeblich nach Arsenresten; vielleicht hatte Anna Przygodda bei ihm Pflanzengift eingesetzt.

Der zu Rate gezogene Sachverständige aus Ortelsburg, der Kreisarzt Dr. von Petrykowski, schloß aus den Krankheitserscheinungen, daß alle vier Männer an chronischer Vergiftung durch Arsen umgekommen waren, zu dessen Eigenschaften es zählt, sich rasch zu verflüchtigen. Es kann sich längstens 22 Jahre in einem menschlichen Körper ablagern, und es ist daher kein Wunder, daß die Toten, deren Beerdigung bis zu 14 Jahre zurücklag, nur noch Spuren oder nicht einmal solche aufwiesen – dies zumindest der Stand der Forschung Anno 1903.

Als Anna Przygodda am 19. Juni 1903 zunächst das Plädoyer von Staatsanwalt Nietzki vernahm, dann seinen Antrag und den ihres Verteidigers hörte, verfiel sie in einen weinerlichen Wortschwall:

> »Ich habe mit meinen ›*geliebten*‹ Männern friedlich gelebt, wenn es auch bisweilen zu Streitigkeiten gekommen ist. Arsenik ist niemals in mein Haus gekommen. Ich schwöre bei Gott, daß ich vollständig unschuldig bin.«[44]

Aber die Geschworenen bleiben hart und bejahen Annas Schuld in bezug auf Bachur, Kempka und Wieschollek. Betreffs Pannek verneinen sie diese, bei ihm waren keine Arsenspuren auffindbar. Der Tod ihrer Kinder war nicht verhandelt worden. Landgerichtsdirektor Dr. Thiessen verurteilte die dreifache Giftmörderin zum Tode. Bald darauf erfolgte ihre Hinrichtung auf dem Gefängnishof zu Allenstein.

Elfriede Blauensteiner – Die Schwarze Witwe von Wien

Wer die deutsch-österreichische Grenze von Passau kommend mit dem Auto passiert, erreicht nach etwa zwei Stunden Fahrt St. Pölten, eine Perle barocker Baukunst, nicht sehr weit von Wien entfernt. Bei strahlend blauem Himmel zeigen sich von hier die Ausläufer der Alpen, deren schneebedeckte Gipfelkuppen matt in der Sonne aufschimmern. Nördlich führt der Weg mitten hinein in die Wachau, Urlaubern bestens bekannt. Am Rand dieses Waldgebiets erstreckt sich Krems. Das Landesgericht des über 20000 Einwohner zählenden Städtchens sollte am Rosenmontag, den 10. Februar 1997, 9 Uhr, Schauplatz des spektakulärsten Giftmordprozesses der österreichischen Nachkriegsgeschichte sein.

Nur wenige Autominuten entfernt liegt der Friedhof von Rossatzbach, einer kleinen Ortschaft, deren Name in der Verhandlung öfter Erwähnung fand. Im Dezember 1993 trug der damals 75jährige Alois Pichler hier seine Frau zu Grabe. Nach der Trauerzeit begann für den ehemaligen Postdienstleiter die Suche nach einem Menschen, mit dem er seinen wohlverdienten Lebensabend teilen und gemütliche Wanderungen durch die Weinberge der Wachau unternehmen könnte, wie früher mit seiner Maria. Offensichtlich hatte der verwitwete Pensionist keinerlei Angehörige, aber dafür ein nettes Drei-Millionen-Schilling-Anwesen, einigen Grundbesitz und darüber hinaus mehrere Millionen auf der Kante. Am 5. Oktober 1995, als er wieder einmal die Kontaktanzeigen studierte, stieß Alois Pichler in der *Kronen Zeitung* auf ein Inserat, das ihm zum Verhängnis werden sollte:

»Suche einsamen Mann, der sich nach einer häuslichen Witwe, 62/166, sehnt.«

Pichler griff sofort zu Papier und Bleistift. Doch er war nicht allein. Achtzig weitere Antwortbriefe einsamer älterer Männer aus Wien und Umgebung landeten ebenfalls im Briefkasten der 62jährigen Elfriede Blauensteiner, die sich selbst als »mondäne Witwe« bezeichnete. Sie war wieder einmal auf Rentnerfang und durchforstete die Einsendungen zunächst nach bestimmten Kriterien. Ihr »idealer Kandidat« hieß schließlich Alois Pichler, denn er war alt, vermögend und ohne Anhang. Eine traumhafte Kombination. Ihr erstes Rendezvous hatten die beiden nur eine Woche später. Elfriede Blauensteiner verstand es offenbar blendend, sich bei ihm Liebkind zu machen. Spontan blieb sie über Nacht, um die Lage zu sondieren. Schon am zweiten Tag ihrer Bekanntschaft schaltete Blauensteiner ihren Kompagnon ein, den 40jährigen Wiener Anwalt Dr. Harald A. Schmidt. Er erkundete die finanziellen Verhältnisse des Pensionisten und entwarf flugs einen Schenkungsvertrag, der vorsah, den Pichlerschen Grundbesitz an dessen neue Freundin Elfriede zu übertragen. Im Laufe der nächsten Tage entwendete Blauensteiner Pichler ein Sparbuch mit einem Gesamtbestand von 248000 Schilling. Nun war Schmidt wieder am Zug, per Computer rief er einen Grundbuchauszug des Rossatzbacher Pensionisten ab und trug die entscheidenden Zahlen in den bereits entworfenen Schenkungsvertrag ein. Pichler war zwar alt, aber noch nicht von allen guten Geistern verlassen – und weigerte sich, den dubiosen Schenkungsvertrag zu unterzeichnen.

Blauensteiner gab Pichler deshalb eine beträchtliche Anzahl Tabletten *Euglucon*, die sie ihm in warmer Milch einflößte, um ihn gefügig zu machen. Dieses blutzuckersenkende Medikament eignete sich wegen seiner geruchs- und geschmacksneutralen Eigenschaften ganz hervorragend, um unbemerkt in Flüssigkeit aufgelöst zu werden. Als Pichler den Giftkelch leerte, fing er schon nach wenigen Minuten an zu zittern, brach nach einer halben Stunde endgültig zusammen und mußte ins Spital eingeliefert werden. Das Ganze wiederholte sich zu Allerheiligen. An diesem Tag aber blieb Pichler über mehrere Stunden ohne medizinische Versorgung liegen. Der über den Notfall nicht informierte Arzt traf erst abends gegen 19.30 Uhr ein und injizierte dem im Koma liegenden Pichler sofort Glucose.

Während die Ärzte den arg zugerichteten Patienten im Spital behandelten, stellte die »lustige Witwe« das Pichlersche Anwesen in aller Ruhe auf den Kopf. Endlich bekam Blauensteiner auch das Testament des Witwers in die Hände; sie verbrannte es, weil sie lesen mußte, daß Pichler tatsächlich noch einen Erben hatte: seinen Wahlneffen. Der bereitwillige Dr. Schmidt setzte schnell ein neues, gefälschtes Testament zugunsten seiner »Mandantin« auf. Blauensteiners Freundin und eine zweite von Schmidt herangezogene Person traten als Testamentszeugen auf. Schon etwa sechs Wochen nach dem ersten Zusammentreffen mit Blauensteiner war Pichler ihr ausgeliefert.

»Burli«, wie sie Pichler manchmal nannte, sollte noch mehr von ihr abhängig werden, denn Blauensteiner brauchte unbedingt die Losungsworte für zwei Sparbücher, die sie im Keller des Hauses entdeckt hatte. Immerhin ging es um einen Gesamtbetrag in Höhe von 1,2 Mio. Schilling. Nachdem Pichler ihr die beiden Codes genannt hatte, tauchte Blauensteiner mit den Sparbüchern im Geldinstitut auf. Eine Angestellte war so freundlich, ihr die Anfangsbuchstaben der Losungsworte vorzugeben, da sie ihr dummerweise nicht mehr einfielen. Das half! Die gewonnenen Spareinlagen zerrannen jedoch schneller, als sie erlangt waren: 807000 Schilling verschlang ein rückzahlbarer Kredit, 140000 Schilling kostete ein mit Brillanten besetzter Opalring.

Am 20. November 1995 schluckte Alois Pichler schließlich eine Mixtur aus Euglucon und dem Antidepressivum Anafranil. Der Giftcocktail führte zum langsamen Tod des Pensionisten. Als ein Lieferant nachmittags in der Tür stand, um Tiefkühlkost zu bringen, lag Pichler schon blutend und stöhnend darnieder. Die Heizung war abgedreht und die Fenster standen offen. Auch nachdem der Lieferant wieder fort war, rührte sich Blauensteiner nicht, um Hife zu holen; in entwürdigendem Zustand, halbnackt und entkräftet, kroch der alte Mann durch die Wohnung. Die Nachbarn hörten ihn rufen. Blauensteiners Komplize und Teilhaber Schmidt meldete sich mehrmals telefonisch, doch Pichlers Todesstunde war noch nicht gekommen.

Am nächsten Morgen schellte Pichlers frühere Haushälterin plötzlich an der Tür und sah den blut- und kotverschmierten Pensionisten auf den Fliesen des Badezimmers liegen. Blauensteiner wimmelte die Frau mit den Worten ab:

> »Der Arzt kommt gleich, das ist normal, daß der Burli aus dem Bett fällt.«[45]

Wenig später kam Schmidt, alarmiert von Blauensteiner, um seiner »Mandantin« zu helfen, den Todkranken in die Badewanne zu heben, dort zu säubern und ins Bett zu bringen. Kurz darauf wurde Pichler abermals in die Badewanne gelegt. Dort verstarb Alois Pichler schließlich im Alter von siebenundsiebzig Jahren an einem Kreislaufkollaps, vermutlich verursacht durch heiße und kalte Duschen, die Blauensteiner abwechselnd auf sein Herz richtete. Den Schlußpunkt setzte die Teilnahme Blauensteiners als trauernde »Witwe« am Begräbnis ihres Opfers. Über die Todesanzeige ließ sie folgendes Motto drucken:

»Wenn die Kraft zu Ende geht,
ist Erlösung Gnade.«

Kurz nach Pichlers Tod setzten die Fahnder der Kriminalpolizei zum »Lauschangriff« auf Blauensteiner und Schmidt an. Sie waren von dem plötzlich aufgetauchten Wahlneffen des Ermordeten, der sich um sein Erbe betrogen sah, aufmerksam gemacht worden. Das Abhörprotokoll mit der Bezeichnung

GZ P 55295 offenbart die schwarze Seele, die derbe und ordinäre Schattenseite der Elfriede Blauensteiner.

Es folgen Auszüge ihrer Telefonate mit Schmidt und einer Freundin vom 9. und 10. Januar 1996.[46] Blauensteiner war noch nicht im Besitz der Pichlerschen Millionen. Schmidt hatte das falsche Testament inzwischen bei einem Notar hinterlegt:

ANWALT: Küss' die Hand, alles bestens.

BLAUENSTEINER: Was war? Wie war er denn?

ANWALT: Sehr nett. Das mündliche Testament hat er schon gesehen. Er sagt, er hat das Haus versiegeln müssen, weil Erben haben sich keine gemeldet. Er sagt, es passiert überhaupt nichts. Einen Termin [Gerichtsverhandlung] schreibt er aus [...].

BLAUENSTEINER: Haben Sie ein gutes Gefühl, Herr Doktor?

ANWALT: Ja.

BLAUENSTEINER: Ist die Schwester Josefine [eine mögliche Erbin Pichlers] schon krepiert?

Anwalt: Ich kann mir nicht vorstellen, daß das Kloster Erbansprüche stellen wird.
Blauensteiner: Na ja, die können uns kreuzweise.

Eine Stunde später: Blauensteiner telefoniert mit ihrer Freundin und jammert.

Blauensteiner: Es sind keine Sparbücher da. Ich weiß nicht, wo er sie vergraben hat. Der Schweinehund erlaubt sich zu krepieren, und ich soll dann stierln. Ich werd' sie schon finden. Im Februar könnte es mit der Erbschaft was werden. Abwarten und Tee trinken.

Dreißig Minuten darauf schloß sie sich kurz mit einer anderen Freundin.

Blauensteiner: Was mich unruhig macht, ist das Sparbuch, du weißt schon. Ich sage einfach, ich habe das [Geld] abgehoben und ihm übergeben.
Traude: Genau. Und was er damit gemacht hat, das weißt du nicht, keine Ahnung.
Blauensteiner: Die Einverleibung wird ein paar Monate dauern, aber das ist wurscht. Dann werden wir da draußen einen herrlichen Sommer verbringen. Ich habe keine Angst ...

Anderntags weitere Konferenz mit Schmidt. Thema ist zunächst ein neues Inserat.

Blauensteiner: Ich hab' da etwas entworfen.
Anwalt: Hm ...
Blauensteiner: Witwe.

Anwalt: Ja.

Blauensteiner: Alleinstehend.

Anwalt: Ja.

Blauensteiner: Herzeigbar.

Anwalt: Herzeigbar, ja.

Blauensteiner: Große Gartenfreundin, Autofahrerin, gerne Hausfrau. Einmal etwas anderes, gell?

Anwalt: Anders, ja, ja.

Blauensteiner: Habe ich das gut gemacht?

Anwalt: Ja, bestens.

Blauensteiner: Ja. Die Lebensgeister sind da.

(74 Jetzt kommt sie auf Pichler zu sprechen:

Blauensteiner: Wir haben ja so ein Glück gehabt. Ich war ja so gescheit und hab' nur wenig Wasser in die Wanne gelassen. Nicht zu warm und nicht zuviel Wasser. Immer schauen, daß man gleich beim Stoppel ist und den rausziehen kann. Zum Glück hat der nichts geschluckt. Weil dann hätten die [Amtsärzte] gesagt: Aha, Wasser in der Lunge.

Anwalt: Ja, ja, genau.

Blauensteiner: Der ganze Körper war ja voll Scheiße, und das hat ja dann den Ausguß verstopft. Dann hab' ich mit der Glocke die Scheiße in der Badewanne runtergedrückt.

Anwalt: Ja, ja.

Blauensteiner: Kaum liegt der im Bett, scheißt er sich wieder an. Ja bitte schön, dann muß ich ihn wieder baden. So ist er eben in der Badewanne gestorben. Und kein Mensch hat etwas dazugetan. Und daß er mir droht und sagt: ›I dawisch' Ihna scho, i dawisch' Ihna scho!‹ Ja bitte, was will der mir droh'n, der Teufel?

Unmittelbar nach ihrer Verhaftung, am 11. Januar 1996, gestand Elfriede Blauensteiner der niederösterreichischen Sicherheitsdirektion, nicht nur Pichler »zu Tode gepflegt zu haben«. Sie gab zu, für insgesamt fünf Morde und eine Beihilfe zum Selbstmord verantwortlich zu sein. Ihre Motive seien Männerhaß, Spielsucht und Hilfsbereitschaft! Später bescheinigte ihr der Wiener Psychiater Dr. Gerhard Kaiser einen enormen Geltungsdrang sowie das starke Bedürfnis nach Macht. Kranke sind besonders geeignet, als Objekte der Kontrolle zu dienen. Als man Pichlers Leiche zum Zweck der Obduktion exhumierte, entdeckte der zuständige Gerichtsmediziner Dr. Christian Reiter Spuren zweier Medikationen und schrieb in sein Gutachten:

> »Zum Zeitpunkt des Todes bestand eine Wirkstoffkonzentration des Medikamentes Anafranil von 2000 ng/ml im Serum. Daraus ergibt es sich, daß Alois Pichler vor seinem Tod eine weit über der therapeutischen Menge liegende Gabe von Anafranil erhalten hat.«[47]

In der österreichischen Presse bekommt Elfriede Blauensteiner entsprechend negative Schlagzeilen: »Gift-Witwe« und »Weibsteufel« ist da zu lesen. Treffend ist die Bezeichnung »die Schwarze Witwe von Wien«, die von einer populären Wiener Tageszeitung geprägt wurde.

Die *Schwarze Witwe* ist eine hochgiftige Kugelspinne – schwarz, mit rotem Fleck am Bauch –, die vorwiegend in Mittel- und Südamerika, auch im Mittelmeerraum beheimatet ist. Das Weibchen der Gattung *Latrodectus mactans*, so ihr lateinischer Name, ist die Femme fatale unter den »Netzweberinnen«. Zunächst lockt sie ihren Partner an. Dann läßt sie sich von ihm begatten. Schließlich beißt die stärkere

Spinnendame zu, wobei sie dem Männchen die hochprozentige Giftkonzentration ins Mark spritzt, um daraufhin seinen weichen Kern auszusaugen.

Blauensteiners Mordsspektakel

Um den weiblichen Untersuchungshäftling Blauensteiner, dem im Landesgericht zu Krems allein wegen des Mordes an Alois Pichler der Prozeß gemacht werden sollte, scharten sich schnell drei Rechtsanwälte: Rudi Mayer – er war bereits Verteidiger beim Wiener Briefbombenprozeß –, Karl Bernhauser und Elmar Kresbach, der später ihr »Lieblingsgesprächspartner« sein wird. Schmidt, den die Kripo wegen Mittäterschaft und Betrug in Haft nahm, wurde von dem ehemaligen österreichischen Justizminister Dr. Harald Ofner und dem Kremser Anwalt Christoph Brenner verteidigt. Als einstweilige Folge solch massiver Unterstützung und einer entsprechenden Verteidigungsstrategie widerrief Blauensteiner ihre Mordgeständnisse. Nach einem Medienkrieg zwischen der Presse und Blauensteiners Anwälten, der schließlich vor Gericht entschieden wurde, durften vorverurteilende Ausdrücke wie »Gift-Witwe« usw. nicht mehr im Zusammenhang mit Blauensteiner genannt werden. Allein die Bezeichnung »Schwarze Witwe von Wien« fiel nicht der gerichtlichen »Zensur« zum Opfer.

Gewissenhafte Ermittler der niederösterreichischen Kripo waren bereits seit Ende November 1995 an der Arbeit, Blauensteiners Umfeld zu erheben. Allmählich erhielten die Beamten den Eindruck, daß sie es mit einer eiskalten, berechnenden, gefühllosen Frau zu tun hatten, der nur daran lag, über Menschen zu bestimmen. Alle Personen ausfindig zu machen, zu denen Blauensteiner in irgendeiner Form Kontakt gehabt hatte, war alles andere als leicht. Ein Kriminalist:

> »Das ist einer der schwierigsten Mordfälle, die wir je hatten. [Es] gibt keine präzise Tat, die Abläufe gehen über Monate und liegen teils lange zurück.«[48]

Dr. Christian Reiter, der Gerichtsmediziner, der im Mordprozeß eine ebenso wichtige wie interessante Rolle spielte, äußerte sich ähnlich. Normalerweise habe er mit dummen Menschen zu tun. Ja, die meisten Morde passierten auf dumme, einfältige und wenig einfallsreiche Weise. Elfriede Blauensteiner sei für ihn eine »Herausforderung«, ein »schöner Fall«. »Ich bin von ihr begeistert!« gestand der 42jährige einem Journalisten und sprach von einer *genialen Schlechtigkeit* der »Schwarzen Witwe von Wien«.

> »Die Heranziehung von Antidiabetika aus der Gruppe des Euglucon, das ist eigentlich fast eine neue Entdeckung der Frau Blauensteiner – das im Rahmen von großangelegten Tötungen anzuwenden.«[49]

Die niederösterreichische Kripo mußte mehr als hundert Personen überprüfen, die im Laufe der vergangenen Jahre mit Elfriede Blauensteiner zu tun hatten. Nicht nur über Zeitungen, sondern auch im Krankenhaus, in der Apotheke oder im Kasino versuchte sie, Kontakte zu knüpfen. Elfriede Blauensteiner sprach die Leute häufig an und schlug einen Ausflug ins Grüne vor. Doch manche brachen das Gespräch schnell ab, weil sie ihnen zu aufdringlich erschien. Sie konnte Stunden über Stunden Geschichten von Leuten erzählen, die dem Gegenüber gänzlich unbekannt waren. Während des Jahres 1996 melden sich bei den Behörden mehr als ein Dutzend weiterer Personen; sie hatten Ähnliches mit Blauensteiner erlebt.

Wenn der Bremer Jurist Friedrich Voget bei Gesche Gottfried in den 30er Jahren des 19. Jahrhunderts noch den Part des schriftstellernden Verteidigers übernahm und der Nachwelt damit ein Frauenporträt hinterließ, dann griff die Wienerin in ihrer 14monatigen Untersuchungshaft höchstpersönlich in die Tasten. Eine Schreibmaschine mußte auf den Tisch: Dies war ihr erster Wunsch an die Gefängnisleitung, »um sich alles von der Seele tippen zu können«. Sage und schreibe 190 Seiten Blauensteiner-Erinnerungen kamen so zustande. Der Erscheinungstermin ihres Werkes war ursprünglich für Rosenmontag, den 10. Februar 1997 angekündigt, also für ihren ersten Verhandlungstag. Doch der Termin mußte verschoben werden, weil die Autorin nicht pünktlich fertig wurde. Ein Wiener Info-Magazin veröffentlichte allerdings Auszüge der Blauensteiner-Memoiren. An einer Stelle heißt es:

»Ich fürchte mich nicht. Ich habe nur geholfen.«[50]

Ob sie wirklich nur geholfen oder doch eher nachgeholfen hat, das sollte sich in dem dreiwöchigen Mordprozeß am Kremser Gericht herausstellen.

Montagmorgen, 10. Februar 1997, gegen 8.30 Uhr: Ein Pulk Journalisten von Presse, Funk und Fernsehen wartete bereits vor dem Schwurgerichtssaal auf den großen Auftritt der Hauptakteurin. Als sich endlich um 9 Uhr die schwere grüne Stahltür des Untersuchungstraktes öffnete, wurde es hektisch. Im Schutz von zwei Justizbeamtinnen erschien eine ältere Dame mit blondierten Haaren, lackierten Fingernägeln und

Elfriede Blauensteiner vor Prozeßbeginn

einer blaugetönten Brille: Elfriede Blauensteiner betrat in einem eleganten beige-braunen Kostüm mit hochgeschlossener weißer Bluse den Flur. Noch bevor die Angeklagte in den Schwurgerichtssaal 118 gelangen konnte, war sie umringt, und ein Gewitter aus Blitzlichtern prasselte auf sie ein. In das Klicken der Kameras mischten sich die lauten, zum Teil aufreizenden Fragen der Medienvertreter, die Elfriede Blauensteiner geschickt konterte.

Nach diesen ersten Interviews schob sich die Menschentraube in den Gerichtssaal. Blauensteiner nahm, weiterhin dicht bedrängt, auf der Anklagebank Platz. Dort gab die 66jährige Blondine eine turbulente 20minütige Pressekonferenz.

Elfriede Blauensteiner zeigte sich als fotogene Selbstdarstellerin mit rhetorischen Fähigkeiten und einem ausgezeichneten Nervenkostüm. Einem allzu »frechen« Fragesteller, der wissen wollte, wie sie all die Männer – die unter ähnlich mysteriösen Umständen wie Pichler ihr Leben lassen mußten – »aufgerissen« habe, erteilte sie eine Lehre:

> »Wenn ich so aussehen würde wie Sie – ungepflegte Haare und verwahrloste Kleidung –, hätte ich mit Sicherheit keinen einzigen Mann bekommen.«

Plötzlich drohte sie mit einem kleinen goldenen Kruzifix, das sie den Medienvertretern entgegenstreckte, und fauchte:

> »Die Schlechtigkeit ist nicht in mir selbst, sondern ausschließlich um mich herum. Wenn unter euch ein Vampir ist, so fällt er jetzt auf ein Häuferl Asche zusammen.«

Offenbar handelte es sich bei dem Kreuz um einen Trick ihrer Anwälte. 14 Tage später deutete Blauensteiners Tochter, eine 43jährige Psychotherapeutin, diesen PR-Gag in einem Exklusiv-Interview so:

»Und die Geschichte mit dem Kreuz, die ist niemals auf ihrem Mist gewachsen. Das hat ihr jemand eingeredet. Auf eine so dumme Idee käme sie selber nicht.«[51]

Andererseits: Warum eigentlich nicht? Elfriede Blauensteiner hatte Show-Talent, es fiel ihr nicht schwer, sich als Star der Stunde zu präsentieren. Irgendwann stellte jemand die Frage nach ihrer Lebensgeschichte in Buchform. Die Diva sagte blasiert:

»Wegen der Filmrechte habe ich schon Kontakt zu Steven Spielberg aufgenommen.«

Der Wahrheitsgehalt dieser Aussage war denkbar gering. Richtig ist lediglich, daß Gespräche mit RTL über den Verkauf der Filmrechte an ihrer Story im Gange waren.

Selbstbewußt und sichtlich gut vorbereitet, mit einem auf 60 Schläge pro Minute gedrosselten Herzschrittmacher, doch mit dem Makel eines widerrufenen Serienmord-Geständnisses vom 11. Januar 1996, stellte sich Elfriede Blauensteiner schließlich den Fragen des vorsitzenden Richters und der dreizehn kritischen Geschworenen.

Risiken und Nebenwirkungen im Leben der Elfriede Blauensteiner

Elfriede Blauensteiner wurde am 22. Januar 1931 als siebentes Kind von Irene und Alois Zelinka geboren. Es waren sehr ärmliche Verhältnisse, die ihre ersten Lebensjahre bestimmten. Die Familie wohnte in einer spartanischen Holzhütte, mitten auf dem Acker, sie schlief dort auf den nackten Brettern nur mit Mänteln als Bettdecke. Als der Vater 1933 starb, mußte die Mutter von der mageren Pension sieben hungrige Mäuler satt bekommen. Nach drei Jahren, die so ins Land gingen, heiratete Mutter Irene erneut: einen elf Jahre Jüngeren. Als man 1936 die erst einjährige Tochter Hermine beerdigen mußte, war Elfriede doppelt schockiert, weil sich der Stiefvater mit der Mutter nach der Trauerfeier in einem Kino vergnügte. Der frisch Eingeheiratete verließ die Familie wenig später; diese Erlebnisse begründeten Elfriedes Abneigung gegen Männer.

Eine Zweiklassengesellschaft kristallisierte sich innerhalb der zehnköpfigen Familie heraus: Leider zählte »Elfi« zur unterprivilegierten Klasse der älteren Kinder des Alois Zelinka. 1941 zogen alle – übergangsweise – in ein ordentliches Siedlungshaus. Nun entwickelte sich Blauensteiners Begeisterung für Pflegetätigkeiten. Sie grub durch Bombenangriffe Verschüttete aus und kümmerte sich um sie. Die Leute sagten, sie hätte eigentlich Medizin studieren sollen! Aber sie bekam diese Chance nie … Sie war schon froh darüber, daß sie die Hauptschule sechs Jahre lang besuchen durfte – ihr »Lieblingsfach« war Rechnen. Nach dem Schulabschluß, 1945, hatte sie für drei Geschwister zu sorgen. Wie alle mußte Elfriede in diesen Zeiten »hamstern« gehen, Kartoffeln stehlen, Knoblauchpflanzen verkaufen und ähnliches tun, um die Familie zu unterstützen. Als einer ihrer Brüder

1948 heiratete, zog sie zu ihm nach Wien und verdiente sich ihr tägliches Brot als Verkäuferin.

Ihren ersten Freund traf sie 1951 in der Favoritener Wienerfeldsiedlung. Dieser acht Jahre ältere »Bursche verstand es, die Mädchen auszunützen«, wie sie sagte. Die einjährige Beziehung löste sich schließlich auf, weil »er reich heiraten wollte«.

Ihre große Liebe wird schließlich der »fesche« Alfred Franze, ein Graphiker und Schriftenmaler. »Fredi«, wie sie ihn nannte, hatte zuvor bereits ein Verhältnis mit ihrer Schwester Lucie unterhalten, aus der ein Kind hervorgegangen war. Elfriede war schockiert, ja angewidert, als sie es erfuhr. Sie heiratete ihren Alfred dennoch – sie waren schließlich einander versprochen. Der »sexuelle Ekel«, den Elfriede Blauensteiner später verspürte, könnte mit Franze seinen Anfang genommen haben, da seine intimen Vorlieben über das »normale Maß« hinausgingen:

> »Einmal kam er zu mir und sagte, wenn ich mich für einen Rektalverkehr entschließen würde, würde er nicht mehr mit anderen Frauen in den Wald gehen.«[52]

1954, mit dreiundzwanzig Jahren, brachte sie Tochter Silvia zur Welt, die spätere Psychotherapeutin. Einerseits entwickelte sich Elfriede im Lauf der Zeit zu einer autoritären Mutter, andererseits mußte sie leidvoll hinnehmen, daß sie von ihrem »geliebten« Fredi des öfteren geschlagen wurde. Nein, besonders respektvoll behandelte er sie nicht. Erneut wurde sie schwanger. Im siebten Monat – am Gründonnerstag des Jahres 1960 – erlitt sie eine Fehlgeburt, weil Alfred sie mit einem Deckel auf den Bauch geschlagen hatte. Nach einer Uterusoperation, der sie sich infolge des Unglücks unterziehen mußte, verlangte Fredi plötzlich die Scheidung. Er, der einzige Mann, den Elfriede je geliebt hatte.

Fredi hätte ihr ruhig die Schneidezähne rausprügeln können, beteuerte sie während des Kremser Prozesses gegenüber dem Vorsitzenden Dr. Walter Winalek, und sie wäre immer noch bei ihm geblieben. Sie hatte sich damals geweigert, der Scheidung zuzustimmen; Alfred Franze ging trotzdem fort. Tochter Silvia kommentierte diese einschneidende Situation so:

> »Sehen Sie, ich war sechs, als ich an einem Tag im Oktober mittags von der Schule heimkomme. Im Stiegenhaus begegnen mir Männer in Overalls, die Möbel wegtragen. Die Wohnung, aus der ich in der Früh mit dem Jausenbrot weggegangen bin, ist völlig leer, kein Möbelstück, kein Vorhang, kein Bodenbelag mehr. Im Schlafzimmer steht mein Vater [...] ›Sag deiner Mutter, sie soll sich scheiden lassen, dann kriegst du deine Puppe wieder‹, sagt er, ohne mich anzuschauen.«[53]

Franzes Weggang und die Fehlgeburt waren Schlüsselerlebnisse für Elfriede Blauensteiner.

Jetzt begann sie zu spielen und die Kasinos unsicher zu machen. Angeblich nur aus Not, wie sie unterstrich. Aber in Wahrheit wohl eher, um den Verlust von Kind und Mann zu verschmerzen. In Baden und Wien gewann sie große Summen – wieviel genau, sagte sie nicht –, aber sie verlor auch Millionen. Aus dem schönen Spiel wurde bald bitterer Ernst, und sie stand unter permanentem Druck, ihre Sucht zu befriedigen. Einige glückliche Gewinne erlaubten ihr den Schritt in die Selbständigkeit – in Gestalt eines kleinen Lebensmittelgeschäfts.

Erst Jahre nach dem Fortgang ihres Mannes willigte sie endlich in die Scheidung ein: am 23. Mai 1967. Elfriede war nun 36 Jahre alt. Erneut begann sie ihrer Spielleidenschaft freien Lauf zu lassen:

»Zweimal in der Woche hat sich Blauensteiner ›super, mit Pelz, gekleidet und geschminkt‹, um mit drei angeblichen oder tatsächlichen Freundinnen [...] ins Casino zu gehen. Mit Schmuck behangen, machte sie am Roulettetisch genügend Wind, damit andere Gäste auseinanderrückten und ihr Platz machten. Sie wollte, daß andere zu ihr aufschauen.«[54]

Es vergingen sechzehn Jahre, bis ihr schließlich Rudolf Blauensteiner begegnete, der von Beruf Fahrdienstleiter der österreichischen Bundesbahn war und am 3. August 1983 ihr zweiter Ehemann wurde. Er klagte bereits über eine chronische Lungenerkrankung, starke Hustenanfälle und über epileptische Anfälle. Durch die Pflege, die sie ihrem kränkelnden Rudolf zuteil werden ließ, erlangte Blauensteiner die Fähigkeit, Injektionen zu verabreichen. Ihre Haßliebe zu Krankheit und Siechtum brach immer mehr hervor. Der Gutachter Dr. Gerhard Kaiser hierzu:

»Der Wunsch zu helfen ging eine enge Verbindung mit dem Wunsch zu beherrschen ein.«[55]

Da niemand sonst da war, der ihr bei der Betreuung ihres pflegebedürftigen Mannes half, wurde ihr die ständige aufopferungsvolle Fürsorge manchmal zu viel, und sie ergriff die Flucht:

»Ich mache mich schön und gehe ins Casino. Hinein in die Badewanne, Haare machen, schminken, ein schönes Kleid, ab in mein Auto, und ich bin wieder frei.«[56]

Infolge der Bekanntschaft mit dem älteren Ehepaar Viktoria und Otto Reinl im Frühjahr 1982 geriet Elfriede Blauensteiner sowohl an Euglucon als auch an Anafranil, denn der zuckerkranke Reinl war gezwungen, beide Medikamente einzunehmen. Nach dem plötzlichen Tod von Viktoria Reinl, der sie angeblich schwer belastete, hatte sie 1984 den zuckerkranken Otto Reinl zur Pflege aufgenommen. Zwei Jahre später, am 23. September 1986, segnete der 78jährige Otto Reinl das Zeitliche. Offiziell verlautete: an Diabetes mellitus. Aufgrund des Verdachtes, daß Blauensteiner auch bei ihm nachgeholfen hatte, exhumierte man Reinls sterbliche Überreste im Januar 1996, um sie zu obduzieren.

Elfriede Blauensteiner holte ihr »Medizinstudium« insofern nach, als sie sich für populärmedizinische Literatur interessierte, die Beipackzettel der Medikamente eingehend las, Indikationen und Kontraindikationen beachtete und schließlich auch von Arztpraxis zu Arztpraxis tingelte, sich als Diabetikerin ausgab, um die Medikamente auf Rezept zu bekommen.

Rudolf Blauensteiner soll trotz seiner Malaise mit der Lunge ein regelrechtes Arbeitstier gewesen sein. Als mittlerer Beamter hatte er im Ruhestand ein Anrecht auf eine Pension von rund 14 000 Schilling. Tatsächlich bedrängte Elfriede ihren Mann, den Beruf an den Nagel zu hängen, aber der Fahrdienstleiter stemmte sich vehement dagegen. 1986 hatte sie endlich die Pensionierung des 46jährigen durchgesetzt, dem es ständig schlechter ging. Am 10. August 1992 verstarb Rudolf Blauensteiner, mit 52 Jahren. Seither erhielt die Witwe eine monatliche ÖBB-Überweisung von 13 850 Schilling, also rund 2 000 DM.

In den Jahren von 1984 bis 1992 soll die Blauensteiner in eine geradezu ruinöse Phase hemmungsloser Spielsucht geraten sein. Der nächste Todesfall, den die klamme Witwe auf ihrem Lebensweg zu beklagen hatte, erschien den Ermittlern der Kripo daher ebenso verdächtig wie jene zuvor. Bereits 1987 nahm sich Blauensteiner des Leidens ihrer Nachbarin an, der angeblich etwas verwahrlosten, kränklichen, aber reichen Franziska Köberl. Nachdem Frau Köberl bei Blauensteiner in häuslicher Pflege gewesen war, schenkte sie ihrer *Krankenschwester* sogar ein Sparbuch. Bald war auch sie reif fürs Krankenhaus, und Blauensteiner kam täglich zu einem vierstündigen Rundumservice an der Patientin. Franziska Köberl wurde wieder entlassen und verbrachte die letzten Monate ihres Lebens in der Wohnung der Witwe. Kurz nach der Testamentsunterzeichnung zugunsten von Elfriede Blauensteiner, am 15. Dezember 1992, verstarb die alte Dame an den Folgen akuter Unterzuckerung im Alter von vierundachtzig Jahren. Die Leiche wurde ebenfalls im Januar 1996 exhumiert. Um ihre Vermögensangelegenheiten zu regeln, hatte Frau Köberl einen Rechtsanwalt konsultiert: keinen anderen als Harald A. Schmidt. – Auf diese Weise fand sich das eigenwillige Duo. Schmidt, der sehr früh seine Mutter verloren hatte, sah wohl in Blauensteiner eine Art Ersatz. Der zweite Gerichtspsychiater, Dr. Werner Laubichler, drückte es während der Verhandlung so aus:

> »Es war eine Art Kumpanei, eine schwer verständliche Partnerschaft.«

Seitdem besprachen Blauensteiner und Schmidt viele Dinge gemeinsam. Dinge, die über eine herkömmliche Anwalt-Mandant-Beziehung hinausgingen – wie zum Beispiel die Akquisition von einsamen Pensionären, die unter Blauensteiners pflegende Hände geraten sollten. Dafür sollte ein eigenes, kleines Pflegeheim mit etwa 10 Betten eingerichtet werden, wo man sich dann in aller Ruhe um eine begüterte Klientel kümmern könnte.

Im Frühling 1994 lernte der 77jährige Friedrich Döcker die »treusorgende Kameradin und Krankenschwester« mit dem blondierten Haar kennen. Am 19. Mai 1994 entwarf Schmidt für dessen 3,2 Mio.-Schilling-Anwesen einen Schenkungsvertrag, den Döcker unterzeichnete, bevor er Elfriede – geborene Zelinka, geschiedene Franze, verwitwete Blauensteiner – nach altkatholischem Brauch heiratete. Der Rentner war schon etwas schwächlich, bevor er in Elfriedes Wohnung umsiedelte, wo sie ihm ihre ganze Pflege angedeihen ließ. Dem 13jährigen Nachbarsjungen Thomas Mottl, der ab und zu im Haushalt half, erschien einiges merkwürdig. Einmal protzte Blauensteiner mit großzügigen 1 000 Schilling Finderlohn für einen Wohnungsschlüssel, den Thomas wiederfand. Dann geschah es, daß sie ihm auch nach mehrmaligem Läuten die Tür nicht öffnete oder erst nach sehr langer Zeit. Das Bad war meistens verriegelt und obendrein ohne Licht. Makaber war auch die auffällige Gewohnheit von Elfriede Blauensteiner, nur schwarze Bettwäsche zu benutzen. Thomas Mottl durfte sie auch nicht nach ihrem Mann fragen, sonst bekam er einen bösen Blick zugeworfen. Friedrich Döcker starb schließlich am 11. Juni 1995 unter mysteriösen Begleitumständen. Offizielle Todesursache: Dekubitus.

Wieder setzte sich Blauensteiner mit Schmidt in Verbindung und brütete passende Inseratstexte aus. Und wieder schrieben ihr mehrere Dutzend alleinstehende Männer. Vier Monate später antwortete Alois Pichler auf ihre Annonce.

Unter dem vorsitzenden Richter Dr. Walter Winalek wurde Elfriede Blauensteiner am 7. März 1997, nach zwölfstündiger

Geschworenenberatung, in erster Instanz für schuldig befunden des Mordes an Alois Pichler. Man verurteilte sie zu lebenslänglichem Freiheitsentzug. Schmidt wurde zu sieben Jahren verurteilt, wegen Betrugs und Körperverletzung. In puncto Beihilfe zum Mord sprach man ihn jedoch frei.

Ihre Nachbarin und Freundin Elisabeth Mottl sagte noch nach der Festnahme, daß Elfriede Blauensteiner immer wie ein »guter Engel« gewesen sei, »der wunderbarste Mensch, den ich je gekannt hab'. Was hinter ihrer Fassade war, hat keiner gewußt.« Während der Untersuchungshaft verhielt sich die Blauensteiner vorbildlich. Für ihre Mitgefangenen war sie die »Mutter Theresa von Krems«. Weihnachten 1996 leistete Blauensteiner eine großzügige Spende für eine wohltätige Organisation und zahlte einer Verurteilten die Haftersatzstrafe von 3 000 Schillingen, damit der Frau ein 14tägiger Arrest erspart bleiben konnte. Elfriede Blauensteiner war bereit, viel zu geben, doch dafür wollte sie gebührend beachtet werden.

Gewiß trifft auch die Beschreibung ihrer Tochter zu:

> »In Wahrheit war meine Mutter immer ein ungemein verletzlicher Mensch mit einem außergewöhnlich hohen Potential an intensiven Gefühlen.«[57]

Die Psychotherapeutin charakterisierte sie außerdem als extrem diszipliniert und hart arbeitend, darüber hinaus als eine Frau, die ihr Leben lang innerlich einsam war, die sich gar nicht mehr öffnen konnte:

> »Für meine Mutter ist eine Situation, in der sie sich geliebt fühlt, wahrscheinlich zugleich die schlimmste Strafe: Denn da bricht alles auf, was sie ein Leben lang unterdrückt hat.«[58]

2.
Judith und der Mord aus politischer Leidenschaft

Politische Artikel soll man schreiben wie Liebesbriefe.

Milena Jesenská

Die Enthauptung des Holofernes

Mit raschem Schritt war Judith bei Anbruch des Abends die Anhöhe hinabgegangen, ohne den geringsten Anflug eines Zweifels oder einer Unsicherheit über das Ziel, das ihr vor Augen stand. Weiter eilte sie durch das Tal, kaum daß ihre Dienerin sich neben ihr halten konnte. Sie dachte an die bedrohliche Nähe des übermächtigen Feindes, seine Bosheit und Gehässigkeit; an die Not der Belagerten, die Verzweiflung ihres Volkes. Das Wasser war zur Neige gegangen, Hunger und Durst prägten das Bild in den Straßen, und die Frauen und Kinder, die Schwachen und die Alten verschmachteten und fielen ohnmächtig zu Boden. Alle Gebete, alle Klagen hatten nichts geholfen; die Menschen waren mutlos und am Ende ihrer Kräfte. Und sie waren schließlich bereit, ihre Stadt, Bethulia, den letzten Schutzposten Israels, an die unbesiegte Armee des assyrischen Königs Nebukadnezar, die von Holofernes kommandiert wurde, zu übergeben.

Sie, die junge gottesfürchtige Witwe, hatte die Bürger noch einmal zurechtgewiesen. Den Kleinmut und die Verzagtheit der Stadtältesten und vieler Bewohner konnte sie nicht hinnehmen. Sie wußte, es bedurfte nur einer tapferen, entschlossenen und geschickten Tat, um alles zum Guten zu wenden. Noch einmal hatte sie um göttlichen Beistand gebetet. Dann war sie ins Bad gestiegen, hatte anschließend ihren geschmeidigen Körper gesalbt, ihre Festkleider angezogen, sich mit Armbändern, Fußspangen, Ringen und Ohrgehängen geschmückt und ihre Schönheit zuletzt mit einem prächtigen Diadem gekrönt, das ihr Haar zieren sollte. Jetzt durchquerte sie im Mondlicht das Tal, und endlich erscholl ein barbarischer Ruf. Eine rohe Männerstimme befahl ihr, sich zu erkennen zu geben. Judith antwortete:

»Ich gehöre zum Volk der Hebräer und laufe von ihnen fort, weil sie euch doch bald zum Fraß vorgeworfen werden. Ich will zu Holofernes, dem Oberbefehlshaber eures Heeres, gehen und ihm eine zuverlässige Nachricht bringen; ich will ihm zeigen, welchen Weg er einschlagen muß, um das ganze Bergland in seinen Besitz zu bringen, ohne daß dabei einer von seinen Leuten Leib und Leben verliert.«[59]

Verwundert hörten die Männer des assyrischen Vorpostens diese Worte. Neugierig betrachteten sie Judiths im Mondschein glänzendes, betörendes Antlitz, wagten aber nicht, näher an sie heranzutreten. Der Name ihres Feldherrn, der über die Lippen dieses Weibes kam, ließ sie zurückweichen. Sie führten sie zu seinem Zelt, und im ganzen Lager entstand große Unruhe. Viele liefen herbei, als sie vor dem Eingang des Zeltes stand, denn dort mußte sie warten, bis ihre Ankunft Holofernes gemeldet war. Alle waren überrascht von dem beeindruckenden Anblick, und einer sagte zu seinem Nebenmann:

»Wer kann dieses Volk verachten, das solche Frauen in seiner Mitte hat? Es wäre nicht klug, auch nur einen einzigen Mann von ihnen übrigzulassen; wenn man sie laufen läßt, sind sie imstande, noch die ganze Welt zu überlisten.«[60]

Schließlich traten Leibwächter vor das Zelt und geleiteten Judith ins Innere. Der mächtige Holofernes ruhte auf seinem Lager unter einem Mückennetz aus Purpur und Gold, in das Smaragde und andere Edelsteine eingearbeitet waren. Judith verharrte im Vorraum, und Holofernes kam ihr entgegen. Silberne Leuchter wiesen ihm den Weg. Er und sein Gefolge waren auf der Stelle angetan von Judiths Anmut und ihrem außergewöhnlichen Liebreiz. Sie kniete vor ihm nieder und huldigte ihm. Dann erhob sie sich und begann zu sprechen. Holofernes hörte sich ihren Bericht über die Zustände in der belagerten Stadt an. Und als sie ihm anbot, seinen Soldaten den Weg durch die Berge zu zeigen, stand er längst in ihrem Bann. Am Ende lobte er sie ob ihrer erlesenen Wohlgestalt und ihrer mutigen Rede. Er gebot ihr, bei ihm zu bleiben, und versprach, sie sogar in den Palast seines Königs Nebukadnezar zu führen, denn Ruhm und Ehre sollten auch ihr zuteil werden.

Dann ließ er sie in einen Nebenraum führen, wo silbernes Tafelgeschirr bereitstand, und befahl, die feinsten Speisen und seinen Lieblingswein aufzutragen. Als fromme Witwe gab Judith ihm jedoch zu verstehen, daß sie nur von ihrem eigenen mitgebrachten Mundvorrat zehren werde, da ihr wegen ihres Glaubens keine anderen Speisen erlaubt seien. Holofernes nahm dies verwundert zur Kenntnis. Nach dem Mahl wies er ihr ein Zelt zu, wo sie schlafen und sich aufhalten konnte. Mehrere Tage verbrachte sie dort und verließ diesen Ort nur, um in der Nähe des Lagers in einer Quelle zu baden und zu Gott zu flehen, ihr, wenn möglich, den Zustand der Reinheit zu bewahren.

Am vierten Tag nach ihrer Ankunft gab Holofernes ein großes Fest. Inständig ließ er sie bitten, auf diesem zu erscheinen und für diesen einen Abend sich wie ein assyrisches Mädchen zu benehmen. Sie solle trinken und sich vergnügen. Judith antwortete nur:

»Wer bin ich, daß ich meinem Herrn widersprechen dürfte? Ich will unverzüglich alles tun, was er wünscht; das soll mir eine Freude sein bis zum Tag meines Todes.«[61]

Cristofano Allori:
Judith mit dem Haupt des Holofernes, um 1613

Abermals legte sie ihr bestes Kleid und all ihren Schmuck an und betrat, von allen ehrfürchtig bestaunt, das Feldherrenzelt. Holofernes war außer sich vor Entzücken, er kannte nur noch den einen Wunsch: mit ihr zusammenzusein. Der Alkohol sollte sie ihm gefügig machen, und er forderte sie daher auf, mit ihm zu trinken – was sie bereitwillig tat. Seine Erregung wurde dadurch nur um so größer. Von Freude und flammender Leidenschaft gepackt, trank er ohne Unterlaß, und es floß so viel Wein in seine Kehle wie niemals zuvor in seinem Leben an einem einzigen Tag.

Dann brach die Nacht herein, und die Diener und Gäste verließen eilig das Zelt. Der Eunuch Bagoas, der das Hab und Gut des Holofernes zu verwalten hatte, schloß von außen ab. Allein Judith blieb in dem Raum zurück. Währenddessen hatte der Wein Holofernes übermannt und er fiel grummelnd auf sein Ruhelager. Da sich sonst keine Menschenseele mehr im Schlafgemach des Betrunkenen befand, trat Judith an den Schlafenden heran und betete still. Dann ging sie zum Bettpfosten am Kopf des Holofernes. Langsam und sehr behutsam nahm sie von dort sein gewaltiges Schwert herab. Leise, doch ohne zu zögern, schritt sie nun ganz nah an ihn heran, faßte sein Haar und sprach:

»Mach mich stark, Herr du Gott Israels, am heutigen Tag!«[62]

Dann schlug sie mit aller Kraft zweimal auf seinen Nacken und hieb ihm den Kopf ab. Sie wälzte den Rumpf herum, so daß er auf dem Boden lag, riß das Mückennetz von den Tragestangen, hastete hinaus und übergab den Kopf ihrer wartenden Dienerin, die ihn in einen Sack steckte. Beide machten sich auf den Weg zurück in ihre Heimatstadt Bethulia.

Sandro Botticelli:
Judith, nach Bethulia zurückkehrend, 1470

Groß war die Überraschung, als sie vor dem Stadttor auftauchten, da man sie schon verloren geglaubt hatte. Alle Einwohner der Stadt strömten herbei und hörten staunend ihre Geschichte. Judith zeigte allen den abgeschlagenen Kopf des Feindes, und ungeheure Begeisterung machte sich Luft. Überschwenglich feierte man Judith, und ewiger Ruhm wurde ihr zuerkannt. Bis ans Ende der Tage sollte Judiths Name nicht vergessen werden. Als der Morgen anbrach, ließ man es sich nicht nehmen, den Kopf des Holofernes an der Stadtmauer zu befestigen. Mit neuem Lebensmut und siegesgewiß griffen alle Kampffähigen zu den Waffen und stürmten auf das Lager der Assyrer zu. Eine nicht zu bändigende Kampfeslust war in sie gedrungen. Ängstlich erkannten die Assyrer die Veränderung ihrer Gegner und schickten nach ihrem Anführer. Angesichts des Rumpfes machte sich tiefe Bestürzung breit, und lautes Klagegeschrei erscholl allenthalben. Daß eine Frau den mächtigsten Feldherrn der Erde getötet hatte, breitete sich wie ein Lauffeuer aus.

Inzwischen war der Kampf in vollem Gange. Die Assyrer, kopf- und führerlos, suchten vergeblich unter den Ihren nach einem fähigen Befehlshaber. Entsetzen, Furcht und Grauen breiteten sich aus. Die stolze assyrische Armee war plötzlich nicht mehr. Die ehemals kühnen Kämpfer stoben feige auseinander und flohen in alle Himmelsrichtungen.

Der Sieg der Israeliten war vollkommen. Land und Leute waren gerettet, und dies war einzig Judiths Verdienst. Alle kamen herbei und lobten sie in einem Atemzug:

> »Du bist der Ruhm Jerusalems, du bist die große Freude Israels und der Stolz unseres Volkes.«[63]

Dreißig Tage dauerte die Plünderung des feindlichen Lagers, und auch Judith bekam ihren Teil. In den folgenden Wochen hielt man mehrere Feierlichkeiten ab, und in Jerusalem gab es ein dreimonatiges Freudenfest. Judith stiftete ihre Beute dem Tempel in Jerusalem, das Land war befreit und befriedet. Judith ging zurück nach Bethulia, wo sie den Rest ihres sehr langen Lebens verbrachte. Sie nahm keinen der vielen Heiratsanträge an, die man ihr machte. Als sie starb, trauerte das ganze Land sieben Tage. Zu ihren Lebzeiten hatte kein feindseliges Heer es mehr gewagt, das Volk der Israeliten anzugreifen.

Reinheit, Schönheit, Jugendlichkeit

Die Geschichte von Judith, die einen feindlichen Heerführer köpfte, ist ein Beispiel für ein mörderisches Handeln, das nicht selten als heroisch eingestuft wird: der Mord aus politischer Leidenschaft. Ein Tyrannenmord wird durchaus gutgeheißen, weil Menschen aus der Bedrohung oder Unterdrückung eines rücksichtslosen Machthabers befreit werden. Den meisten Attentaten, revolutionären oder terroristischen Aktionen liegen politische oder religiöse Motive zugrunde. Die Übergänge zwischen den Bereichen des Politischen und des Religiösen sind fließend, denn immer bedarf ein Staatswesen einer, wenn nicht direkten, so doch quasi-theologischen Legitimierung. Die Nähe zum Transzendenten, zum Übernatürlichen und Göttlichen verleiht der weltlichen Herrschaft eine Aura der Rechtmäßigkeit, die keine Widersprüche zuläßt, da sie so und nicht anders von Gott gewollt ist.

Oft beruft sich ein politisches Gemeinwesen auf die Taten einer historischen Gestalt, die zum Göttlichen eine besonders enge Beziehung unterhält. Judith oder Jeanne d'Arc waren solche außergewöhnlichen Personen, sie erlangten mythischen Charakter. Durch ihre Geschichte und deren Überlieferung wird eine Gemeinschaft geformt und gebildet. Ein Gemeinwesen erhält eine Vorgeschichte, die gewissermaßen als seine Ur-Szene und sein Gründungsprotokoll dient. Für den polnischen Ethnologen Bronisław Malinowski entsteht ein Mythos »fraglos dort, wo tiefgehende historische Veränderungen stattgefunden haben.«[64] Eine mythische Erzählung handelt von erlebten oder angenommenen Ereignissen in der Vergangenheit eines Volkes. Eine die Existenz einer Gemeinschaft oder eines bestehenden Wertesystems bedrohende Krise wird durch eine mythische Erzählung nachgebildet, um die Lösung des Konfliktes an nachfolgende Generationen weitergeben zu können. Der Mythos dient der Glorifizierung und Rechtfertigung eines außergewöhnlichen Ereignisses, er liefert ein Vorbild moralischer Werte und sozialer Ordnung und ist eng verknüpft mit der Tradition und der kulturellen Kontinuität einer Gesellschaft.[65] Malinowski zusammenfassend:

> »Der Mythos ist ein konstantes Nebenprodukt des lebendigen Glaubens, der Wunder braucht; des sozialen Status, der ein Beispiel verlangt; der Sittenlehre, die Bestätigung erfordert.«[66]

Der historische Kern der Judith-Erzählung ist allerdings kaum ausfindig zu machen, sie ist weitestgehend eine literarische Erfindung. Anders verhält es sich mit Jeanne d'Arc, die historisch verbürgt ist, aber hinter den Interpretationen und Stilisierungen ihrer dokumentierten Taten verschwindet. Zum einen also Judith, die legendäre Kämpferin für ihr Volk, deren historische Spuren sich im geschichtlichen Dunkel verlieren – sie wirkt durch die Macht der Fiktion. Zum anderen die heilige Johanna – sie wirkt durch die Macht ihrer verbrieften Heldentaten und ihres Märtyrertodes.

Judith und Jeanne d'Arc sind die zwei großen Vorbilder für den Typ der *politischen Mörderin.* Beide Frauen haben Künstler aller Couleur inspiriert, die die Gestalt der schönen, mordenden Heroine als äußerst attraktiv für ästhetische Bearbeitungen empfanden.

Über die Jahrhunderte und Jahrtausende hinweg hat die Geschichte von Judith die Menschen in immer neuen Variationen und Manifestationen begleitet. Sie ist eine Schöpfung, die in jeder Epoche neu gelesen und neu interpretiert wurde. Sie verfügt über mythische Kraft – aus diesem Grund ist sie große Literatur. Wir können aus dieser *Helden*-Geschichte alle Elemente extrahieren, die die *politische Mörderin* ausmachen.

Judith ist eine junge, schöne und keusche Witwe, die mutig und mit tapferer Zielstrebigkeit, nicht auf sich selbst achtend, eine *unweibliche* Tat ausführt. Sie befreit ihre Welt, rettet ihre Gesellschaft und sichert sie für die Zukunft. Alle wichtigen Merkmale sind damit genannt.

Die Jugendlichkeit und die Schönheit, die Judith so begehrenswert und unwiderstehlich machen, sind unabdingbar für die politische Mörderin. Erst kommen die Kräfte der Verführung zur fatalen Entfaltung, sie sollen das Opfer schwächen, seinen Verstand und seine Sinne trüben, da eben darin die nicht abzuschätzende, unüberwindliche Waffe der sich engagierenden Frau besteht. Holofernes fällt durch sein leidenschaftliches Begehren, er läßt sich betören und ist unvorsichtig. Sein Preis sind der Tod und die Niederlage seiner Armee.

Doch Schönheit allein genügt nicht, Judiths Handeln beruht in der göttlichen Mission. Die *Amazone*[67] muß makellos sein, rein und ohne Tadel, um eine direkte Beziehung zum Göttlichen eingehen und unterhalten zu können. Das bedingt ihre Keuschheit. Sie ist Witwe, bleibt Witwe und ist deshalb unbefleckt. Zwar war sie verheiratet, doch es gibt Variationen der Geschichte, die besagen, daß ihre Ehe nicht im weltlichen Sinne vollzogen worden war, da ihr Mann Manasse krank war und starb, bevor er ihr beischlafen konnte. Die körperlich-geschlechtliche Unversehrtheit ist ein wichtiges Detail. Die Judith-Figur gewinnt auf diese Weise nicht nur androgyne Aspekte, sondern sie wird auch um so tiefgreifender dem Irdischen entzogen. Sie ist nicht mehr von dieser Welt. Der Bezug zur jungfräulichen Muttergottes, zu Maria, ist unverkennbar. Die Jungfrau ist von symbolischer Unantastbarkeit. Ihr einzigartiger Heldenmut ist von gesellschaftlicher Relevanz, er betrifft alle. Als alles verloren scheint, ist es diese unverdorbene Jüdin, die sich aus der Menge der Kleinmütigen und Verzagten erhebt und sich dem bösen Feind stellt.

Es kann keinen normalen, keinen alltäglichen Lösungsweg geben, es muß etwas Außergewöhnliches geschehen. Und deshalb kann die Errettung aus der Drangsal nur und gerade von einer Frau in die Wege geleitet werden, denn es herrscht ein Ausnahmezustand, der alle gültigen Normen und Gesetze desavouiert. Nichts ist so und nichts kann so wiederhergestellt werden, wie es war, die Situation ist von einmaliger und alles umfassender Bedeutung. Judith vollführt einen universalen, weltgeschichtlichen Akt, der ihr eigenes Volk, die Hebräer, ein für alle Mal vom gottlosen Treiben des lästerlichen, menschenverachtenden Königs Nebukadnezar und seines Feldherrn Holofernes erlöst und die Welt für lange Zeit befriedet.

Die politische Mission tritt in späteren Bearbeitungen des Judith-Stoffes in den Hintergrund. In Friedrich Hebbels 1839/40 entstandenem Drama *Judith* wird Holofernes zwar vordergründig aus den genannten hehren politischen Motiven ermordet, doch es ist nicht zu leugnen, daß Judith nicht aus Heldenmut tötet, sondern vielmehr aus einem persönlichen Grund: Holofernes hat sie vergewaltigt. Für Hebbel ist die Frau eigentlich nicht fähig zu aktivem, *männlichem* Verhalten.[68] Nur eine außergewöhnliche psychologische Situation entreiße eine Frau ihrer *natürlichen* Passivität. Hebbel will in seinem Judith-Drama die *Tat* eines *Weibes* zeigen, »also den ärgsten Kontrast, dies Wollen und Nicht-Können, dies Tun, was doch kein Handeln ist.«[69] Von den *übernatürlichen* Fähigkeiten einer *Jungfrau* ist er dafür um so mehr überzeugt; für sie gelten besondere Handlungsnormen. Eine Jungfrau darf Grenzen überschreiten, da sie nicht in das Schema des erwarteten gesellschaftlichen Verhaltens eingebunden ist. Sie darf Männerkleidung anlegen und Waffen tragen. Die Amazone ist zwar, wie es in Schillers *Jungfrau von Orleans* heißt, »eine schwere Irrung der Natur«,[70] doch in einem historischen Ausnahmezustand ist ein Mensch vonnöten, der aus der rechten Ordnung der Welt herausfällt. Im Gegensatz zu Schiller aber kann sich Hebbel kein Weib vorstellen, das beim Anblick von Blut nicht in den Zustand *hingebungsvoller Sanftmut*[71] zurückkehren und vom Töten ablassen würde. Einzig der gewaltsame Verlust der geschlechtlichen Unversehrtheit erzeugt eine Mörderin:

> »Aber – eine jungfräuliche Seele kann alles opfern, nur nicht sich selbst, denn mit ihrer Reinheit fällt das Fundament ihrer Kraft, sie kann die Zinsen ihrer Unschuld nicht mehr haben, sobald sie ihre Unschuld selbst verlor.«[72]

Hebbels geschändete Judith will nur noch eines: Holofernes ermorden. Auf die Bitte ihrer Dienerin zu fliehen, bevor Holofernes erwacht, antwortet sie:

»Was? Bist du in seinem Solde? Daß er mich mit sich fortzerrte, daß er mich zu sich riß auf sein schändliches Lager, daß er meine Seele erstickte, alles dies duldetest du? Und nun ich mich bezahlt machen will für die Vernichtung, die ich in seinen Armen empfand, nun ich mich rächen will für den rohen Griff in meine Menschheit hinein, nun ich mit seinem Herzblut die entehrenden Küsse, die noch auf meinen Lippen brennen, abwaschen will, nun errötest du nicht, mich fortzuziehen?«[73]

Jeanne d'Arc – Die Kriegerin mit dem unverwundbaren Herzen

An einem Februartag des Jahres 1429, so will es die Überlieferung, begegnet den Soldaten des französischen Kronprinzen Karl von Valois ein 16jähriges Bauernmädchen, das ganz von dem Glauben an seine göttliche Mission durchdrungen ist. Sie komme aus dem lothringischen Dorf Domrémy, erzählt sie den Männern, und höre schon seit drei Jahren die Stimmen des Erzengels Michael und der Heiligen Katharina und Margareta. Die Stimmen sagten ihr, sie allein sei auserwählt, einen politischen Auftrag zu erfüllen und dem rechtmäßigen König von Frankreich einen großen patriotischen Dienst zu erweisen. Nach Vollbringung ihrer heiligen Aufgabe würde sie jedoch verwundet und gefangengenommen werden. Hauptmann Gilles de Rais, der nur wenige Jahre darauf als *Ritter Blaubart* mit haarsträubenden Grausamkeiten die Aufmerksamkeit und den Abscheu aller auf sich lenken und in die Annalen eingehen wird, und seine rauhbeinigen Krieger zweifeln nicht an der Ernsthaftigkeit der Worte dieser eigenartigen androgynen Gestalt, die aussieht wie ein Junge mit Pagenkopf. Sie führen sie bis ins Loireschloß Chinon, an Karls Hof. Dort

»Johanna von Orléans« (Regie: Victor Fleming, 1948).
Ingrid Bergman in der Titelrolle

überbringt Jeanne dem Thronfolger ihre Botschaft: Sie sei im Auftrag Gottes gekommen, um Frankreich von den Engländern zu befreien und die Belagerung von Orléans zu beenden, damit er, Karl, in Reims gekrönt werden könne wie alle französischen Könige vor ihm. Der Dauphin läßt sich nicht nur von ihren Worten überzeugen, er ist von ihrer höchst seltsam anmutenden Gewißheit geradezu fasziniert.

Der Hundertjährige Krieg zwischen Frankreich und England geht langsam seinem Ende zu, doch noch immer schweben die Gespenster einer endzeitlichen Untergangsatmosphäre über Frankreich, das von Hunger, Tod und Teufel, von brutaler Gesetzlosigkeit heimgesucht wird. England kämpft

auf französischem Boden um dessen Krone. Große Teile des französischen Adels unterstützen den englischen König Heinrich VI., der seinen Anspruch auf den französischen Thron auf seine Mutter – Katharina von Valois, Karls Schwester – zurückführt. Dann nehmen die Engländer Paris ein, stoßen weiter südlich vor und bedrohen Orléans. Kurz zuvor konnte sich der wankelmütige, zaudernde Karl mit seinen Getreuen an der Loire einnisten. Doch als sich das Herzogtum Burgund mit England verbündet, scheint der Kampf entschieden zu sein.

In dieser prekären Lage kommt die außergewöhnlich entschlossene und selbstsichere Jungfrau Jeanne mit ihren himmlischen Eingebungen an den Hof des Prinzen. Sie ist blutjung und hübsch, die Hofdamen prüfen ihre Unberührtheit und die Diener des Allmächtigen ihre übersinnlichen Offenbarungen. Unter dem Schutz des erst fünfundzwanzig Jahre zählenden Gilles de Rais führt Jeanne das Kommando der königlichen Heerscharen, zieht in den Krieg und kämpft an vorderster Front, Seite an Seite mit den hartgesottensten Kriegern. Sie hat alle in ihren Bann gezogen, schlägt sich tapfer und gewinnt eine blutige Schlacht nach der anderen, befreit schließlich Orléans und führt Karl in die Krönungsstadt Reims, auf daß er mit dem heiligen Öl aus der Abtei von Saint-Rémy als anerkannter Herrscher über Frankreich feierlich gesalbt werden kann.

Doch Jeanne ist noch nicht zufrieden: sie will Paris zurück, Paris, das noch immer von den Engländern besetzt ist. So kurz vor dem höchsten Triumph ihrer einzigartigen Laufbahn als Kriegerin, ist sie sich aber nicht bewußt, daß sie im Begriff ist, ihr Glück zu überfordern. Nur wenige Kilometer vor den Toren der Hauptstadt, bei Compiègne, verliert sie ein Gefecht und wird verletzt. Die Burgunder nehmen sie gefangen und verkaufen sie an die verhaßten Engländer. War es nicht dies, was ihr die Stimmen der Engel und Heiligen vorausgesagt hatten? Hatte sie also das Ziel ihrer Mission erreicht? Als sie Orléans befreite, da verehrte man sie, da wurde sie über Nacht zu einer ruhmreichen Heldin, nun aber lassen sie all jene allein, die ihr zuvor mit fliegenden Fahnen gefolgt waren. Damit aber nicht genug: Auch ihr König läßt sie fallen und unternimmt nicht den geringsten Versuch, sie zu befreien.

Theologen der Pariser Universität schalten sofort die Inquisition ein, um ihr unter dem Vorsitz des Bischofs Pierre Cauchon von Beauvais in Rouen den Prozeß zu machen. Plötzlich sieht man in *Jeanne la Pucelle* – in Jungfrau Johanna –, wie sie sich selbst nannte, eine ketzerische Hexe, spricht ihr die Unberührtheit ab und glaubt nicht an ihre übernatürlichen Heimsuchungen, bezeichnet diese vielmehr als Einflüsterungen des Teufels, als Satansvisionen und wirft ihr vor, in gotteslästerlicher und widernatürlicher Manier in Männerkleidern ihr Geschlecht verleugnet und Waffen getragen zu haben.[74] Mit abergläubischem Fanatismus unterziehen sechsundvierzig Richter und Beisitzer das Mädchen einem strengen Verhör; man will alles wissen, alle Einzelheiten ihrer Taten und Erfahrungen. Jeanne d'Arc aber beharrt auf den Stimmen und ihrer Bestimmung – dies dokumentieren die erhaltenen Gerichtsprotokolle, die 1841 veröffentlicht wurden –, und die Männer der Kirche verurteilen sie wegen Ketzerei, Teufelsanbetung und Tragen von Männerkleidung zum Tode.

Am 24. Mai 1431 widerruft sie schließlich, um ihr Leben zu retten. Als man ihr dennoch lebenslangen Kerker ankündigt, zieht sie den Widerruf zurück. Eine knappe Woche später, am 30. Mai 1431, steht sie auf dem Markt von Rouen auf dem Scheiterhaufen, an einen Pfahl gebunden. Ihr Haar ist kurz geschoren, und zum Zeichen ihres Ketzertums muß sie eine Papiermütze tragen. Der Henker soll ihr die Kehle zudrücken, nachdem das Feuer entzündet ist, doch es ist unmöglich – die Flammen schlagen bereits zu hoch. Jeanne d'Arc erstickt, bevor sie verbrennt, nur ihr Herz soll die Flammen überstanden haben, wie ein Chronist zu berichten weiß. Als die Hinrichtung vollzogen ist, zeigt man ihren Leichnam der Bevölkerung als Beweis dafür, daß die sich so männlich Gebende eine Frau gewesen ist, und verstreut ihre Asche.

Mehr als zwanzig Jahre nach diesen Ereignissen bittet Jeannes Mutter in Notre-Dame zu Paris um Wiederaufnahme des Prozesses. Die politische Lage hat sich inzwischen geändert. Die Engländer haben das Land verlassen. Der mittlerweile hergestellte Friede zwischen den ehemals verfeindeten französischen Lagern verlangt, begangenes Unrecht wiedergutzumachen. 1456 ist Jeanne rehabilitiert. Viereinhalb Jahrhunderte später, im Jahre 1909, wird Jeanne vom Vatikan seliggesprochen. 1920 erklärt man sie zu einer Heiligen.

»Johanna von Orléans« (Regie: Victor Fleming, 1948).
Ingrid Bergman in der Titelrolle

Willkommen im Leben nach dem Tode

Das Geschehen um die historische Figur Jeanne d'Arc zählt zu den bedeutendsten Stoffen der Weltliteratur. Die Strahlkraft ihrer charismatischen Persönlichkeit ist vergleichbar mit der eines Friedrich Barbarossa oder eines Wilhelm Tell; der schillernde Mythos einer aus dem einfachen Volk stammenden Kindfrau, die sich innerhalb höchster gesellschaftlicher und politischer Kreise etablierten konnte. Man erkannte in ihr eine Wundertäterin, Erlöserin und Märtyrerin. Man erklärte sie zur Hure, Hexe und Ketzerin. Bald galt sie als Amazone, bald als einfache Stallmagd. Sie war eine Kriegsgöttin für die einen, ein Friedensengel für die anderen. Kometenhaft stieg ihr Stern auf. Sie wurde eine facettenreiche Symbolfigur, ein Vorbild für nachkommende Generationen. Im Laufe der Jahrhunderte entstanden wahrscheinlich ebenso viele Legenden um diese junge Frau wie lyrische, epische und dramatische Bearbeitungen ihrer Lebensgeschichte. Das Spektrum der ihr zugeschriebenen Rollen und perspektivischen Verwandlungen ist nahezu unerschöpflich und zeigt völlig konträre Interpretationen ihrer Taten. Jeannes übernatürliche Fähigkeiten konnten ebensogut göttlicher wie teuflischer Natur sein – gerade so, wie man sie sehen wollte:

> »Das gleiche Material, aus dem sich ein einzigartiger, auf eine Ausnahmesituation hin angelegter Lebenslauf rekonstruieren ließ, konnte gelesen werden als die Biographie eines der vielen jungen Mädchen, das heimlich von zu Hause weglief, die von den Eltern beschlossene Verlobung brach, um sich einer Soldatentruppe anzuschließen, in schlecht beleumundeten Wirtshäusern verkehrte, Männerkleidung trug, mit Männern zusammenlebte und schließlich als Betrügerin und Hochstaplerin gefaßt wurde.«[75]

Voltaire ironisiert die Jeanne d'Arc-Geschichte in seinem komischen Heldenepos *La Pucelle d'Orléans* von 1733, um das Schema von Gut und Böse, Gott und Teufel, das den Interpretationen zugrundeliegt, zu durchbrechen. Er verspottet Jeanne als Bauerntrampel. Für ihn ist ihre Geschichte ein Beispiel des Aberglaubens und der naiven Legendenbildung. Seine Verhöhnung des religiösen und patriotischen Spektakels um ihre Person zielt auf die Wundergläubigkeit damaliger Zeit, und er findet die Zustimmung der aufgeklärten Kreise der Gesellschaft. Der Name Voltaire ist nur einer in einer langen Liste bedeutender Geistesgrößen, die sich des Johanna-Stoffes annahmen: Friedrich Schiller, George Bernard Shaw, Bertolt Brecht – um nur einige zu nennen.

Schiller stellt seine Johanna als fromme Hirtin dar und beschreibt sie als »keusches Sinnbild« von »Gott erwählter Schönheit«. So sollte sie auf die Bretter gelangen, die die Welt bedeuten, und das Herz des Publikums im Sturm erobern. Schillers Gestaltung der Johanna ist dem Alltäglichen enthoben, doch dafür um so mehr dem unfaßbaren überirdischen Bereich angenähert: Es ist die Berufung durch Gott, die Johanna die Kraft zum Töten und zu prophetischen Weissagungen gibt.

»Der Herr wird mit ihr sein, der Schlachten Gott.
Sein zitterndes Geschöpf wird er erwählen,
Durch eine zarte Jungfrau wird er sich
Verherrlichen, denn er ist der Allmächt'ge!«[76]

Als ein »Gespenst des Schreckens« wütet sie über die Schlachtfelder. Dabei trifft sie auf den englischen Heerführer Lionel, dessen Leben sie verschont. Sie hat sich in ihn verliebt und ist nicht mehr der bedingungslosen Hingabe an den göttlichen Auftrag fähig. Nur ein absolutes Liebesverbot kann ihr die übermenschliche Kraft verleihen, die Aufgabe zu erfüllen, für die sie auserwählt ist. Kurze Zeit windet sie sich in Selbstzweifeln, bevor sie der Liebe zu Lionel entsagt und im Gebet ihre Schwäche büßt. Sie kehrt in den Krieg zurück, setzt den Kampf fort und triumphiert. Tödlich verwundet sinkt sie nieder und hat im Angesicht des Todes eine Marienvision:

»Seht ihr den Regenbogen in der Luft?
Der Himmel öffnet seine goldnen Tore,
Im Chor der Engel steht sie glänzend da,
Sie hält den ew'gen Sohn an ihrer Brust,
Die Arme streckt sie lächelnd mir entgegen.
Wie wird mir – Leichte Wolken heben mich –
Der schwere Panzer wird zum Flügelkleide.
Hinauf – hinauf – Die Erde flieht zurück –
Kurz ist der Schmerz, und ewig ist die Freude!«[77]

Natürlich nimmt sich auch der Film der Johanna-Figur an. Schon 1898 sieht man die Figur der heiligen Jeanne in einer volkstümlichen Heldin auf der Kinoleinwand verkörpert. *L'Exécution de Jeanne d'Arc* heißt der kurze Film von Georges Hatot. Es folgten viele weitere Verfilmungen, darunter so berühmte wie die von Cecil B. De Mille, Roberto Rosselini, Otto Preminger und Jacques Rivette. Victor Fleming drehte 1948 den bis heute erfolgreichsten Streifen mit Ingrid Bergman in der Hauptrolle. *Die Passion der Jeanne d'Arc* – von Carl Theodor Dreyer aus dem Jahre 1928 – und *Der Prozeß der Jeanne d'Arc* – von Robert Bresson aus dem Jahre 1962 – sind die vielleicht beeindruckendsten Inszenierungen.

Die Geschichte der Jeanne d'Arc, die plötzlich wie aus dem Nichts erschien, um einen kleinmütigen König mit großmütigen Taten vor dem drohenden Feind zu erretten und mit bewundernswerter Gradlinigkeit selbst Geschichte zu schreiben, ist im Wandel der Zeitläufte für vielerlei gesellschaftliche, politische und persönliche Anschauungen dienstbar gemacht worden. Jeannes Verhalten war zweifellos kühn, selbstlos und heldenhaft. Aber dieser jungfräuliche Teenager, auf den Engelszungen eingeredet haben sollen, hat Menschen getötet: Mit Schwert und Lanze wußte er bestens umzugehen. Daß dieses Töten für Volk und Vaterland im Auftrag Gottes geschah, kann niemand beweisen, genausowenig wie das Gegenteil. Doch das ist weniger von Belang, war Jeanne doch zum richtigen Zeitpunkt am richtigen Ort und hatte eine Aufgabe zu erfüllen, die nur allzu real war. Als *tötende* Unschuld jedoch wird sie kaum gesehen. Freilich – sie ist keine Mörderin im eigentlichen Sinne, sie ist eine *Jungfrau in Waffen*, die übergeordnete Ziele verfolgt. Zwei augenfällige Aspekte sind Jeanne eigen, nämlich das angeblich unberührte, obzwar hübsche, aber androgyne Aussehen und eine offensichtliche Asexualität sowie waffenstrotzende Gefährlichkeit und bedrohliche Siegesgewißheit.

Keiner ihrer Kampfgefährten, auch nicht Gilles de Rais, soll Bedürfnisse nach intimen Kontakten mit ihr verspürt haben. Nur so konnten junge Damen oder Frauen sich in jener Zeit Respekt und Gehör bei einflußreichen Männern verschaffen. Sie mußten auffallen, die natürliche Ordnung auf den Kopf stellen, am besten in einem geschlechtsneutralen Habitus oder in Männerkleidern. In männlicher »Kostümierung« war es möglich, Grenzen zu überschreiten.

Zum feministischen »Powergirl« wird Jeanne bereits in einem 1429 verfaßten Gedicht der Schriftstellerin Christine de Pisan, die als erste über sie schreibt und die in ihr den Beweis für die erstaunliche Macht der Frauen sah. Denn der Frau wurden traditionell Werte der Innerlichkeit zugeordnet, der Liebe und der Familie. Schiller beschwört noch 1799 im *Lied von der Glocke* das Bild von der »züchtigen Hausfrau«, die fleißig und ruhelos sich um das Wohl der Familie sorgt und den Wohlstand des Hauses vermehrt. Sein Zeitgenosse Johann Arnold Ebert formuliert es einige Jahre zuvor noch deutlicher:

»Euch, deutsche Weiber, Heil! Denn ihr,
So ungleich jener Furienbande,
Ihr seid noch des Geschlechtes Zier,
Wie jene, des Geschlechtes Schande.
O bleibt euch selbst auch ferner gleich;
Fromm, edel, sittsam, mild und weich,
Und haßt Mänaden und Megären,
Die, selbst mit der Natur entzweit,
Die Milch der sanften Weiblichkeit
In Geifer, Gall' und Gift verkehren.«[78]

Schiller und später auch Hebbel postulierten zwar eine generelle Gleichwertigkeit zwischen den Geschlechtern, doch Männer und Frauen hatten je ihre spezifischen Eigenschaften und Aufgaben. In Judith oder Jeanne d'Arc sahen sie deshalb menschliche Paradoxien, die zur dramatisch-tragischen Gestaltung geradezu aufforderten. Als Grenzgängerin befindet sich die *Jungfrau in Waffen* auf der Schnittstelle grundverschiedener Wertebereiche. Sie vermittelt zwischen dem Männlichen und dem Weiblichen und zwischen dem Irdischen und dem Göttlichen. Widersprüchliche Eigenschaften sind in ihr vereint, denen sie gleichwohl gerecht werden muß. Daher ist die *Jungfrau in Waffen* eine tragische Figur par excellence.

Hegel wiederum benutzt in der *Phänomenologie des Geistes* Sophokles' Tragödie *Antigone*, um seine Geschlechternorm zu erläutern. Er deutet das Stück als eine Konfrontation zwischen den Gesetzen der Innerlichkeit und den Gesetzen des Staates. Das eine versteht er als göttliches Gesetz, das andere als menschliches Gesetz. Der zentrale Konflikt in archaischen Gesellschaften besteht im Widerstreit zwischen den Ansprüchen der Familie und den Anforderungen der Gemeinschaft. In der Neuzeit sind die beiden gegensätzlichen Pole die individuelle Liebe und die Notwendigkeiten des Staates. Dem Mann bleibt dabei das öffentliche, staatlich-politische Handeln vorbehalten. Hegel sieht im Antagonismus Mann-Frau eine natürliche Polarität mit metaphysischen und ethischen Dimensionen, und er verknüpft sie mit dem Antagonismus von menschlichem und göttlichem Gesetz.

Wenn es nach Hegel geht, soll sich die Frau im Normalfall nicht an den öffentlichen Kämpfen beteiligen. In einer Zeit der Krise und des Umbruchs kann ihr jedoch eine herausragende öffentliche Bedeutung zukommen. Dies offenbart das Beispiel einer Klosterfrau des 18. Jahrhunderts, die mit einem ungewöhnlich blutigen Mord in der Tradition ihrer berühmten Vorgängerinnen steht: Charlotte Corday. Mitten in der Französischen Revolution schritt sie zur Tat. Auch ihr Anspruch war extrem, abseits aller Profanität. Auch sie war festen Willens wie Judith und unberührt wie Jeanne.

Die Ermordung Jean-Paul Marats durch Charlotte Corday

Die Luft war noch angefüllt von der sommerlichen Wärme, als die fast 25jährige Charlotte Corday an jenem verhängnisvollen Samstag, den 13. Juli 1793, gegen 7 Uhr abends aus dem Hotel de la Providence, Rue des Vieux Augustins Nr. 17 trat, um Jean-Paul Marat – Revolutionsführer, Präsident der Jakobiner, Volkstribun, Journalist, Arzt und Naturwissenschaftler – zu ermorden. Die Mordwaffe, ein ordinäres Küchenmesser, hatte sie erst am Tage zuvor bei einem Messerhändler erworben. Jetzt verbarg sie sie in ihrem züchtig verhüllten Busen. Schon nach einer kurzen Weile ließ sie die Place des Victoires hinter sich, fuhr über den Pont-Neuf und gelangte schließlich zur Rue des Cordeliers Nr. 20. Das Haus war düster und lag in einem alten Viertel am linken Seineufer. Der haut- und gelenkkranke Marat bewohnte das erste und finsterste Stockwerk. Noch bevor Charlotte in das innere Dunkel des steinernen Treppenhauses eintauchte, nahm sie das rege Treiben, das geschäftige Hin und Her der vielen unterschiedlichen Menschen auf der Straße wahr, das Hinein- und Heraushasten der Austräger, Zettelanschläger und Botenjungen, die Marats Korrekturbogen beförderten. Dann schreitet sie die Treppe hinauf und bittet um Einlaß. Es ist nicht das erstemal. Abermals verweigert ihr jene Frau den Eintritt, bei der Marat Ruhe und Obdach fand: Catherine Évrard, seine Lebensgefährtin. Unter dem Vorwand, ihm die Namen von Aufständischen in Caen nennen zu wollen, bittet sie mit ruhiger und klarer Stimme erneut darum, ihn sprechen zu dürfen. Noch tags zuvor hatte sie ihm einen Brief geschrieben mit folgendem Wortlaut:

»Bürger! Ich komme so eben von Caen an: Ihre Vaterlandsliebe läßt mich vermuthen, daß sie mit Vergnügen die unglücklichen Begebenheiten dieses Theiles der Republik kennen lernen werden: ich werde mich zu ihnen verfügen, seien Sie so gut und bewilligen Sie mir eine kurze Unterredung; ich werde Sie in den Stand setzen, Frankreich einen großen Dienst zu erweisen.«[79]

Marat, der im Bade saß, weil das Wasser seine Schmerzen linderte, und dort gleichzeitig Artikel für seine Zeitung *L'Ami du Peuple* verfaßte, hörte den Wortwechsel zwischen Charlotte und Catherine, die eifersüchtig über sein Wohl und Wehe wachte. Er ahnte nicht das Geringste von dem Unheil, das ihn bald durch die Hand dieser jungen Frau, die unbedingt zu ihm vorgelassen werden wollte, ereilen sollte. Er befahl, daß man sie zu ihm führe.

Die großbürgerliche Wohnung mit offenen Kaminen und viel Marmor bestand aus sieben Zimmern. Doch die Räume machten einen verschmutzten und heruntergekommenen Eindruck. Der vordere Teil der Wohnung, der zum Hof hinausführte, war sehr dunkel, dreckig und mit alten Möbeln ausgestattet, hier standen Tische, auf denen offenbar Zeitungen gefaltet wurden. Alles war armselig und trist. Im hinteren Teil der Behausung befand sich jedoch ein kleiner, hübscher Salon mit Blick zur Straße und stilvollem Interieur, mit damastbezogenen Möbeln und Seidenvorhängen in gefälligen Farbtönen, mit Porzellanvasen, in die seine treue Freundin stets Blumen stellte.

Als Charlotte Corday das abgedunkelte Badezimmer betrat, sah sie einen Mann von kleiner, häßlicher Statur, mit einem merkwürdig großen Mund; er hatte eine von Herpes oder Schuppenflechte im Endstadium gelblich verfärbte, schilfrige Haut. Marat verbreitete nicht nur aufgrund seiner öffentlichen, wortgewaltigen Aufrufe zu Terror, Rache und Blutvergießen Furcht und Schrecken, sondern auch wegen seines Aussehens. Seine ungepflegten und strähnigen Haare hatte er mit einem feuchten Handtuch umwickelt, seinen Körper bedeckte ein einfaches helles Tuch, so daß die Schultern und sein rechter Arm hervorschauten. Vor ihm lag, quer über der Badewanne, ein Holzbrett, das er als Schreibunterlage benutzte.

Nun stand sie vor ihm: Marats Augen sehen ein etwas dralles Mädchen vom Lande, die Unschuld in Person, mit frischem Gesicht, hellem Teint und rosigen Wangen. Eine schwarze Haube mit grünen Bändern bändigt ihr langes, kastanienbraunes Haar, das sie sich für diesen besonderen Augenblick hat frisieren lassen. Alles in allem macht sie mit dem weißen Kleid und dem seidenen Tuch, das ihren Busen geschmeidig umgibt und auf dem Rücken verknotet ist, den Eindruck bescheidener Wohlgefälligkeit, wie er jungen, sittsamen Frauen zueigen ist.

Sie hatte ihm Nachrichten aus Caen versprochen, also ersucht er sie jetzt darum. Neben der Wanne steht ein einfacher Holzhocker, auf dem Besucher Platz nehmen können, doch sie bleibt stehen und nennt ihm die Namen der nach Caen geflohenen Girondisten, der Feinde der Jakobiner, und erzählt ihm auch von einem Aufstand, der sich dort ereignet habe. Während Marat eine Namensliste beginnt, macht sie unbemerkt einige Schritte auf ihn zu, bis sie dicht neben ihm steht. Marat hatte keine Angst vor Frauen. Als Tyrann und Menschenverächter war er zudem der Rolle eines Märtyrers nicht abgeneigt und rechnete zu jeder Stunde mit der blinden Gewalt seiner Feinde. Er lief für alle Menschen sichtbar mit einer Pistole im Gürtelhalfter umher und provozierte in der Manier eines Schreihalses mit Selbstmordattitüden. Die Revolution hatte schon viele Menschenleben gekostet. Daß ihm, Marat, ausgerechnet eine gottesfürchtige Klosterfrau gefährlich werden könnte, damit hatte er nicht gerechnet.

Er beendet die Liste und kichert innerlich, denn der Gedanke, daß diese Volksfeinde bald hingerichtet würden, erfüllt ihn mit einer gewissen Befriedigung. »Es ist gut!« sagt er und blickt zu ihr auf. »In acht Tagen kommen sie auf die Guillotine!« Doch in diesem Moment zieht Charlotte Corday das Messer aus der Tiefe ihres Dekolletés und ruft: »Die deinige ist bereit.« Dann stößt sie zu. Während die Spitze der zwanzig Zentimeter langen Klinge zwischen den obersten Rippen rechts neben dem Brustbein in den Körper eindringt und sich dann durch den heftigen Druck weiter nach links unten vorschiebt, den rechten Lungenflügel und die Lungenarterie durchschneidet, schließlich das Herz trifft und die Hauptschlagader zerreißt, gibt Marat einen markerschütternden Todesschrei von sich. Sofort stürzen Catherine und ein Diener in den Raum, doch es ist zu spät. Der von oben ausgeführte Stich saß mit außergewöhnlicher Sicherheit. Sie erblicken nur noch den Holzgriff, der aus Marats Brustkorb ragt, und den sich in das lauwarme Badewasser ergießenden gewaltigen Strom von Blut. »Rasch her zu mir, liebe Freundin!« röchelt Marat mit vergehendem Atem und stirbt in der nächsten Sekunde, obwohl man verzweifelt versucht, die massive Blutung zu stillen.

Charlotte Corday hatte den Mord an Marat lange geplant. Man vermutet, daß bereits im Frühjahr desselben Jahres der Vorsatz in ihr keimte, den Mann zu töten, der in ihren Augen für den Untergang Frankreichs und Tausende Morde verantwortlich war. Ursprünglich hatte sie jedoch vor den Augen aller ein weithin sichtbares Zeichen setzen wollen, ein dramatisches Fanal im Sitzungssaal des Nationalkonvents etwa, oder noch besser, auf dem Marsfeld bei der Jahrestagsfeier des Untergangs der Monarchie, am 14. Juli. Deshalb war sie bereit, für die Tat ihr Leben zu lassen, und machte keine Anstalten zu fliehen. Sie blieb auffällig ruhig und gefaßt, als die Menge gegen sie wütete und die Polizei sie in Schutz nehmen mußte. Sie glaubte, durch ihren Tod und den Marats das Leben vieler Menschen gerettet und auf diese Weise Frankreich den Frieden gebracht zu haben. Auch noch wenige Tage später, am 17. Juli, als man ihr den Prozeß machte, riefen ihre furchtlose, kurze und bündige Beantwortung jeder Frage und vor allem ihr freudiges Geständnis Erstaunen bei den Anwesenden hervor.

Es stellte sich heraus, daß sie bereits am 9. Juli aus Caen mit einem öffentlichen Fuhrwerk abgereist war und am 11. Juli zur Mittagszeit in Paris eingetroffen und in jenem einfachen Hotel an der Rue des Vieux Augustins Nr. 17 abgestiegen war. Gegen 5 Uhr nachmittags war sie müde geworden und zu Bett gegangen. Sie schlief bis zum nächsten Morgen, schrieb einen Brief an das französische Volk, den man nach ihrer Verhaftung im Korsett findet, und gab sich der Lektüre Plutarchs hin. Michelet weiß zu berichten:

> »Ihre wahren Freunde waren die Bücher. [...] Zufällige und wenig gewählte Lektüre: Raynal und Rousseau in bunter Mischung. ›Ihr Kopf‹, sagt ein Journalist, ›war erhitzt von Lektüre aller Art.‹«[80]

Natürlich hatte sie die Bibel gelesen, das Alte Testament, und wußte um Judith und die Ermordung des Holofernes, um die Errettung des hebräischen Volkes aus der Bedrohung durch Nebukadnezar. Aller Wahrscheinlichkeit nach wurde sie sogar vom literarischen Vorbild der Judith-Figur inspiriert. Die

Literaturwissenschaftlerin Johanna Kahr spricht in ihrem Aufsatz *Literature into Politics* von Spuren einer »bewußten Judith-imitatio«.[81] Charlotte Corday dachte, daß Frankreich nur noch durch »die Hand einer Frau« zu retten sei. Das äußert sie in einem Brief an den befreundeten Girondisten Barbaroux drei Tage nach dem Mord. Wie Judith verschaffte sie sich durch eine List Zutritt zu ihrem Opfer. Und wie Judith wollte sie den Tyrannen durch eine scharfe Klinge bluten lassen.

Es ist erstaunlich, wie die Darstellung der Ereignisse in den nachfolgenden Jahrzehnten unterschiedlichsten Stilisierungen und auch Verzerrungen unterliegt, je nach politischer Perspektive. In den literarischen und historischen Bearbeitungen der Geschichte ist manchmal auch die Rede von Charlotte Cordays Tante, Madame de Bretteville, die in Charlottes Zimmer in Caen das aufgeschlagene Buch Judith vorgefunden haben soll. Diese Anekdote erwähnt Michelet nicht, stattdessen führt er Plutarchs Vita des Cäsar-Attentäters Brutus ein und erinnert an Jeanne d'Arc, »die immer ein Mädchen blieb und niemals ein Weib wurde.«[82] Jeannes und Charlottes Besonderheit sei eine »verlängerte Kindheit«. Dazu paßt, daß Michelet rigoros Hinweise ablehnt, Charlotte habe möglicherweise Barbaroux geliebt, denn eine Tat wie die Tötung Marats setze eine »strenge Jungfräulichkeit des Herzens« voraus. Michelets Antipathie gegenüber Marat, seine Sympathie für das fromme, sanftmütige Weib mit dem »aschblonden, mildglänzenden Haar«[83] und der kindlichen, unvergeßlichen Stimme[84] offenbaren, daß er der in den Überlieferungen als lieblich, rein und anmutig geschilderten Attentäterin leicht verfällt. Wenn Michelet etwa sechzig Jahre nach der Ermordung Marats Charlotte Corday als anmutig-zarte Gestalt, gar als einen »blühenden Apfelbaum« verklärt, als »Menschenblume«, die den Dolch führte, um Blutvergießen zu verhüten, so betrieb man in der ersten Zeit nach der Tat einen wahrhaften Kult um Marat.

Jacques-Louis David, der Maler der Revolution, der Marat kurz vor dem Mord noch aufgesucht hatte, porträtierte ihn in der schicksalhaften Wanne, mit Gänsekiel, Papier und Charlotte Cordays Brief in der Hand. Er stellte ihn als klassisches Menschenopfer dar, als einen Märtyrer der Revolution, als einen Freund des Volkes, schwimmend im eigenen Blut – ein neuer Christus. Der Künstler, der sich zur Revolution bekannte, als Mitglied des Nationalkonvents die großen Feste organisierte und leitete und sich um die Pflege der Künste sorgte, wußte, wie man starke Emotionen erzeugte; er schönte Marat und malte einen makellosen Teint. Aus dem schlichten Holz der Mordwaffe zauberte er einen edlen Ebenholzgriff.

Von Charlotte Corday fertigte während der Verhandlung der Maler Jean-Jacques Hauer ein Bild an. Michelet, der die Attentäterin geradezu glorifiziert, lobpreist den Maler dafür, »ein Bild ewiger Sehnsucht« geschaffen zu haben:

> »Keiner kann sie ansehen, ohne im Herzen zu sprechen: ›Ach, warum bin ich so spät geboren! … Ach, wie hätte ich sie geliebt!‹«[85]

Nach der Urteilsverkündung ließ Charlotte Hauer zu sich bitten, weil er eine kleine Kopie von dem Bild herstellen sollte, um es zu ihrer Familie nach Caen zu schicken. Sie war am 28. Juli 1768 als Tochter eines verarmten Landjunkers auf einem Bauernhof geboren und in der stillen Einsamkeit der Provinz groß geworden. Ihr Vater soll ein utopischer und romantischer Träumer gewesen sein; er wandte sich gegen die Mißstände, in denen der verarmte Landadel dahinvegetierte.

Die Mutter hingegen war sehr frühzeitig gestorben, hatte aber noch zwei gesunden Jungen das Leben geschenkt, um die sich Charlotte zwar kümmern mußte, die aber mit ihrer später berühmten Schwester nicht viel gemein hatten und 1792 den Kontakt zu ihr gänzlich verloren. Im Alter von dreizehn Jahren kam sie in das ansässige Kloster Abbaye-aux-Dames, das von Mathilde, der Gattin Wilhelm des Eroberers, gegründet worden war, um Töchtern des armen Adels einen Ort religiöser, aber auch kultureller Erziehung zu bieten. Zehn prägende Jahre blieb sie dort – bis im Jahre 1791 alle Klöster geschlossen wurden. Die letzten zwei Jahre ihres Lebens fand Charlotte schließlich Zuflucht bei Madame de Bretteville, bis sie am Morgen des 9. Juli 1793 mit der eigenartigsten Seelenruhe auf Nimmerwiedersehen gen Paris aufbrach, um gemeinsam mit Marat in die Geschichtsbücher einzugehen. Der Schriftsteller Peter Weiss bemerkt dazu pointiert:

> »Geschult an der ekstatischen Versunkenheit ihres Klosterlebens brach sie allein auf, und Jeanne d'Arcs und der biblischen Judith gedenkend, machte sie sich selbst zu einer Heiligen.«[86]

In den wenigen Tagen bis zu ihrer Verurteilung erfanden nicht nur die aufgepeitschten Anhänger Marats jede Menge häßlicher Begriffe, mit denen sie Charlotte in ihrer zornigen Ohnmacht beschimpften. Doch sie soll bei all dem Ungemach und Aufruhr, gerade auch im Bewußtsein ihres Mordes und der schrecklichen Konsequenz, die sie erwartete, nur ein einziges Mal die Fassung verloren haben: Während eines nächtlichen Verhörs behauptete plötzlich einer der Anwesenden, der Abgeordnete Chabot, in einer willkürlichen Anwandlung, sie hätte ein Manifest der Girondisten unter ihrem Korsett versteckt. Ganz offensichtlich verfolgte er mit dieser Behauptung das Ziel, ihre hilflose Lage auszunutzen, da ihre Hände auf dem Rücken gefesselt waren. Als er aber in schamloser Weise Hand an bestimmte Partien ihres Körpers legen wollte, um nach einem Schriftstück zu suchen, das gar nicht vorhanden war, schüttelte sie ihn energisch ab, indem sie sich mit aller Macht nach hinten warf. Ihre Taillenbänder rissen, und die gerührten Männer sahen für einen historischen Augenblick ihre unkeusch entblößte Brust. Dieser Vorfall zeigt nur zu deutlich, wie irritierend eine Frau in solcher Umgebung wirkte, und Michelet konstatiert:

> »*Es gibt kein ernsthaftes Strafmittel gegen Frauen.* Schon allein das Gefängnis ist eine schwierige Sache. [...] Sie verderben alles und zerbrechen alles; kein Riegel ist stark genug. Aber sie auf dem Schafott zur Schau zu stellen – ... Großer Gott! Eine Regierung, die diese Dummheit macht, guillotiniert sich selbst. Die Natur, die über alle Gesetze die Liebe stellt und die Erhaltung der Art, hat gerade darum dies Geheimnis (das auf den ersten Blick absurd erscheint) in die Frauen gelegt: *sie sind sehr verantwortlich und sie sind nicht strafbar.*«[87]

Gegen Mittag des 17. Juli 1793 fällte das Gericht das Todesurteil. Charlotte Corday fühlte weder Schuld noch Reue. Sie hielt sich in keiner Weise für eine Mörderin und erklärte, sie habe einen Bösewicht getötet, um Hunderttausende zu retten. Marats Anhänger wußten sich die Tat nicht anders zu erklären als durch eine »höchste Exaltation des politischen Fanatismus«. Doch Chauveau Lagarde, ihr Verteidiger, plädierte nicht auf Geisteskrankheit. Er beließ es bei einem leichtsinnigen Ausspruch, der ihn beinahe selbst ans Schafott geliefert hätte: »Diese Ruhe und diese Selbstverleugnung sind in gewisser Weise erhaben«.

Jean-Jacques Hauer:
Charlotte Corday als Gefangene, 1793

In ihren allerletzten Stunden stutzte man ihre überquellende Lockenfülle, um ihren Nacken für das Fallbeil freizulegen, und zog ihr sodann das rote Hemd über, das Mörder tragen mußten. Auch jetzt zeigte sie keinen Anflug von Nervenschwäche, fand sogar die Zeit, ihrem Porträtisten eine Locke zu schenken und ihm für seine Liebenswürdigkeit zu danken, was ihn sichtlich bewegte.

Als sie auf dem Karren aus dem Bogengang der Conciergerie herausfuhr, durchnäßte sie ein wütender Gewitterregen. Wieder überquerte sie den Pont-Neuf und gelangte auf die Rue Saint-Honoré. Es war noch nicht 19 Uhr, als die Sonne wieder hinter dem dunklen Grau der Gewitterfront hervortrat und ihre wärmenden Strahlen auf Charlotte niederscheinen ließ. Sie ist voll eigenartiger Heiterkeit, die sich mit unerschütterlichem Hochmut vermischt. Auf der Place de la Concorde angekommen, binden Gehilfen des Scharfrichters sie auf das Brett der Guillotine. Dann saust das Messer endlich herab und trennt ihr Haupt vom Rumpf. Schon ist ein flinker Henkersknecht zur Stelle, greift ihren Kopf, zeigt ihn der Menge und ohrfeigt ihre bleichen Wangen, die daraufhin eine leichte Röte annehmen – ein Murmeln des schaudernden Publikums ist zu hören. Vielleicht ist es nur ein Gerücht, doch jener Knecht wurde für diese brutale und unwürdige Handlung heftig gerügt; er hatte gegen ungeschriebene Gesetze seines Vorgesetzten Sanson verstoßen – eines Henkers, dessen Vorfahren schon unter Ludwig XIV. ihr blutiges Gewerbe betrieben hatten.

Frauen werden Männer und suchen das Abenteuer

Schon Virginia Woolf registrierte in ihrem Essay *Ein Zimmer für sich allein* die substantiell zu geringe Überlieferung weiblicher Leistung.[88] Sie beklagt eine fragmentarische Kulturgeschichte der Frauen, die wie eine weiße, dünngezeichnete Landkarte sei – rar an politischen, kulturellen und wissenschaftlichen Hinterlassenschaften. Es fehlten die Markierungen, an denen sich die genaue Größe der Frauen ablesen ließe. Dem dürftigen Erbe in den historischen Überlieferungen stehe eine deutliche Präsenz des Weiblichen in den mythischen und literarischen Bildern und Vorstellungen gegenüber. Die Literaturwissenschaftlerin Silvia Bovenschen schreibt:

> »Die Geschichte der Bilder, der Entwürfe, der metaphorischen Ausstattungen des Weiblichen ist ebenso materialreich, wie die Geschichte der realen Frauen arm an überlieferten Fakten ist.«[89]

Diese Bilder entspringen aber vornehmlich männlicher Kreativität. Es waren männliche Vorstellungen, die die Präsentationen des Weiblichen prägten. Die »Entwürfe« sind Teil des kollektiven Symbolvorrates des Menschen. Sie dienen der Orientierung und Einordnung. Um zum Beispiel die Figur der kriegerischen Heroine zu erfassen und zu charakterisieren, werden die Bilder der *Heiligen*, der *Jungfrau in Waffen*, der *Hure* und der *Hexe* in Anspruch genommen. Je nach Gutdünken kann die *politische Mörderin* positiv oder negativ beschrieben werden, indem die geeigneten Elemente aus dem kulturellen Bilderrepertoire ausgewählt werden.

Eine »Mörderin« – eine Frau, die getötet hat – offenbart in ihren Motiven mehr oder weniger starke Spuren des Geschlechterkampfes. Frauen blieben darauf beschränkt, Macht und Herrschaft in emotional-menschlichen Bereichen auszuüben. Aber dort, wo stürmisch vorwärtsdrängende Männer Kontinente entdeckten, geniale Erfindungen in technische Wunderwerke umsetzten oder Kunstwerke von ewiger Gültigkeit schufen, blieben sie Randerscheinungen. Das Ungleichgewicht auf den Schauplätzen des Lebens mußte Konsequenzen haben. Die vielleicht unbewußt pochenden weiblichen Minderwertigkeitsgefühle angesichts männlicher Welteroberungsgesten machten sich immer wieder auf aggressive Weise Luft. Um jene »häßlichen« Ereignisse, mit denen Frauen in der Welt aufbegehrten, machte man sich allerdings

wenig Gedanken. Selbst Feministinnen suchen zuerst nach dem moralisch Unverfänglichen, dem Vorzeigbaren, nach etwas, das auch den Männern imponiert oder ihnen Konkurrenz macht, denn Gewalt gilt als negative männliche Eigenschaft.

Jeanne d'Arc wäre aber niemals von den rauhen Kriegern Karls ernstgenommen worden, wenn sie die für die damalige Zeit typischen erotischen Signale ausgesandt hätte. Dennoch war sie für ihre Kampfgefährten eine Frau; deshalb mußte sie ihre sexuellen Reize quasi neutralisieren. Sie tat dies, indem sie sich maskuline Eigenschaften während der Kämpfe ganz zu eigen machte. Statt also ihre Sexualität in den Vordergrund zu stellen, warf sie sich mit ihrem ganzen Temperament und ihrer glühenden Leidenschaft in die Schlacht um Orléans.

In der Psychoanalyse bezeichnet der Begriff der Sublimierung die Ablenkung des Sexualtriebes auf ein nicht sexuelles Ziel oder Objekt. Unbefriedigte Begierden werden in künstlerische, intellektuelle oder auch politische Leistungen umgesetzt. Viele Frauen, die heute in Schlüsselpositionen von Wirtschaft und Politik stehen, verhalten sich ähnlich. Sie senden erotisch mehr oder weniger neutrale bzw. deutlich gegengeschlechtliche Signale aus. Und nicht nur das: Der oftmals erwartete und auch geleistete Verzicht auf Schwangerschaften entspricht nichts anderem als dem durch die Jahrhunderte tradierten Kriterium der Unberührtheit. Angehende Managerinnen, die kinderlos sind und es bleiben wollen, die über den Beruf hinaus lediglich eine harmonische Partnerschaft ins Auge fassen, gelten allgemein als willensstark und durchsetzungsfähig. Doch mit der eigenwilligen Aura einer herben Strenge und mit klirrender Sprödheit erregen Frauen in gut dotierten Jobs nicht selten die enttäuschte Abneigung ihrer männlichen Kollegen.

Der Wechsel der geschlechtlichen Identität wird besonders durch das Tragen von Kleidung des jeweils anderen Geschlechts ermöglicht. Die niederländischen Historiker Rudolf Dekker und Lotte van de Pol zeigen in einem Buch über weibliche Transvestiten, daß das Verkleiden als Mann eine sehr lange Tradition hat.[90] Vornehmlich patriotische, ökonomische oder romantische Motive (wenn z. B. der Trennungsschmerz vom Geliebten, der sein Glück in Übersee versuchen wollte, als zu stark empfunden wurde) bewirkten einen solchen Entschluß. Zumindest rechtfertigten sich Frauen, die wegen derlei unter Strafe gestellter Maskeraden vor Gericht mußten, oftmals so. Wie unbewußte oder nicht ausgesprochene persönliche bzw. sexuelle Beweggründe hier Entscheidungen beeinflußten, sei dahingestellt. Tatsache ist: In Kriegszeiten hatten Soldatinnen Hochkonjunktur, denn in Krisen galt die Devise »Not bricht das Gesetz«, und zwar jenes ungeschriebene Gesetz festgelegter Männer- und Frauenrollen. Was bedeutet, daß die Grenze zwischen den Geschlechtern im sozialen Gefüge durchaus verschwimmen, wenn nicht gar vollständig aufgehoben werden konnte.

Ein solcher Mechanismus – in Notlagen Konventionen zu brechen – funktionierte auch während der beiden Weltkriege, als eine große Zahl von Frauen in den Rüstungsfabriken Waffen zu produzieren hatte und nach der Kapitulation als Trümmerfrau gebraucht wurde.

Im Napoleonischen Revolutionsheer zogen Frauen gleich zu Dutzenden gegen den Feind, und im achtzig Jahre dauernden Unabhängigkeitskampf der Niederlande gehörte es zu den Aufgaben der Frauen, kochendes Pech von den Stadtmauern hinunter auf die andrängenden Soldaten zu gießen.

Beinahe überflüssig zu erwähnen, daß manch wohlerzogene Tochter aus gutem Hause im Eifer des Gefechts den Männerpart nicht ausdrücklich zu spielen brauchte, sondern sie »ein wütender Haß [...] oftmals den Anstand und die Pflichten ihres Geschlechts vergessen ließ«, wie ein Historiker des 17. Jahrhunderts zu berichten wußte.

Die Könige von Dahomey, die an der Westküste von Afrika regierten, unterhielten im 18. und 19. Jahrhundert sogar Elitetruppen aus weiblichen Soldaten. Diese Frauen wurden zwar oftmals gegen ihren Willen rekrutiert und obendrein mit einem Keuschheitsgebot belegt, stellten aber eine angsteinflößende Streitmacht dar. Fremde Stämme fürchteten sich um so mehr vor diesen Kriegerinnen, als man ihnen geheimnisvolle Kräfte zuschrieb. Heute sind Soldatinnen in vielen Streitkräften eine normale Erscheinung.

Ärmeren Frauen der Unterschicht blieb in früheren Zeiten wirtschaftlicher Not nur eine Wahl: Entweder sie wurden Prostituierte, gaben sich mit einem solchen Leben zwar weiblich, blieben aber passiv und gerieten in den Strudel sozialer

Verachtung. Oder sie entschlossen sich für die asexuelle Lebensweise des Männlich-Aktiven. In dieser Rolle konnte es leicht geschehen, daß sie kriminell und brutal wurden. Mit dem Vertauschen der Kleidung wurden eben auch männliche Untugenden übernommen. Es sind zahlreiche Fälle bekannt, in denen Frauen die Matrosenkluft benutzten, um auf Diebeszug gehen oder sich für angetanes Leid rächen zu können. Sie taten dies, indem sie die Münder der Opfer mit einem Messer aufschlitzten – denn so beglichen Männer offene Rechnungen. Überliefert ist ferner ein Überfall zweier als Männer getarnter Huren aus dem Jahre 1714, die eine Dame beraubten und anschließend mißhandelten. Die Geschichte weiblichen Transvestierens weiß von etlichen Frauen zu berichten, die auf eine lange kriminelle Biographie als Mann zurückblicken konnten. Viele Frauen wurden in ihren Entschlüssen bestärkt, ein »Mann zu werden«, weil die Tatsache des Transvestierens und der damit verbundenen Vorteile allgemein bekannt waren. Manche gaben sogar anderen Frauen Heiratsversprechen oder teilten gar mit ihnen das Bett. Der populäre Brauch zeitweiligen oder dauernden Transvestierens erklärt, weshalb es eine so berüchtigte Piratin wie die Engländerin Mary Read geben konnte, die im 18. Jahrhundert die Meere unsicher machte und nicht wenigen Männern den Leib mit ihrem Säbel durchbohrte. Gerade der Nordwesten Europas bot Frauen entsprechende Möglichkeiten. Geheiratet wurde erst in einem fortgeschritteneren Alter. Die vergleichsweise lange Freiheit zwang zu selbständigem Handeln. Die vorhandenen Freiräume bargen allerdings auch Gefahren in sich. Denn im Gegensatz zu den katholischen Mittelmeerländern gab es hier keine Großfamilien, die Mädchen und jungen Frauen Schutz boten.

Trotzdem blieben Hosen über Frauenbeinen illegal und verpönt und waren keine institutionalisierte Möglichkeit des Rollentausches. Schließlich weiß man heute – zum größten Teil aus Prozeßakten – von der Existenz solcher Frauen, weil sie sich meistens vor Richtern und Anklägern wiederfanden.

Grundsätzliche Aussagen über das Phänomen des Transvestierens bietet das anthropologische Konzept der *Liminalität.* Damit ist ein geordneter Raum gemeint, ein Festliegen von Grenzen und Kategorien, die die Rahmung eines Weltbildes ermöglichen. Liminalität schafft Markierungen, deren der Mensch als Orientierungszeichen und -signal zum Leben bedarf. Diese imaginären Demarkationslinien zwischen Leben und Tod, Kind und Erwachsenem, Mann und Frau erhalten durch Riten nicht nur einen besonderen Status, sondern auch einen tieferen Sinn. Daher führen Grenzgänger in aller Regel ein gefährliches Dasein, und zwar erst recht, wenn heilige Barrieren überwunden werden. Die Ausnahme bilden Schamanen, Medizinmänner, Priester usw., also jene Glieder der Gemeinschaft, die eine wichtige Funktion bei der Durchführung von Ritualen der Initiation und Gemeinschaftsbildung ausüben und in dieser Rolle eine überbrückende Position innehaben. Jeanne d'Arc war eine Vermittlerin zwischen dem Göttlichen und dem Menschlichen, eine rituelle Botschafterin zwischen dem Irdischen und dem Überirdischen, Hexe und Heilige in einer Person. Daher konnte sie zum Vorbild werden und provozierte Nachahmung. So soll 1573 eine Holländerin namens Kenau Symonsdochter Hasselar bei der Verteidigung Haarlems eine zentrale Rolle gespielt haben. Wie ihre populäre Vorkämpferin hat man sie später der Hexerei angeklagt.

Wesen mit permanentem Zwitterstatus können jederzeit aus ihrer Zwischenposition herausfallen. Dann müssen sie mit unfreundlichen und abweisenden Reaktionen der Umwelt rechnen, da sie die aufgebauten gesellschaftlichen Gefüge bedrohen, »Unordnung«, »Schmutz« und »Chaos« verursachen. Gerade die besonders scharf gezogenen Grenzlinien zwischen Mann und Frau können sich schnell als Fallgruben für diejenigen erweisen, die nicht eindeutig zu klassifizieren sind, denn Uneindeutigkeiten rufen heftige, unkontrollierte Reaktionen hervor. Alles, was die gegebenen Schranken ins Wanken bringt, wird mit zum Teil grausamen Strafen geahndet. Den Hermaphrodismus, die biologisch bedingte Zwitterhaftigkeit, nahm die Kirche sehr ernst – so ernst, daß selbst Tiere dem Scheiterhaufen des Kampfes gegen das Widergöttliche und Widernatürliche anheimfielen: Im 15. Jahrhundert verurteilte man in Basel einen Hahn zum Tode durch Verbrennen allein deshalb, weil er ein Ei gelegt haben soll. Und erst zweihundertfünfzig Jahre später sollte das letzte Urteil dieser Art gesprochen werden.

Beispiele von Frauen, die, ob anerkanntermaßen oder nicht, als Mann lebten, sind weitaus geringer an der Zahl als die der Männer, die sich in Frauengewänder hüllten. Anthropologische Untersuchungen zeigen, daß es auch legale Formen weiblichen Transvestierens gab, z. B. bei einigen südosteuropäischen Völkern. In fernen Gebirgsregionen des Balkans – im Gebiet des heutigen Montenegro und des Kosovo – existierte bis in unser Jahrhundert hinein der legitime Brauch des Rollentausches. Verblüffenderweise waren dies sehr strenge, hierarchisch gegliederte, streitbare Bergsippen, deren »Weibervolk« kaum Rechte besaß; eine Frau war das persönliche Eigentum der Väter und Ehemänner. Aber es gab eine Ausnahme: Wenn eine Frau dem Schicksal einer für sie vorgesehenen Verheiratung entkommen wollte, durfte sie sich einer symbolischen Geschlechtsumwandlung unterziehen. Sie mußte ein Gelübde ablegen, nämlich bis zum Tod unverheiratet und enthaltsam zu bleiben. Tat sie es, war sie eine *geschworene Jungfrau* und genoß dieselben sozialen Privilegien wie ein Mann: trug Männerkleider und Waffen und durfte sogar Frauen ehelichen. War »Not am Mann«, blieb z. B. wegen eines Todesfalles der Platz des Familienoberhauptes leer, dann konnte ihn eine volljährige Frau per Eid einnehmen. Sofern in einer Familie keine »Stammhalter« geboren wurden, durften Eltern oder Großeltern ein Mädchen zum Jungen erklären, damit in der Erbfolge nichts dem Zufall oder höheren Unbilden überlassen war.

Abseits dieser Exotik gab es die kleinen Banalitäten des Alltags. In früheren Zeiten kursierten gewisse listige Anleitungen, mit Hilfe derer man im Zweifelsfall überprüfte, ob man es mit Männern oder Frauen zu tun hatte. Heute erscheinen derartige pragmatische Erkennungsregeln eher amüsant, aber es spricht für sich, daß ungleich mehr Tricks zur Demaskierung von Frauen im Umlauf waren als von Männern:

> »Stell' ein Spinnrad auf: Eine Frau wird Interesse zeigen, ein Mann nicht. Wirf einen Ball: Eine Frau spreizt die Beine, um ihn zu fangen, wie sie es gewohnt ist, wenn sie einen Rock trägt. Verstreue Erbsen auf dem Boden: Ein Mann hat einen festen Schritt, eine Frau fällt.«[91]

Schatten-Wesen Die Wahrnehmung ist polar konstruiert. Durch die Dualismen Mann und Frau, Leben und Tod, Gut und Böse usw. können Dinge und Sachverhalte benannt und voneinander getrennt werden. Die eine Seite eines Gegensatzes ist von der anderen abhängig.

Ein Begriff aus der Psychologie Carl Gustav Jungs eignet sich besonders gut, die komplexen Wechselbeziehungen zwischen Gut und Böse zu demonstrieren. Der Schweizer Psychoanalytiker definierte den *Schatten* als die Gesamtheit aller kollektiv-unbewußten Dispositionen, die mit der bewußten Lebensform nicht vereinbar sind und deshalb nicht in das Ich integriert werden können. Die Schattenseite enthält alle negativen, verdrängten, aber auch zukunftsweisenden und fördernden menschlichen Eigenschaften. Menschen – oder andere Lebewesen – ohne Schatten im wörtlichen und übertragenen Sinne sind in literarischen Werken daher als unheimliche Wesen dargestellt, als Monster, Untote, Ausgeburten der Hölle. Psychisch krankes Verhalten selbst ist eine erzwungene Verwirklichung des nicht gelebten »Schattens«. Überängstlich unterdrückte Persönlichkeitsanteile, die energiegeladene Spannungen erzeugen, können sich zu einem bestimmten Zeitpunkt in einer gewaltsamen Explosion den Weg bahnen. Gerade eine Mörderin wie Gesche Gottfried, die im Vergleich mit Judith oder Jeanne d'Arc nicht als Heroine wahrgenommen wird, gibt uns den Blick in den unruhigen Krater eines Bewußtseins frei, das uns deshalb so merkwürdig bekannt vorkommt, weil es unser eigenes sein könnte: Die Grenzlinien zwischen Normalität und Wahnsinn sind schwer auszumachen.

Der »Schatten« kann deshalb so gefährlich werden, weil in ihm die Summe all jener Wirklichkeitsbereiche gärt, mit denen wir uns nicht auseinandersetzen wollen. Die bewußte

Ablehnung der von uns als unbequem und häßlich angesehenen Manifestationen des Lebens zwingt jedoch automatisch dazu, sich diesen Dingen eingehend zu widmen. Der Schatten kann uns zum Beispiel auch in Träumen erscheinen: als dunkle Phantomgestalt, ohne Kontur, ohne detailliertes Gesicht, bestehend nur aus einem Wirrwar nicht faßbarer, angstauslösender Schattierungen – dunkle Mahnungen, Hinweise und Aufforderungen, die sich im Spektrum von Grau bis Schwarz tummeln. Oder als Mörder, der nächtens im Gebüsch lauert. Liebevollen Töchtern, die jahrelang aufopferungsvoll ihre kranken Mütter pflegen mußten, kann der Schatten im Traum in Gestalt des Vergewaltigers erscheinen.

Ausgelebte Aggressionen sind in unserer Gesellschaft verpönt. In einer Phase politisch-gesellschaftlicher »Correctness« werden emotionale Ausbrüche und Aggressionen nicht nur empört verurteilt, sondern es werden lähmende Schuldgefühle injiziert. Belehrungen, sich stets vernünftig, korrekt und ruhig zu verhalten, führen zu Überreaktionen und dem Bewußtsein: *Aggressionen darf man nicht haben, weil sie schlecht sind.*

Mädchen werden oft dazu erzogen, nett, adrett und höflich zu sein, weil aggressives Verhalten als unschön und nicht weiblich eingestuft wird. Verdrängte, nach innen gerichtete Aggressionen können in depressive Gefühle umschlagen, die von Niedergeschlagenheit bis Apathie reichen. Eß- und Schlafstörungen, Herz- und Zwangsneurosen, Migräne und gestörte Perioden sind weitere Symptome. Im Extremfall werden die unterdrückten und aufgestauten Aggressionen überkompensiert. Sie entladen sich in übermäßigen Attacken gegen andere Menschen. Morde sind folglich häufig Endpunkte unglückseliger Entwicklungsprozesse.

Ulrike Meinhof und andere Amazonen der Moderne

Jules Michelet schreibt Mitte des 19. Jahrhunderts in seinem Buch *Die Frauen der Revolution*, daß sich seit dem Zeitalter der Aufklärung das »erste Leuchten der Morgenröte eines neuen Glaubens« verbreitet habe, und zwei Strahlen seien im Herzen der Frauen aufeinandergetroffen: *Menschenliebe* und *Mutterschaft*.

> »Und aus diesen beiden Strahlen – verwundern wir uns nicht darüber! – ging eine brennende Woge von Liebe und fruchtbarer Leidenschaft hervor: eine übermenschliche Mutterliebe.«[92]

Gott hatte einst besondere Menschen – »Grenzgänger« – auserwählt, seinen Willen zu erfüllen und zwischen Gott und den Menschen zu vermitteln. Seit dem Zeitalter der Aufklärung können – wie bei Charlotte Corday geschehen – an die Stelle der sich verkündigenden Gottesstimme Bücher treten, durch deren Lektüre der Zweifelnde und Ratsuchende erfährt, was zu tun sei. Charlotte Cordays selbstauferlegter Auftrag war vom römisch inspirierten Ethos der klassischen französischen Tragödiendichter beeinflußt, das auch während der Revolutionszeit in Frankreich noch maßgebend war. Man las die antiken Autoren, z. B. Plutarch, und huldigte in den Theatern Voltaires *La Mort de César*, ergötzte sich an Tragödienfiguren wie *Cinna* und *Emilie*, die aus der Feder von Charlottes Vorfahren Corneille stammten.

Gott wird ersetzt durch eine *übermenschliche* Mutterliebe. Die von Michelet apostrophierte Schwangerschaft gebärt nicht Gottes Sohn; das Kind, das zur Welt kommen soll und gepflegt werden muß, ist die ganze Menschheit. Die Begründung, man handele im Namen Gottes, verstummt langsam. Das heißt aber keinesfalls, daß der Hinweis auf höhere

»Mächte« ausbleibt. Die Menschen handeln auch weiterhin im Auftrag übergeordneter Instanzen, diese nehmen nur andere Namen an. Seit den Zeiten Judiths kann man über die Epochen einen Wandel der Legitimierungen und Motivierungen des Mordes aus politischer Leidenschaft beobachten. Judith handelte noch in welthistorischer Mission, Jeanne d'Arc und später Charlotte Corday erretteten ihr Volk zwar auch aus einer Notlage oder glaubten dies zu tun. Doch weder Heinrich VI. noch Jean-Paul Marat haben das Format eines Holofernes. Die Gründe für revolutionäres Verhalten verschieben sich von dem von Gott erteilten politischen oder religiösen Auftrag über eine weltumspannende, universelle Menschenliebe hin zu mehr und mehr persönlichen Beweggründen. Dieser Prozeß des Wandels ist eingebettet in die historischen Veränderungen, er ist ein Spiegel der Geschichte.

Der Kampf für die Sache, welcher Couleur diese auch immer sein mag, scheint dabei zur Patina zu werden. Daß Charlotte Corday im Gegensatz zu Judith oder Jeanne d'Arc keine mythische Figur wurde, hat seine Gründe: Ihr Attentat spaltete die Menschen, sie handelte nicht im Namen Gottes für ein ganzes Volk. Es zeigt sich die Tendenz, daß die Motivverschiebung innerhalb der Geschichte der politischen Mörderin gleichbedeutend ist mit dem Schwund mythischer Qualitäten und dem Verlust des Vorbildcharakters.

Natürlich handelten Jeanne d'Arc und Charlotte Corday in einer leidenschaftlichen Hingabe für die große Sache, aber sie blieben Ausnahmen, angezogen von stürmischen Gewittern, die die Welt für immer veränderten. Die Tradition der Jungfrau in Waffen setzen die Amazonen der Moderne fort. Es ist ein Amazonentum, das in Erscheinung tritt in Bereichen des politischen Terrorismus, des radikalen Umwelt- und

Tierschutzes oder einer extremen Ernährungsphilosophie, die als sogenannte *vegane* Lebensweise glühende Anhänger findet.

Die Asexualität, die die Jungfrau in Waffen charakterisiert, übernahmen die Amazonen der Moderne auf eigene Weise. Häufig ist ein undefinierbares Grauschleier-Outfit zu beobachten. Moderne Amazonen lassen ihren Esprit und ihre Weiblichkeit hinter möglichst neutraler oder unförmiger Kleidung verschwinden, um sich desto leidenschaftlicher und engstirniger für politische oder gesellschaftlich relevante Ziele einzusetzen. Modische Garderobe, geschmackvolles und stilsicheres Auftreten sind nichts wert. Eine »Innerlichkeit« entsteht, die gekennzeichnet ist durch das Auseinanderfallen des spekulativen und des gesellschaftlich-öffentlichen Elements menschlicher Energien, durch die Kluft zwischen Utopie und Realität. Schonungslos werden alle Kräfte nur allzu bereitwillig aufgezehrt durch einen überengagierten Einsatz für eine mehr oder weniger gute Sache. Überkochende Leidenschaften, wenn nicht gar zerstörerische Gelüste werden in sozialen und ökologischen Engagements kanalisiert, maskiert und ausgelebt. Die Folge ist eine Art religiöse Schwärmerei, verbunden mit einer Zartheit des Herzens, Naturfrömmigkeit, reinstem Ernst des Gedankens auf der einen Seite, doch auf der anderen das Abgleiten in Brutalität und Barbarei, Intoleranz und Rechthaberei, in moralischen Dogmatismus. An den Schicksalen von Jeanne d'Arc und Charlotte Corday sticht das jeweils unspektakuläre, stille, ja introvertiert naturverbundene beziehungsweise klösterlich-religiöse Vorleben ins Auge. Ein untätiges Dasein in Abgeschiedenheit scheint wie geschaffen, den Nährboden für das allmähliche Anwachsen eines Sendungsbewußtseins zu bilden.

Fanatischer Idealismus, revolutionärer Geist, der Glaube, im alleinigen Besitz der Wahrheit zu sein und im Namen einer schöneren, heileren und friedlicheren Welt zu kämpfen, trieben die einst erfolgreiche und angesehene Journalistin Ulrike Meinhof in eine selbstmörderische Zerrissenheit zwischen Anspruch und Realität.

Ulrike Meinhof wurde am 7. Oktober 1934 in ein christliches Elternhaus hineingeboren, ihr Vater war Pfarrer und ein erklärter Gegner des Nationalsozialismus. In ihrer Kindheit wird sie geprägt von der Religiosität des Elternhauses mit seiner langen Pastorentradition, die sich über Generationen zurückverfolgen läßt, von einem protestantischen Christentum und dem Bewußtsein, sich unbedingt nach den Maximen des eigenen Gewissens zu richten. Als sie sechs ist, stirbt ihr Vater, 1949 verliert sie die Mutter. Danach findet sie in der Pädagogin und Pazifistin Renate Riemeck eine Freundin – und Erzieherin.

Beladen mit einem hohen moralischen Anspruch, engagiert sie sich für Pflegekinder und Heimkehrer, dann für Ausgebeutete und Unterdrückte. Außerdem ist sie eine rigorose Antifaschistin und Gegnerin der Atomrüstung.

Ihre erste Kolumne in der Zeitschrift *konkret* erscheint im Oktober 1959. Im Mai 1961 wird sie von Franz Josef Strauß für den Artikel *Hitler in euch* verklagt – und ist plötzlich berühmt. Als Journalistin thematisiert sie die Probleme der Frau, die Würde des Menschen, die Notstandsgesetze oder den Vietnamkrieg. Der Schriftsteller Peter Rühmkorf, der jahrelang Mitarbeiter von *konkret* war, sieht sie fast immer mit ernster Miene, selten fröhlich oder humorvoll, dafür integer, pünktlich, fleißig. Sie konnte auch missionarisch sein und sich als autoritäre Moralistin aufspielen, als »Lehrerin« und »Bekehrerin«.

Diese Rollen lebte sie mit zunehmender Euphorie. Ablesbar ist Ulrike Meinhofs sich steigernde Radikalität an ihren Texten, die polemisch, emotional, ideologisch, ja dogmatisch werden. Renate Riemeck sagte, Ulrike konnte sich in eine »sozial-utopische Ekstase« hineinsteigern.

Nach der Trennung von ihrem Mann, dem *konkret*-Herausgeber Rainer Röhl, im Jahr 1967 verliert sie immer mehr den Blick für die Realität. Öffentlich greift sie *konkret* an und erstürmt 1969 mit einigen Freunden gar die Redaktionsräume der linken Vorzeigegazette. Nach der gelungenen Befreiung des schon verhafteten Andreas Baader aus dem Lesesaal des Berliner *Zentralinstituts für Soziale Fragen* am 14. Mai 1970, an der auch Gudrun Ensslin beteiligt ist, geht Ulrike Meinhof endgültig in die Illegalität, ruft zu Gewalt auf, gründet die RAF, weil sie die »Massen befreien« will, und verfaßt das »Konzept Stadtguerilla«, in dem sie ihren bewaffneten Kampf begründet. Aus der überzeugten Christin und Protestantin wurde eine Sozialrevolutionärin, die von der Idee einer perfekten Gesellschaft, des Paradieses auf Erden manisch besessen ist. – Aus der angepaßten Pfarrerstochter wurde eine Ausgestoßene. Zwei Jahre später, am 15. Juni 1972, wird sie in Hannover-Langenhagen verhaftet.

Als der französische Philosoph und Schrifsteller Jean-Paul Sartre am 4. Dezember 1974 nach Stuttgart-Stammheim kommt und mit dem inzwischen ebenfalls gefaßten Andreas Baader spricht, macht er in einem anschließenden Interview ausdrücklich klar, daß die RAF der gesamten Linken schade und daß man unterscheiden müsse zwischen der Linken und der RAF. – Die unerträglichen Spannungen aus dem Konflikt zwischen Haß und Selbsthaß münden schließlich in tödliche Autoaggressionen: Am 9. Mai 1976 erhängt sich Ulrike Meinhof in ihrer Gefängniszelle in Stuttgart-Stammheim.

Als im Herbst 1996 ihr Film *Bambule* erstmals im deutschen Fernsehen gesendet wird, heißt es in einem *Spiegel*-Aufsatz, sie sei »Urheberin schlimmsten Revolutionsgewäschs«. Der Konflikt mit den Widersprüchen aus einer »romantischen Sehnsucht nach revolutionärer Neugeburt, rettender Verschmelzung [...] und Authentizität« habe sie zerbrochen. In dem Krieg, den Ulrike Meinhof führte, befand sie sich auf verlorenem Posten. Sie war eine Terroristin, die die Massen eher gegen sich hatte.

> »Bis weit in jene bürgerlichen Kreise hinein, aus denen sie kam, hielt man sie für eine tragisch gescheiterte deutsche Epigonin der Jeanne d'Arc. Der Dichter Erich Fried bezeichnete sie als [...] ›die bedeutendste Frau in der deutschen Politik seit Rosa Luxemburg.‹«[93]

Einen Nachruhm besonderer Art gab es für Ulrike Meinhof in dem dänischen Frauenmagazin *Damernes Verden*. In einer Fotoserie unter dem Titel *Endstation: Hinter Gittern* präsentiert ein ihr entfernt ähnelndes Model auf sieben Seiten die neueste Mode. Im Begleittext heißt es am Ende:

> »Die wirkliche Ulrike wurde von ihren revolutionären Genossen im Stich gelassen, als sie damals – vor circa 20 Jahren – im Gefängnis landete. Hier nahm sie sich das Leben. Ihr blankes Diesel-Hemd aus 100 Prozent Polyamid ist lila und hat ein gelbes Würfelmuster. Der Preis für dieses Teil, das von den siebziger Jahren inspiriert ist, beträgt 699 Kronen.«[94]

Der Weg des Terrors erwies sich als Sackgasse, und am Ende diente Ulrike Meinhof der Werbeindustrie als ironisches Zitat. Was bleibt, ist, sich mit den Attributen der kriegerischen Heroine zu schmücken, wie es eine Esoterikerin am Ausgang des 2. Jahrtausends tut.

Die italienische Bestsellerautorin Susanna Tamaro, die nach eigenem Bekunden das Böse erforscht und eine Art von Klosterexistenz führt, transformiert den Modus der *Jungfrau in Waffen* und paßt ihn der Gegenwart an. Die Autorin ist eine Heilige, die keine Laster, keine Schwächen hat. Das Rauchen hat sie selbstverständlich aufgegeben. Sie ißt nur noch Reis und Gemüse. Nur manchmal belohnt sie sich mit einem Glas Whiskey. Sie ist zufrieden mit ihrem Leben. Ihre Bücher sind ihre Waffen, das Bewußtsein der Menschen zu ändern. Für ihre Leser, sagt sie in einem *Spiegel*-Interview vom Februar 1997, ist ihr Erfolgsbuch *Geh, wohin dein Herz dich trägt* nicht einfach ein Roman, nein, denn »sie tragen das Buch mit sich herum und benutzen es wie ein Brevier. Sie lesen darin immer wieder. Es gibt in diesem Buch etwas, das über das Literarische hinausgeht, wie in der russischen Literatur, wie bei Tolstoi.«[95] Trotzdem bleibt sie bescheiden; sie will nur, daß sich die Menschen ihre Bücher gegenseitig vorlesen. Aber selbst das Schreiben ist für sie nicht mehr notwendig. Sie hat zumindest für jetzt alles gesagt, was es zu sagen gibt. Sie hat ihren Garten und ihre Tiere. Die Bienenzucht ist eine neue Herausforderung. Karate, Yoga und das Beantworten von Briefen nehmen die restliche Zeit in Anspruch. Viele schreiben ihr, weil sie Verständnis und Rat suchen. Deshalb versucht auch jede politische Partei, Susanna Tamaro für sich zu gewinnen, denn man darf ja eines nicht vergessen: »Wer sich auf mich berufen kann, bekommt mehrere Millionen Wähler.«[96] Sie ist eine »kohärente Person«, daher die extrem widersprüchlichen Gefühle, die ihr entgegengebracht werden. Bewunderung und Abscheu sind die Reaktionen auf ihr Verhalten und Handeln. An ihrer *Kohärenz* ändert auch der

Umstand nichts, daß sie ohne Mann lebt. Die »Tragödie der Frauen« liege ja darin, daß Frauen Männern überlegen sind. Daher könne sie keinen Mann kennenlernen, der ihr gewachsen ist. Sie sagt: »Ja, leider bin ich aber nicht lesbisch, das würde vieles vereinfachen. Mit einer Frau als Geliebter könnte ich mich vielleicht verwirklichen.«[97] Nur, weil sie nicht dem landläufigen Frauenbild entspricht – keine Liebhaber, kein Sex-Appeal –, wird sie angefeindet und verleumdet. Durch ihre Form von *Jungfräulichkeit* wird sie nicht als Frau wahrgenommen und akzeptiert. So wird aus der heiligen Johanna der Schlachtfelder die heilige Susanna der Bienenzucht, gewappnet mit den modernen Attributen der kriegerischen Amazone.

Frauen, die sich mit dieser bloßen Simulation von Amazonentum nicht zufriedengeben können, werden zu einem unsteten und anarchischen Dasein verdammt. In dem britischen Film *Butterfly Kiss* aus dem Jahre 1995 (Regie: Michael Winterbottom, Drehbuch: Frank Cottrell Boyce) ist die heruntergekommene Tramperin Eunice, gespielt von Amanda Plummer, unterwegs auf den Straßen Nordenglands. In Raststätten und Tankstellen belästigt sie die dort Anwesenden mit ihren Erzählungen von einer Judith, die einem gewissen Holofernes den Kopf abgeschlagen haben soll. Sie begegnet der Kassiererin Miriam, gespielt von Saskia Reeves, die mit ihr kommt: ein scheues, hörbehindertes, spätes und ungeküßtes Mädchen. Eunice ist mager und schmuddelig. Sie foltert ihren Körper mit Tätowierungen, Klemmen und Ketten. »Eu and Mi« suchen Erlösung. Eu mordet ungehemmt, alles und jeden. Sie glaubt, wenn sie genug Menschen tötet, wird Gott auf sie aufmerksam. Sie will über Leichen in den Himmel, aber Rettung ist nicht möglich. Was bleibt, ist nur die prekäre Beziehung zwischen den beiden Frauen, wenngleich Miriam das verborgene Alter ego von Eunice ist. Sie tauschen hingehauchte Zärtlichkeiten – Schmetterlingsküsse, wie die Engel im Himmel es tun.

In einer Schlüsselszene des Films schreit Eunice wütend gen Himmel, daß sie so viele Morde und so schlimme Dinge getan habe, und dennoch würde Gott sie nicht anklagen und ihre Taten bestrafen. Sie sucht vergeblich nach Judith, der Auserwählten, obwohl sie jede Tankstellen-Kassiererin fragt, ob sie Judith sei. Und Eunice selbst kann es auch nicht sein, kein Gott hat sich ihr *verkündigt*. Eunice handelt ohne *Auftrag*, sie muß ziellos umherwandern und wahllos töten. Es gibt keine Stimme, die ihr Maß und Ziel gibt und einen Ort weist, an dem sie zur Ruhe kommt, an dem es Obdach für eine Heimatlose gibt.

Das verzweifelte Ausleben persönlicher Gefühle, das wahllose Realisieren subjektiver Wünsche bestimmt das Leben, denn die Bildung von Handlungsmaximen aufgrund höherer Motive ist nicht mehr möglich. Auch der Lebenslauf der Spanierin Catalina de Erauso zeigt ein völliges Losgelöstsein von gesellschaftlichen und politisch-religiösen Leitwerten, das sich in einer wahrhaft abenteuerlichen Existenz ausdrückt.

Das ungestüme Leben der Conquistadorin Catalina de Erauso

Am 10. Februar 1585 wurde im spanischen San Sebastián Catalina de Erauso geboren. Da sie für das Nonnendasein bestimmt ist, geben ihre Eltern sie bereits im Alter von vier Jahren in die erzieherische Obhut ihrer Tante, der Priorin eines Dominikanerklosters. Zehn lange Jahre verbringt sie dort, doch mit fünfzehn erträgt sie die Abgeschiedenheit, die quälende, lähmende Einsamkeit dieses Ortes nicht mehr und entflieht den Klostermauern.

In einem Kastanienwäldchen, nicht weit vom Kloster entfernt, legt sie das Nonnengewand ab und zieht Männerkleidung über, die sie kurz zuvor gestohlen hat. Drei Tage muß sie ohne einen Bissen zu essen und einen Schluck zu trinken in dem Wäldchen bleiben, bevor sie ohne Sorge ihr Versteck verlassen kann, um in das südwestlich gelegene, etwa achtzig Kilometer entfernte Vitoria zu gehen. Dort verdingt sie sich unerkannt als Sekretär bei einem Onkel, der wenig Kontakt zu ihrer Familie hat.

Doch schon nach kurzer Zeit wird sie dieser langweiligen und langatmigen Beschäftigung überdrüssig. Die einförmigen Tagesabläufe sind ihr zuwider, sie sehnt sich nach Abenteuern. Es zieht sie ins kastilische Landesinnere, nach Valladolid. Dort ist sie Lakai bei einem mit ihrer Familie befreundeten Edelmann. Beinahe wird sie in dieser Maskerade von ihrem Vater entdeckt. Dieser ist nämlich auf der Suche nach seiner entflohenen Tochter und will die Hilfe des Freundes erbitten. Wieder muß sich Catalina auf den Weg machen, um ihre gewonnenen Freiheiten nicht zu verlieren. In Bilbao befreundet sie sich mit einem rauhbeinigen Maultiertreiber, schließt sich ihm an und macht die Bekanntschaft seiner Kumpane. In der Gesellschaft solcher Männer lernt sie eine ungezügelte, rohe Lebensweise kennen. Wenn diese Burschen für Catalina auch nicht als Vorbilder für Tugend, Ehre und gute Tischmanieren taugten, so half ihr der tägliche Umgang mit ihnen doch, ihrer männlichen Verkleidung gerecht zu werden und all das für sich zu reklamieren, was einer Frau damals der Herkunft und der ursprünglichen Berufung nach verwehrt blieb.

Es dauert nicht lange, bis der Arm des Gesetzes das erste Mal nach ihr greift und sie wegen einiger Handgreiflichkeiten für die Dauer eines Monats hinter Schloß und Riegel bringt. Nach ihrer Freilassung gerät sie an einen Ritter. Die folgenden zwei Jahre ist sie sein Diener. Aber dann erscheint ihr auch diese Beschäftigung zu ereignislos, und sie geht abermals auf Wanderschaft. In Sevilla gelingt es ihr in ihrer draufgängerischen Art, auf einem Schiff anzuheuern, das zu den Westindischen Inseln ausläuft. Sie fährt den Guadalquivir hinunter, erreicht den Golf von Cádiz und erkennt ihre wahre Berufung unter den geblähten Segeln auf offener See, als die spanische Flotte alsbald eine Seeschlacht mit ihren niederländischen Rivalen ausfechten muß.

> »Hier entzückte sie der Donner der Kanonen, das Getöse der Schlacht, der Ruf der Hörner – ihr Entschluß, sich dem Kriegshandwerk zu widmen, stand fest.«[98]

Als die spanische Armada jedoch nach Europa zurückkehren soll, stiehlt sie sich davon und bleibt in Panama. Sie erwirbt das Vertrauen eines Kaufmanns, der sie in Lohn und Brot nimmt. Nach wenigen Monaten macht er sie wegen ihrer Tüchtigkeit und nachdem sie ihm bei einem Schiffbruch das Leben gerettet hat, zum Vorsteher einer seiner Niederlassungen in Sana. Eines dergestalt ruhigen und friedvollen Lebens erfreut sie sich allerdings nur für eine kurze Weile, denn ihr ungebändigtes Temperament, ihre Unruhe und ihr Stolz verursachen eine Auseinandersetzung mit einem Kunden, dem sie gleich am nächsten Tag an der Kirche auflauert, um ihm einen kräftigen Hieb ins Gesicht zu versetzen. Durch die Bemühungen ihres Gönners ist ihr Gefängnisaufenthalt nur kurz. Es vergehen keine drei Tage, da begegnet ihr ein Freund jenes Verletzten. Nach einem ebenso kurzen wie heftigen Wortwechsel tötet sie ihn, um dem Ungemach ein Ende zu machen. Vor den offiziellen und privaten Häschern findet sie zunächst Schutz in einer Kathedrale.

Dann geht sie nach Lima, wo sie einige Zeit im Hause des Kaufmanns Don Salerto lebt. Aus Übermut macht sie die junge Schwägerin des Hausherrn in sich verliebt, verlobt sich

sogar mit ihr und flieht wenige Stunden vor der Trauung aus der Stadt. Sie läßt sich von einem Regiment rekrutieren und erreicht mit den Soldaten Chile. Unter dem Namen Ramírez de Guzmán wird sie durch beispiellose Tapferkeit und Unerschrockenheit berühmt, macht Karriere, wird mehrfach geehrt und schließlich in den Rang eines Fähnrichs erhoben.

Ihre leidenschaftliche Spielsucht führt jedoch bald zu neuem Unglück. Während eines Kartenspiels beleidigt sie einer der Männer, verletzt sie in ihrem Stolz. Sie fährt hoch und gebietet ihm zu schweigen. Ihr Gegenüber ist so unklug, bei seinen Worten zu bleiben – und sie durchbohrt ihn kurzerhand. Just in diesem Augenblick betritt der Militärrichter die Lokalität, befiehlt ihr, sich zu entfernen, und packt sie am Kragen, weil sie nicht sofort gehorchen will. Auch diese Schmähung nimmt Catalina nicht tatenlos hin und zieht dem Mann wütend die Schneide ihres Dolches durch das Gesicht.

Abermals rettet sie sich in die Kathedrale und dann in das Franziskanerkloster, das der Gouverneur umstellen läßt.

Sechs lange, zäh dahinfließende Monate bleibt Catalina dort eingeschlossen, und erst als ein Freund zu ihr durchdringen kann, um sie zu bitten, ihm bei einem Zweikampf als Sekundant zu dienen, wagt sie es, sich aus dem Kloster zu schleichen. Doch für ihren Freund endet das Duell tödlich. In ihrer Wut bezeichnet sie den siegreichen Rivalen als Meuchelmörder, den Sekundanten bezichtigt sie der Lüge. Nur das Schwert kann diesen Konflikt lösen; beide liefern sich ein wildes Gefecht, und am Ende sinkt der andere tödlich getroffen zu Boden. Sie kniet bei ihm nieder und erkennt erst jetzt, im Schein des Mondlichts, ihren eigenen Bruder.

Acht weitere Monate muß Catalina die stille, gottverbundene Zeitlosigkeit der Klostermauern erdulden, ehe ihr endlich die Flucht gelingt. Es verschlägt sie nach Potosí, etwa fünfhundert Kilometer nördlich des Äquators, mitten ins Hochland der bolivianischen Anden, wo sie nicht nur Haushofmeister eines reichen Edelmanns ist, sondern auch allzuoft in wüste Raufereien und Händel verwickelt wird. Erneut verpflichtet sie sich als Soldat in der Armee, kämpft gegen die Indianer, macht reiche Beute und verlangt daraufhin ihren Abschied, der ihr aber nicht gewährt wird. Ohne weiteres desertiert sie und landet nach einem Weg quer durch Südamerika in Río de la Plata, wo sie all ihr Geld verspielt. Doch Catalinas Temperament ist viel zu überschäumend, als daß es ihr viel Zeit zur Einkehr gewährte. Nachdem sie bei einem Spiel erneut einen Mitspieler – diesmal ist es ein Kaufmann aus Sevilla – erstochen hat, bleibt ihr keine andere Wahl, als ein weiteres Mal Schutz in einer Kirche zu suchen.

Wieder entschlüpft sie den Häschern und lebt fortan in Cuzco, in den peruanischen Anden. Der Frieden ist auch hier von kurzer Dauer, hegt sie doch alsbald einen peinigenden Groll gegen einen schönen jungen Soldaten, der wegen seiner Tapferkeit überall nur »der neue Cid« genannt wird. Bei einem Spiel bietet sich die Gelegenheit, den aufgestauten Zorn loszuwerden. Der tapfere »Cid« begeht nämlich den folgenreichen Fehler, mit seiner Hand versehentlich Catalinas Geld zu berühren, das vor ihr liegt. Augenblicklich schreit sie auf, heftet mit einem raschen Stoß ihres Messers seine Hand an den Tisch und zückt ihren Degen, um sich gegen die anwesenden Freunde des Mannes zu wehren. Sie vollbringt das Wunder, sich gegen eine erdrückende Übermacht zu verteidigen und sich den Weg zur Tür freizukämpfen. Auf der Straße nimmt man die erfreuliche Abwechslung dankbar an, und es sammeln sich auf beiden Seiten Kombattanten, um die Sache auszufechten. Der »Cid«, der sich mittlerweile vom Tisch lösen konnte, dringt in dem Gewühl zu ihr durch, verwundet sie mit dem Dolch an der Schulter, und als einer seiner Mitkämpfer ihr einen Schlag in die linke Seite versetzt, stürzt sie blutend nieder. Catalinas Verbündete indes lassen weiter die Waffen sprechen. In diesem allgemeinen Getümmel gelingt es ihr schließlich unter Aufwendung der letzten Kräfte, sich zu der Stelle zu schleppen, an der ihr verfluchter Feind, halb liegend, halb stehend, sich der scharfen Klingen der Kontrahenten erwehren kann. Ehe er die Gefahr erkennt, hat sie ihn mit dem Schwert niedergestreckt.

Ein Mönch nimmt sich ihrer an und pflegt sie. Fünf Monate muß sie das Bett hüten. Dann erfreut sie sich wieder bester Gesundheit, doch von allen Seiten droht ihr Ungemach. Ihre Untaten sind nicht vergessen. Sie hat sich viele Feinde gemacht, die jetzt hoffen, Rache nehmen zu können. Fürsprache kommt allerdings aus unerwarteter Richtung: Der Bischof selbst hält seine Hand über sie, und sie geht als Gefangene in seine erlauchte Wohnstatt. Ihm endlich beichtet sie alles und offenbart ihr wahres Geschlecht.

Dreizehn Jahre nach ihrer ersten Flucht legt sie wieder das Nonnengewand an. Im Alter von achtundzwanzig Jahren geht sie in das Kloster der heiligen Klara, etwas später schließt sie sich dem Orden der Heiligen Dreifaltigkeit in Lima an.

Nach elf Jahren ruft ein Schreiben König Philipps IV. sie endlich nach Europa zurück, und am 1. November 1624 landet sie in Spanien. Das Volk bereitet der »Fahnenjunker-Nonne« einen begeisterten Empfang. Der König gibt ihr eine Pension für ihre Kriegsdienste und erlaubt ihr, sich offiziell Alférez (»Fähnrich«) Doña Catalina zu nennen. Kurz darauf gewährt ihr Papst Urban VIII. eine Audienz in Rom. Er zeigt sich gnädig und gestattet ihr, für den Rest ihres Lebens männliche Kleidung zu tragen unter einer Bedingung: keine Waffen mehr anzurühren und in ihren Mitmenschen Gottes Ebenbild zu erkennen und zu ehren. Ob Catalina de Erauso sich an dieses hehre päpstliche Gebot hielt, bleibt ein Geheimnis, denn ihre letzten Lebensjahre sind in Dunkel gehüllt. Unstet und voller Neugierde, konnte sie sich wohl keiner beschaulichen Existenz hingeben. In den 30er Jahren des 17. Jahrhunderts brach sie wieder auf in die neue Welt, wo sich ihre Spuren endgültig verlieren.

3.
Salome –
Der Tod und das Mädchen

O ihr, die ihr Amors Weg beschreitet,

haltet inne und seht,

ob es einen Schmerz so groß wie meinen gibt.

DANTE, *La vita nuova*

Salomes tödlicher Kuß

Eine schöne junge Frau beugt sich weit über den Rand einer Zisterne, die, ihrer früheren Funktion beraubt, nun als Kerkerstätte für besonders mißliebige Gefangene dient. Es ist Salome, die Tochter der Herodias, der Frau des Herodes Antipas, des Tetrarchen von Judäa. Während sie angestrengt in den dunklen Rachen hinabblickt – voller Neugierde sucht sie nach den Umrissen des dort Eingekerkerten –, spricht sie folgende Worte:

»Wie schwarz es da drunten ist! Es muß schrecklich sein, in so einer schwarzen Höhle zu leben. Es ist wie eine Gruft …«[99]

Sie hat schon so manches gehört, manch merkwürdige und erstaunliche Geschichte über den jetzigen, den einzigen Bewohner des ungastlichen Ortes: über Jochanaan, Johannes den Täufer! Einen Propheten und frommen Mann, der für nicht unerhebliche Unruhen im Herrschaftsbereich ihres Stiefvaters gesorgt hat, da er überall das ausschweifende Leben im königlichen Palast anprangerte. Heute, in dieser herrlichen, monddurchfluteten Nacht, nachdem sie seine gewaltige Stimme vernommen hat, will sie mit ihm sprechen. Sie ruft einige Soldaten herbei und befiehlt:

»Bringt den Propheten heraus. Ich möchte ihn sehen.«[100]

Anfangs sträuben sich die Wachen noch, doch niemand kann Salome lange widersprechen, und schon holt man den Propheten aus der Zisterne. Kaum von diesem Akt der Befreiung beeindruckt, fährt dieser fort, Verkündungen und Verwünschungen auszusprechen, ohne Salome wahrzunehmen. Sie weicht etwas zurück, um ihn prüfend zu betrachten. Im selben Augenblick spürt sie, daß sie von der furchteinflößenden Erscheinung dieses Verkünders heiliger Worte auf eigenartige Weise gefangengenommen ist.

»Seine Augen sind von allem das Schrecklichste. Sie sind, als ob schwarze Löcher mit Fackeln in einen tyrischen Teppich gebrannt worden wären. Sie sind wie die schwarzen Höhlen, wo die Drachen leben, die schwarzen Höhlen Ägyptens, wo die Drachen hausen. Sie sind wie schwarze Seen, aus denen irres Mondlicht flackert …«[101]

Doch nicht nur seine Augen hypnotisieren die junge Prinzessin. Seine ganze Erscheinung nimmt sie gefangen. Erst als sie unter Protest des Hauptmanns der Wache näher an Jochanaan herantritt, wird dieser gewahr, daß ihn eine Frau betrachtet.

»Wer ist dies Weib, das mich ansieht? Ich will ihre Augen nicht auf mir haben. Warum sieht sie mich an mit ihren Goldaugen unter den gleißenden Lidern?«[102]

Als er erfährt, mit wem er es zu tun hat, ist er entsetzt und gebärdet sich aufbrausend.

»Zurück, Tochter Babylons! Komm dem Erwählten des Herrn nicht nahe! Deine Mutter hat die Erde erfüllt mit dem Wein ihrer Lüste, und das Unmaß ihrer Sünden schreit zu Gott.«[103]

Doch es ist zu spät! Salome kann sich nicht mehr von ihm abwenden, seine Entschlossenheit und Unbeirrbarkeit lassen sie nicht los. Sie ist ganz benommen von dem Zauber seiner Ausstrahlung und will teilhaben an der Inbrunst seines Daseins, will den betörenden, alles durchdringenden Klang seiner Stimme hören. Sie fordert ihn auf:

»Sprich mehr, Jochanaan. Deine Stimme ist wie Musik in meinen Ohren.«[104]

Je klarer sie seinen wilden Wuchs im Mondlicht erkennt, je mehr sie den Enthusiasmus in der Rhetorik und in der Sprache seines Körpers bemerkt, desto deutlicher muß sie sich eingestehen, daß sie in dieser Nacht die leidenschaftliche Seele gefunden hat, die sie so lange vergeblich suchte: einen Mann von ganz eigener Energie und Mächtigkeit, der nicht wie all die anderen sogleich ihr Untertan ist. Sonst genügte ein Blick von ihr, ein Augenaufschlag, eine sanfte Handbewegung – und alle lagen vor ihr im Staub. Selbst der große Herodes schmeichelte ihr mit seinen hungrigen Augen und wagte es nicht, ihr etwas abzuschlagen.

Um so lebhafter ist nun ihre Neigung zu diesem ungewöhnlichen Schicksalskünder. Und um so peinigender empfindet sie seine brüske Zurückweisung, hegt sie doch nur noch den einen einzigen Wunsch, ihn zu berühren: seinen Leib, sein Haar, seinen Mund. Ja, diesen Mund will sie küssen, koste es, was es wolle …

Aber Jochanaan bleibt unerbittlich. Hart weist er die Königstochter von sich und gebietet ihr Einhalt.

> »Zurück, Tochter Babylons! Durch das Weib kam das Übel in die Welt. Sprich nicht zu mir. Ich will dich nicht anhören. Ich höre nur auf die Stimme des Herrn, meines Gottes.«[105]

Salome aber will sich durch nichts von ihrem Entschluß abbringen lassen. Wenigstens eine zärtliche Berührung ihrer beider Lippen wird ihr der heilige Mann gewähren müssen. Jochanaan kehrt in sein Verlies zurück, derweil begibt sie sich in den Palast, um den abendlichen Vergnügungen beizuwohnen.

157)

Lovis Corinth: Salome, 1900

Als Herodes mit seinem Gefolge aus dem neben der Zisterne liegenden Bankettsaal tritt, hat sie den Plan schon geschmiedet, der mit tödlicher Sicherheit aufgehen soll. Ihr König und Stiefvater bittet sie, für ihn zu tanzen. Salome lehnt zunächst ab. Herodes, durch ihr sprödes Verhalten herausgefordert, macht ihr immer waghalsigere Versprechungen, damit sie sein Begehren erfüllt. Schließlich gelobt er, ihr jeden Wunsch zu erfüllen, was es auch sein mag. Und sie tanzt für ihn den Tanz der sieben Schleier. Dann ist das Spektakel zu Ende, und Herodes befindet sich im Zustand grenzenloser Entzückung. Salome sieht ihre Chance, kniet nieder und fordert mit ruhiger Stimme und unschuldigen Augen ihren Lohn ein:

> »Zu meiner eigenen Lust will ich den Kopf des Jochanaan in einer Silberschüssel haben.«[106]

Herodes ist außer sich vor Bestürzung. Salomes Urteil aber steht fest. Beharrlich verweist sie Herodes auf sein Versprechen. Es gibt keinen Ausweg, Herodes gibt nach, und Herodias, seine Frau, die Mutter Salomes, zieht dem Herrscher den Todesring vom Finger: das Zeichen der Verurteilung. Sie händigt das Schmuckstück einem Soldaten aus, der es ohne Zögern dem Henker bringt.

Unterdessen hat sich Salome zur Zisterne begeben. Wieder bückt sie sich über den Rand und schaut hinab in das finstere Loch. Sie horcht, aber alles ist ruhig. Schon will sie Soldaten hinunterschicken, um von ihnen das blutige Handwerk ausführen zu lassen, als im nächsten Augenblick ein gewaltiger schwarzer Arm, der Arm des Henkers, sich über den Rand der Zisterne erhebt. Er hält auf einem silbernen Tablett den Kopf des Jochanaan. Begierig greift Salome zu.

»Ah! Du wolltest mich deinen Mund nicht küssen lassen, Jochanaan. Wohl! Ich will ihn jetzt küssen. Ich will mit meinen Zähnen hineinbeißen, wie man in eine reife Frucht beißen mag.«[107]

Schaudernd verhüllt Herodes sein Antlitz mit dem Mantel. Er weiß, was er zu tun hat. Er kann, er darf diese Kraft, die stärker ist als er, nicht dulden, er wendet sich um und betrachtet sie ein letztes Mal. Dann umringen seine Soldaten die Prinzessin, rücken näher an sie heran und zermalmen sie zwischen ihren Schilden. Denn Herodes' Befehl ist eindeutig:

»Man töte dieses Weib!«[108]

Die Magie der Femme fatale

Im Gegensatz zum Neuen Testament, der frühesten Erwähnung der Geschehnisse um Salome, wird die Geschichte der Tochter der Herodias in Oscar Wildes dramatischer Bearbeitung ganz anders akzentuiert. Sowohl im Matthäusevangelium (Matthäus 14, 1–11) als auch im Markusevangelium (Markus 6, 14–28) ist lediglich die Rede davon, daß Herodes Antipas so sehr von den tänzerischen Talenten seiner Stieftochter angetan war, daß er versprach, ihr jeden Wunsch zu erfüllen. Salome (hebr.: die Friedliche) bittet – auf Betreiben ihrer Mutter Herodias –, Johannes den Täufer zu enthaupten. Nicht von Salome geht also dieser Wunsch aus; vielmehr rückt die Mutter in die zentrale Position einer politischen Intrige. Johannes der Täufer prophezeit den Israeliten die Ankunft des Messias, des Heilsbringers einer neuen, glücklicheren Zeit, in der Judäa frei sein würde von aller Fremdherrschaft, also auch von den Römern. Dies macht seine politische Bedeutung aus. Herodias' einziges Interesse ist, den Thron ihres von Rom unterstützten

Mannes, und damit ihren eigenen Einfluß, zu erhalten, den sie durch das Auftreten des redegewandten Propheten gefährdet sieht. Sie sorgt also dafür, daß Johannes hingerichtet wird.

Der erotische Kern der Geschichte – das heimliche Zentrum der biblischen Überlieferung – ist in Oscar Wildes Drama in den Mittelpunkt gerückt, gemäß den Vorlieben und Begierden des späten 19. Jahrhunderts. Salome ist in ihrem narzißtischen Stolz gekränkt, sie wird zum rasenden Racheengel. Der Mann, der nicht den Gesetzen ihrer erotisierten Welt gehorcht, muß sterben, wie auch sie selbst, da sie in ihrer »Dämonie« an den geregelten Verhältnissen rüttelt.

Beide, Salome wie Johannes, sind Extremisten, Randexistenzen, die keiner Ordnung angehören können. Johannes verkörpert den *Geist*, der die Naturtriebe beherrschen will. Salome verkörpert die Leidenschaft, die ungezügelte *Natur*. Deshalb ist sie für den Mann so gefährlich.

> »Die dämonischen Archetypen des Weiblichen, welche die Mythologien überall auf der Welt beschäftigen, stehen für die unbeherrschbare Nähe der Natur. Ihre Tradition setzt sich ziemlich ungebrochen von den prähistorischen Idolen fort über Literatur und Kunst bis zum zeitgenössischen Film. Die wichtigste Figur ist die *Femme fatale*, die Frau, die tödlich ist für den Mann.«[109]

So bringt es die amerikanische Literaturwissenschaftlerin Camille Paglia auf den Punkt und vergißt nicht, darauf hinzuweisen, daß die Faszination der Femme fatale besonders daher rührt, daß in dieser Imago[110] zwei Kernzellen der physischen Ausdruckskraft des Menschen miteinander verschmelzen: Sex und Gewalt! In ihr lebt der nicht vollständig zivilisier- und kontrollierbare Mensch seine physischen Bedürfnisse aus. In diesen körperlichen Äußerungsformen modelliert er seine Bedrängnisse und Sehnsüchte. Darum ist die Femme fatale ein weiblicher Archetyp von ungeheurer Macht, darum ist sie eine der »fesselndsten Masken der Sexualität«, eine Maske im Sinne des griechischen Theaters, eine *persona*, eine Form, die das unförmige Leben und Denken transzendiert. Als Maske des Sexuellen, schreibt Camille Paglia weiter, gehört sie »zu der beschwerlichen Last der Erotik, unter der Ethik und Religion zusammenzubrechen drohen.« Jederzeit scheint das Erotische bereit zu sein, die vertrauten Verhältnisse des zivilisierten Lebens ad absurdum zu führen.

Zahllos sind dabei die Präsentationsweisen der Femme fatale. Auch in dieser ausufernden Wandelbarkeit und Unerschöpflichkeit zeigt sich ihre Wertigkeit.

> »Die *Femme fatale* kann als medusische Mutter oder als frigide Nymphe erscheinen, die sich ins gleißende Licht apollinischen Hochglanzes hüllt.«[111]

Immer bleiben ihre Schönheit und Eleganz unnahbar. Sie ist ein Eisblock, der jedoch nur ein Ausdruck naturhafter Unansehnlichkeit ist, ein Fall von transformierter »chthonischer Häßlichkeit«. Denn unter der schönen Oberfläche öffnen sich die unterirdischen Irrgänge menschlicher Wildheit:

> »Tagsüber sind wir gesellschaftliche Wesen, aber nachts steigen wir in die Traumwelt hinab, in der die Natur regiert, und das heißt: Sexualität, Grausamkeit, Wandel der Gestalten.«[112]

Diesen Unerbittlichkeiten des menschlichen Wesens ist nicht zu entkommen, sie sind auch nicht nivellierbar oder in kontrollierte Bahnen zu lenken. Camille Paglia stellt zu Recht fest, daß das Streben nach sexueller Befreiung eine gutgemeinte Illusion ist, die den Charakter des Sexuellen verkennt, das von Trieb und archaischem Zwang dominiert wird. Aussichtsreicher für eine Hegung des Sexuellen – und dies verfolgten männliche Imaginations- und Projektionsphantasien – schien eine deutliche Trennung weiblicher und männlicher Eigenschaftszuschreibungen: Das Dionysische gegenüber dem Apollinischen, das Naturhafte gegenüber dem Geistigen, die Verwerflichkeit gegenüber der Herrschaft:

»Von Anbeginn an erschien die Frau als unheimliches Wesen. Der Mann ehrte, der Mann fürchtete sie. Sie war der schwarze Schlund, der ihn ausgespien hatte und ihn wieder verschlingen würde. Die Männer schufen ihre Bünde und erfanden die Kultur als ein Mittel der Verteidigung gegen die weibliche Natur. Der raffinierteste Schritt in diesem Prozeß war der Übergang zum Himmelskult, weil die mit ihm vollzogene Verlegung des schöpferischen Ortes von der Erde zum Himmel gleichbedeutend ist mit einem Wechsel von der Magie des Leibes zur Magie des Kopfes. Und dieser als Abwehrmittel konzipierten Magie des Kopfes entstammen Glanz und Glorie der männlichen Zivilisation, zu der auch die Verklärung der Frau gehört.«[113]

Wasser-Wesen

Ausgehend von Camille Paglias Ausführungen über Sexualität und Gewalt, Natur und Kunst, existieren zwei Inkarnationen der Femme fatale: zum einen die erwachsene Frau und Mutter, Medusa, aus der sich später der verführerische und verführende *Vamp* entwickelt, zum anderen das kindliche, mädchenhafte Objekt, die *Kindsbraut.*

Neben Kleopatra, die, wie es heißt, alle ihre Liebhaber gleich am nächsten Morgen ermorden ließ, und Mérimées *Carmen* ist Nabokovs *Lolita* vielleicht die berühmteste *Femme fatale*, die den Liebhaber das Leben kostet. Aus welcher verzaubert-verlockenden Kreatürlichkeit schöpft die *Femme fatale* ihre zerstörerische Gefährlichkeit? Was macht die jugendlich-androgyne Lolita so faszinierend und begehrenswert?

Einen ersten Hinweis zur Beantwortung dieser Fragen gibt Nabokov in seinem Roman *Lolita*:

> »Zwischen den Altersgrenzen von neun und vierzehn gibt es Mädchen, die gewissen behexten, doppelt oder vielmal so alten Wanderern ihre wahre Natur enthüllen; sie ist nicht menschlich, sondern nymphisch (das heißt dämonisch); und ich schlage vor, diese auserwählten Geschöpfe als ›Nymphchen‹ zu bezeichnen. Man wird bemerken, daß ich Raumbegriffe durch Zeitbegriffe ersetze. Ich möchte nämlich, daß der Leser ›neun‹ und ›vierzehn‹ als Grenzen – spiegelnder Strand und rötliche Felsen – einer verzauberten Insel sieht, auf der diese meine Nymphchen ihr Wesen treiben, umgeben von einem weiten, dunstigen Meer.«[114]

Daß Nabokov sein dämonisches »Nymphchen« Lolita metaphorisch als »verzauberte Insel« verstand, der keine Substanz- oder Wesenhaftigkeit eigen ist, sondern die mehr ein Phantomgebilde ist, hat einen besonderen geschichtlichen Hintergrund. Denn die unwirklich phosphoreszierende Anziehungskraft seiner Lolita, diese Nabokovsche Insel inmitten eines Ozeans, ist nichts anderes als das Eiland der Sirenen, auf das auch Odysseus gelangte. Die Erzählung aus der griechischen Mythologie ist eine der Ursprungsgeschichten der Femme fatale.

Die Sirenen sind stets als vogelähnliche Geschöpfe dargestellt, haben aber die Köpfe junger Mädchen, oft sind sie auch mit Frauenbrüsten und -armen ausgestattet. Ihre Vogelkrallen gehen auf manchen Darstellungen in Löwenkrallen über und verweisen auf die enge Verwandtschaft zwischen Sirene und Sphinx.

In der Mythologie heißt es, die Sirenen seien Töchter der »Chthon«, der »Erdentiefe«. Auch Melpomene, die Muse der Tragödie, wird als ihre Mutter genannt. Acheloos, einer der mächtigsten griechischen Flußgötter, gilt als ihr Vater. Aus Acheloos heraus wuchs ein schlangenartiger Fisch, der seinen Unterleib bildete. Herakles brach ihm eines seiner Stierhörner ab, und aus dem Blut, das aus der offenen Wunde sickerte, wurden die Sirenen geboren: Thelxiope, die »Bezaubernde«, Agalope, »die mit der schönen Stimme« und Pasinoe, die »Betörende«.

Als »Umstrickerinnen« lebten sie im Tyrrhenischen Meer an der südlichen Küste Italiens, saßen anmutig auf den blumigen Wiesen ihrer schönen Insel und bestrickten Seefahrer durch ihre süßen, fesselnden und sphärenhaften Gesänge, zogen sie in ihren Bann, wodurch diese in eine unheilvolle Windstille gerieten, willenlos umhertrieben, ihrer Heimkehr überdrüssig wurden und an den Klippen des Eilands elendig zerschellten. Dort fielen die Sirenen über die Unschuldigen her, saugten ihr Blut aus, labten sich an ihrem Fleisch, erfreuten sich an ihren schmerzenden Wunden und fraßen sie schließlich ganz auf. Bald war das Eiland der Sirenen übersät mit den gebleichten Knochen und ausgetrockneten Häuten vieler Seefahrer.

Thelxiope, Agalope und Pasinoe galten als Göttinnen des Todes *und* der Liebe, und obgleich sie dem Vampirismus und Kannibalismus zuneigten, milderten sie durch ihren berükkenden Gesang und ihre ätherische Erscheinung die Bitterkeit des Todes, ermöglichten sie das Unmögliche: eine finale Ekstase, eine endliche und endgültige Lust, die sich im »Liebestod« erfüllt. Daher nannte man die Sirenen Dienerinnen der Göttin der Unterwelt, daher waren sie dem Tode geweiht, waren sie auserkoren, dem Tode zu dienen und letztlich ihm selbst anheimzufallen.

Als Odysseus sich auf seinen Irrfahrten den gefährlichen Felsen besagter Göttinnen näherte, war er bereits von Circe, der Göttin der Verführung und des Zaubergesangs, gewarnt worden. Sie hatte ihm geraten, falls er schon nicht die hellen Stimmen der Sirenen meiden wolle, seinen Männern vorher die Ohren mit Wachs zu füllen und sich selbst an den Mast seines Schiffes binden zu lassen, um den Reizen der Sängerinnen nicht zu erliegen.

Während Odysseus die Insel der Sirenen passierte, hörte er den unvermeidlichen Ruf:

»Komm, besungner Odysseus, du großer Ruhm der Achaier!
Lenke dein Schiff ans Land und horche unserer Stimme.
Denn hier steurte noch keiner im schwarzen Schiffe vorüber,
Eh er dem süßen Gesang aus unserem Munde gelauschet.

Und dann ging er von hinnen, vergnügt und weiser wie vormals.
Uns ist alles bekannt, was ihr Argeier und Troer
Durch der Götter Verhängnis in Trojas Fluren geduldet:
Alles, was irgend geschieht auf der lebenschenkenden Erde!«[115]

Die Macht des glockenklaren Soprans der Sirenen und ihrer allwissenden, orakelhaften Worte war so stark, daß Odysseus sich fast von den Knebeln löste und seine Gefährten ihn fest anzurren mußten. Denn alle Schönheit, alles Entzücken, alle Lust, alles Wissen, alle Weisheit, alle Geheimnisse dieser Welt, alles mit einem Streich, für einen Moment zu haben?

Eine bösartige Blendung, die nur den Tod zur Folge haben konnte. Doch Odysseus wurde gerettet, weil er Circes Warnung befolgt hatte; er blieb festgebunden am Mast, und seine Männer wurden nicht willenlos. Sie lenkten das Schiff unbeschadet an dem Eiland der Sirenen vorbei, und die drei schönen Ungeheuer brachten sich selber um – sie hatten ihren Blutdurst nicht stillen können.

Vladimir Nabokov plante für seine Femme-fatale-Figur ein dämonisches Zwitterwesen aus Mädchen und Frau: die Nymphe. Nymphen waren im antiken Griechenland weibliche Naturgottheiten; es gab Baum-, Quell- und Meernymphen. Der Begriff der »Nymphe« entwickelte sich allmählich zum Synonym für »Mädchen« und »Braut«, schließlich für die Bezeichnung kleiner Schamlippen. Die gefühlskalte »Nymphomanin« kann besonders viele Männer empfangen; ihr eignet eine grenzenlose sexuelle Gier.

Doch die zentralen literarischen Imaginationen weiblicher Wasser-Wesen sind die Sirenen. Seit der Antike sind

sie Projektionsfläche für die unterschiedlichen Lust- und Angstphantasien des Mannes, die scheinbar zeitlose Bedrohung des Männlichen durch das Weibliche. In der nach-homerischen Zeit verloren die Sirenen ihren mörderischen Charakter; Platon stilisierte sie zu Musen, und ihre Gesänge entwickelten sich zu himmlischen Sphärenklängen, die den Dichtern und Künstlern zu göttlicher Inspiration verhelfen sollten. Der frühgriechische Philosoph Heraklit sah hingegen in den Sirenen nichts weiter als »hübsche Dirnen«. Noch im 12. Jahrhundert bezeichnet der Erzbischof von Saloniki, Eustathios, die drei Schönheiten als »flötenspielende Huren, die Reisende um ihr Geld bringen«. Vieles, was die christliche Ideologie später im mittelalterlichen Hexenbild verteufelt,
projiziert der Kirchenvater Clemens von Alexandrien auf die gefährlichen Sirenen. In seinem Warnruf an die »Getreuen des Kirchenschiffes« auf ihrer himmelwärts gerichteten Seefahrt mahnt er:

> »Laßt uns denn fliehen vor der alten Gewohnheit wie vor den Sirenen, von denen die Sage erzählt! Sie würgt den Menschen, sie lenkt ihn ab von der Wahrheit, sie entreißt ihm das Leben. Eine Schlinge ist sie, ein Abgrund, eine Grube, ein fressendes Unheil. Eine Unheilinsel ist sie, gehäuft voll von Knochen und Toten. Und auf ihr sitzt eine hübsche Dirne, die Lust, und ergötzt mit ihrer Allerweltsmusik [...].«[116]

In den mittelalterlichen Sirenendarstellungen formiert sich ein neues Paradigma: Als trotziges Zeichen unbeherrschbarer Jungfräulichkeit zeigen sich die Sirenen dem Betrachter mit gespaltenem Fischschwanz. Aus dem mädchenähnlichen Vogelgeschöpf wurde eine fischschwänzige Nixe. Dieser Wandel hat wahrscheinlich in erster Linie sexuelle Bezüge, da die vogelhafte Gestalt der Sirenen zwar verlockend war, aber von der Hüfte an abwärts in erotischer Hinsicht eher abschrekkend wirkte. Da sie nun als Meerjungfrauen im Wasser umherschwammen, waren sie mit den Mysterien des Lebens und Todes verbunden. Das Flüssige und Liquide weist hin auf das mit Weiblichkeit assoziierte Weiche, Fließende und Bewegliche, auf die Zyklen des Lebens. Das ambivalente Bild der Nixe – mit einer schönen oberen Hälfte und einem den Blikken meistens entzogenen, sich schlängelnden und zuckenden, im Wasser befindlichen Unterleib – charakterisiert die Frau warnend als Zwittergestalt aus Mensch und Tier.

Weitere Variationen der Sirenen als Seeschlangen, Nixen, Undinen, Melusinen und Nymphen finden sich vor allem in der Literatur des 19. Jahrhunderts, insbesondere in der Romantik und dem Fin de siècle: Goethes Wasserweib aus der Ballade *Der Fischer*, Hans Christian Andersens *Kleine Meerjungfrau*, Heines *Nixen* und Wildes *Der Fischer und seine Seele*.

Die Femme fatale als Kindsbraut

Licht und Schatten, Eros und Thanatos, Liebe und Tod. Diesen Dualismus verkörpert die Kindsbraut auf eigene, charakteristische Weise. Die Jungmädchenschönheit – sie ist getaucht in einen irisierenden Glanz und umflort von einem schimmernden Licht der Unschuld. Sie kann das männliche Begehren auf ungeahnte Weise wachrufen.

Als der neunjährige Dante Alighieri am 1. Mai des Jahres 1274 der ebenfalls neunjährigen Beatrice – der »Beglückerin« – begegnet, überfällt ihn ein heftiges Zittern. Seine Sinneswahrnehmungen verstärken und vervielfältigen sich. Farben sieht er plötzlich sehr viel kräftiger und strahlender: Die Begegnung mit Beatrice ist das entscheidende Ereignis seines *Neuen Lebens*, seiner *vita nuova*, wie er später das Buch seiner Erinnerungen nennen wird. Dante dichtet ihr ein Sonett, dem viele weitere folgen. Bis über Beatrices Tod hinaus bleibt er seiner Liebe ihr gegenüber treu, ist sein Liebesbegehren von ihr geprägt.

Das unvermittelte Rendezvous des Knaben mit der Patriziertochter führt zur Entstehung des literarischen Topos der *Kindsbraut*, wie der Literaturwissenschaftler Michael Wetzel schreibt.[117] Dantes Erlebnis schlägt sich nieder in einer prägenden Bedeutung der Verbindung von Jungmädchenschönheit und männlichem Begehren. Beatrice ist das Objekt einer erotisch-sexuellen Fixierung.[118] Sie ist ein traumhaftes Gebilde, das nicht berührt werden darf.

Etwa fünfzig Jahre später wird auch der florentinische Poet Petrarca dem Reiz einer »Unreifen« erliegen. Seine zauberische Fee heißt Laura und ist gerade zwölf Jahre alt. Wie Beatrice ist sie das Ideal vollendeter und gleichzeitig unausgereifter Schönheit. Unnahbar und makellos, ist die *Kindsbraut* für Dante wie für Petrarca ein Bild der Vollkommenheit, da sie scheinbar keiner zukünftigen Reife bedarf. Allerdings kann sie nur eine imaginierte Predigerin des Wahren, des Guten und des Schönen sein, solange sie nicht als *reales* erotisches Objekt wahrgenommen wird.

Erst das 17. und 18. Jahrhundert entdeckt die Kindsbraut auch als *körperliches* Wesen:

> »Das ›Nymphchen‹ soll nicht mehr nur Traum der Dichter bleiben, sondern um die Dimension des *Lebens* erweitert werden: aus einem ästhetischen Phänomen ein wirkliches werden, sublime Schönheit in sinnlicher sich erfüllen und Phantasie in Praxis umschlagen.«[119]

Das Begehren manifestiert sich nun in der pädagogischen Annäherung des väterlichen Gelehrten, der seinen »Liebling« erzieht und alphabetisiert. Die Hinneigung Swifts zu dem achtjährigen *child-wife* Stella, Molières Propagierung einer *éducation amoureuse*, Georg Christoph Lichtenbergs Leidenschaft für die elfjährige Maria Dorothea Stechardin, Novalis' Tagebuchaufzeichnungen über seine zwölfjährige Braut Sophie von Kühn oder E. T. A. Hoffmanns Passion für seine Musikschülerin Julia Mark lassen die pädagogische Funktion und Aufgabe nie außer acht. Diese Liebschaften werden immer im Zeichen des Scheiterns thematisiert. Untergang, Verlust und Tod sind die Kennzeichen des unmöglichen Unter-

fangens. Edgar Allan Poes Ehe mit seiner 13jährigen Cousine Virginia endet tragisch, und Lichtenberg versinkt in tiefe Melancholie, als *seine* Nymphe nach einer fünfjährigen Liaison stirbt.

Es ist also utopisch, sich vorzustellen, ein harmonisches Leben oder eine glückliche Ehe mit einer Kindsbraut führen zu können. Es ist Einbildung, zu glauben, aus dem latenten und vielleicht mehr oder weniger offenen sexuellen Wunsch erfüllte Wirklichkeit werden lassen zu können. Das Scheitern und der tragische Absturz sind zwangsläufig. Robert Musil schrieb:

> »Das Mädchen zwischen 11 und 15 Jahren hat schöne Beine. Sie sind lang, können laufen und haben noch nicht die spätere Gedrungenheit [...] Das Haar hat den Glanz der Jugend. Das Gesicht ist rein und oft von schöner Anlage, die noch nicht durch den Ausdruck der Kleinlichkeit und niederen Ichsucht und des zurückgebliebenen Geistes verdorben ist. Die Augen sind träumerisch und feurig, d. h. sie haben noch den Idealismus der Jugend, dessen Leere nicht in Erscheinung tritt. [...] Diese Kin-

der sind also wirklich liebenswert, u. daß sie das Gefühl erregen, ist nicht im mindesten verkehrt. Die Perversität tritt erst hinzu, wenn ein Mensch diesen Formtraum realiter mißbrauchen möchte. Dann muß er von dem kindlichen Geist, von der kindlichen Unschuld absehen, auch von dem Fehlen der sexuellen Erwiederung, und es ist so, wie wenn er sich eine Puppe ins Bett legen möchte oder wie sich der brünstige Frosch an ein Stück Holz klammert.«[120]

Die *Kindsbräute* zeigen sich als prekäre Legierung ästhetischer und erotischer Interessen. Eine andere Tagebucheintragung Musils aus den frühen 20er Jahren, die zufällige, jedoch aufmerksame Beobachtung einer Zwölfjährigen in einer Straßenbahn, kehrt wieder in seinem monumentalen Werk *Der Mann ohne Eigenschaften*:

»Es scheint, daß manchmal das Frauengesicht mit zwölf Jahren fertig ist, auch seelisch wie von großen Meisterstrichen im ersten Entwurf geformt, so daß alles, was die Ausführung später hineinbringt, die ursprüngliche Größe nur verdirbt. Man kann sich leidenschaftlich in eine solche Erscheinung verlieben, tödlich, und eigentlich ohne Begehren.«[121]

Ohne »leibhaftiges« Begehren – denn das *child-woman* muß als imaginäres Geschöpf aufgefaßt werden. Es ist die perfekte Projektion einer visuellen Welt, die dem Sehen absolute Priorität einräumt. Berührung gilt als Tabu, als roher, grobschlächtiger Akt, der die Schönheit des Bildes zerstört. Rainer Maria Rilke geht noch einen Schritt weiter. Er sieht im »Mädchen« das Ideal der Weiblichkeit verkörpert – und macht das Nicht-Berühren, die nur optische Verbindung zwischen (männlichem) Dichter und (weiblicher) Imago, zur Bedingung der Möglichkeit von Dichtung überhaupt:

»Mädchen, Dichter sind, die von euch lernen
das zu *sagen*, was ihr einsam *seid;*
und sie lernen leben an euch Fernen,
wie die Abende an großen Sternen
sich gewöhnen an die Ewigkeit.

Keine darf sich je dem Dichter schenken,
wenn sein Auge auch um Frauen bat;
denn er kann euch nur als Mädchen denken:
das Gefühl in euren Handgelenken
würde brechen von Brokat.

Laßt ihn einsam sein in seinem Garten,
wo er euch wie Ewige empfing
auf den Wegen, die er täglich ging,
bei den Bänken, welche schattig warten,
und im Zimmer, wo die Laute hing.«[122]

Daß Lolitas nicht von diesem Planeten, diesem Sonnensystem, sondern von einem ganz anderen Stern sind, unirdische Naturen, ätherische Gebilde aus Licht und Schatten, hält uns die Kunst der Fotografie und insbesondere das Kino vor Augen. Der verheißungsvolle Schein der Engelskinder wird unendlich vervielfältigt und verbreitet, in den Fotolaboratorien und in den Traumfabriken. Lewis Carroll, der Verfasser von *Alice im Wunderland*, war ein leidenschaftlicher Fotograf kleiner, schlafender Mädchen.

Die Kindsbräute sind mediale Energiefelder, an denen sich die Menschen ergötzen. Ganze Scharen von Mädchen-

173)

»Léon, der Profi« (Regie: Luc Besson, 1994).
Natalie Portman als Mathilda und Jean Reno
in der Titelrolle

darstellerinnen bevölkerten im Laufe der Jahre die Kino-Leinwände: Mary Pickford, Lilian Gish, Blanche Sweet und Mabel Normand in der Ära des Stummfilms; in den 30er und 40er Jahren Shirley Temple, Gloria Jean und Judy Garland als Star des Films *Der Zauberer von Oz*. Nicht zu vergessen Elizabeth Taylor, die schon im zarten Alter von elf Jahren Millionen in dem 1943 entstandenen ersten Lassie-Film *Lassie Come Home* verzauberte und über die Marianne Sinclair in ihrem Buch *Hollywood Lolita* schreibt:

> »Generations of small boys have known their first pangs of passion upon seeing Elizabeth in her smart little coat and hat.«[123]

Carroll Baker in *Baby Doll*, Leslie Caron, Pier Angeli, Debbie Reynolds und Audrey Hepburn in den 50er Jahren sowie Tuesday Weld, Hayley Mills und Carole Lynley in den 60er Jahren knüpften an die vorhandene Traditionslinie und an die heimlichen Sehnsüchte an. Besonders die 14jährige Sue Lyon als Nabokovs *Lolita* polarisierte in Stanley Kubricks gleichnamiger Verfilmung das Publikum.

Linda Blair – *Der Exorzist* –, Tatum O'Neal – *Paper Moon* –, Jodie Foster – *Taxi Driver* –, Brooke Shields – *Pretty Baby* und *Die blaue Lagune* – wurden die Lolita-Stars des Popzeitalters. Drew Barrymore, die einst in *ET* debütierte, Sophie Marceau, die in *La Boum* die Liebe entdeckte, und Natalie Portman, das adoleszente »Girlie« Mathilda in *Léon, der Profi*, ergänzen das farbige Mosaik jungfräulicher Femmes fatales in den 80er und 90er Jahren.

Im Zeitalter massenmedialer Konfektionierung und agiler Porno-Videoproduzenten schließlich sind digitale Lolitas mittels entsprechendem Computerequipment allgemein verfügbar und je nach Gusto per mouse-click zu »designen«. Die unerhörte dichterische Einbildungs- und Erfindungskraft, die aus den Mädchen unfaßbare, also unberührbare, geheimnisvolle Wesen machte, ist gebrochen. Der Rest sind handgreifliche Zudringlichkeiten und skrupellose Vergewaltigungen, fast schon alltäglicher Kindesmißbrauch und offene Kinderprostitution.

Im Angesicht Lolitas

Wenige Jahre nach Wildes *Salome* gestaltet der Dramatiker Georg Kaiser das andere Extrem der Femme-fatale-Figurationen. Das Thema seines Bühnenstücks *Die jüdische Witwe* ist die Frau, die ganz *Sexus* ist: eine dämonische Männerverbraucherin des Jahres 1904, die als *vagina dentata* die männliche Genialität und Genitalität im Angesicht ihrer Anforderungen null und nichtig werden läßt.[124]

Georg Kaiser bedient sich der Judith-Figur – allerdings einer zwölfjährigen Judith, die, gegen ihren Willen, aber auf Betreiben von Mutter und Schwester, an einen alten Gelehrten verkauft wird: Manasse – der das Mädchen heiratet. Kaiser tilgt die religiöse und politische Färbung des Sujets und stellt das sexuelle Motiv in den Mittelpunkt. Der schnelle Tod des senilen und impotenten Manasse macht das Mädchen zur Witwe. Da sie zu ihrem Ärger immer noch nicht die Freuden der sexuellen Erfüllung genießen konnte, besteht nun ihr einziger Wunsch darin, endlich eine Frau zu werden. Eine doppelte Provokation! Einerseits ist Judith in früheren Versionen des Stoffes das ewige *exemplum*, das als Symbol für die Rettung und Einigung der Gemeinschaft zu gelten hat. Andererseits haben wir es hier mit einem Kind zu tun, das die Hürde zum Erwachsensein überspringen will, jedoch in seinen kindlich-quengelnden Bemühungen kaum ernstgenommen werden kann.

Kaiser beweist skurrilen Humor. Er läßt seine Kindfrau an die Türen der Stadtoberen klopfen, um von den Beamten eine gleichsam »offizielle« Entjungferung zu verlangen. Ihre weibliche Ehre soll wiederhergestellt werden, denn ihr greiser Gatte hatte seinen ehelichen Pflichten nicht nachkommen können. Doch es bleibt bei der Forderung, und ihre Eingabe wird zu den Akten gelegt. Erotisch enttäuscht, findet sie niemanden, der ihre Wünsche erfüllt. Deshalb läuft sie geradewegs zum Feind über und tötet dort eher aus kindlicher Naivität und zufällig den mächtigen Feldherrn, da König

Nebukadnezar ihr besser gefällt als sein Untergebener. Ein Versehen ist auch die daraufhin erfolgende religiöse Huldigung und die Heiligsprechung Judiths. Frustriert und unbefriedigt bleibt sie zurück. Alle dämonische Bedrohlichkeit hat sich in Luft aufgelöst, denn was geschehen ist, weiß sie nicht so recht.

Die literarische Schöpfung einer kindlich-triebhaften Judith muß man eher als Defiguration der bestehenden Symbolik verstehen. Kaiser parodiert die überlieferten Motive und fügt sie in einem neuen Bild zusammen.

Ähnlich verfährt Frank Wedekind in seinem Doppeldrama *Lulu. Erdgeist* und *Die Büchse der Pandora* (letzte Fassung: 1913). Wedekind mußte sein Stück mehrmals umarbeiten, da er immer wieder Probleme mit der Zensur hatte.

Im Atelier des Malers Schwarz trifft der Chefredakteur Dr. Schön auf ein Mädchen, das er einst von der Straße geholt und mit dem alten Obermedizinalrat Goll verheiratet hat: Lulu. Immer schon war er von ihrer unvergleichlichen Anmut und ihrem Liebreiz angetan. Ihre Ehe mit Goll garantiert aber glücklicherweise eine gewisse Distanz. Jetzt soll der Künstler ein Porträt von ihr anfertigen. In dem steifen Miteinander im Atelier wirkt das unbefangene, natürliche Mädchen wie ein Irrlicht in einem dunklen Wald. Schwarz kann sich ihrer Anziehungskraft nicht entziehen, kaum daß Schön, dessen Sohn Alwa und Lulus Ehemann die Tür hinter sich zugemacht haben. Aber Goll kehrt zurück, sieht die Intimitäten zwischen Lulu und Schwarz, er stürzt, stirbt an der Verletzung und wird Lulus erstes Opfer.

Lulu schwört dem Maler ewige Treue, doch auch diese Ehe befriedigt sie nicht. Dank einer Erbschaft und der erfolgreichen Karriere ihres neuen Mannes plagen sie zwar keine Geldsorgen, ihr eigentliches Ziel aber ist die offizielle Zweisamkeit mit Schön, ihrem einstigen Wohltäter. Sie macht keinen Hehl aus ihren Ambitionen. Schwarz, der sie abgöttisch verehrt, verkraftet diese Erkenntnis nicht und nimmt sich das Leben.

Ihren Willen hat Lulu jedoch noch immer nicht durchgesetzt, Schön verschafft ihr lediglich eine Stelle am Theater – als Tänzerin. Lulu bemüht sich, ihn fester an sich zu binden. Als sie schließlich doch ein Paar werden, ist das der Anfang vom Ende des Herrn Chefredakteurs. Einerseits sieht er sich durch die Heirat mit einem »Straßenmädchen«, das als Tänzerin die Nacht zum Tag macht, gesellschaftlich desavouiert, andererseits quält ihn die Eifersucht.

Ganze Schwärme von Verehrern umringen Lulu, und selbst Alwa gesteht ihr, daß er sie liebt. Schön erkennt, daß sein Verfolgungswahn nicht unbegründet ist. Fiebrig sucht er nach einer Lösung und drängt Lulu seinen Revolver auf, damit sie sich selbst erschieße und er frei sei. Lulu ist verwirrt, ein Schuß löst sich … und sie ist zum dritten Mal Witwe.

Lulu kommt ins Gefängnis. Nach einem Jahr gelingt mit Hilfe ihrer Freunde die Flucht. Mit Alwa Schön und ihrem mutmaßlichen Vater Schigolch verbringt sie einige Zeit in Paris, der gesellschaftliche Abstieg ist unaufhaltsam. Die Reise führt weiter nach London, wo sie schließlich in einer ärmlichen Dachkammer ihr Dasein als Straßendirne fristet, denn Alwa und Schigolch lassen sich von ihr aushalten. Lulus Ende kommt in Gestalt des Lustmörders Jack the Ripper, der sie tötet.

Wedekind zeigt die verschiedenen weiblichen Präsentationsformen. Lulu ist Kindsbraut, Nymphe, Vamp, Mätresse und Hure. Jeder sieht in ihr das, was er sehen will. Sie ist die Projektionsfläche männlicher Phantasien, die gleichwohl als weibliches Begehren erscheinen.

Erst Vladimir Nabokov stellt einen Wunschphantasien produzierenden Mann in den Mittelpunkt – den Pädophilen. Bereits Ende 1939 schreibt der Emigrant eine Erzählung mit dem Titel *Der Zauberer*, ein Vorläufer des Lolita-Romans. In dem etwa neunzigseitigen Text sind die einzelnen Elemente der fatalen Konstellation mühelos zu erkennen. Der Nympholeptiker, der von »Nymphen« Besessene, ist ein von vornherein Verlorener. Sein irrwitziges Begehren treibt ihn bis zum Äußersten – und hat zwangsläufig seine Vernichtung zur Folge. Ähnlich wie in *Lolita* verliebt sich ein älterer Mann in ein kleines Mädchen. Er heiratet, um ihr nahe sein zu können, die kränkelnde, vom Tode gezeichnete Mutter und gibt das Kind, als es endlich Waise geworden ist, als seine Tochter aus. Dann verfrachtet er *seine* »Nymphe« ins Auto, reist mit ihr in den Süden und steigt in einem Hotel ab. Gleich in der ersten Nacht versucht der Besessene und Unbefriedigte, sich dem unwissenden Kind sexuell zu nähern. Das Mädchen liegt auf dem großen, unförmigen Bett und ist in einen verhängnisvollen Dornröschenschlaf gesunken, aufgebahrt wie auf einem Altar. Die für ihn heilige Zeremonie kann erfolgen:

»Den linken Arm hinterm Kopf, lag sie in ihrem kleinen Morgenmantel, dessen unterer Teil sich geöffnet hatte – sie hatte das Nachthemd nicht finden können –, rücklings auf der unangetasteten Decke, und im Licht des rötlichen Lampenschirms konnte er durch den Dunst und die Stikkigkeit des Zimmers ihren schmalen, konkaven Bauch zwischen den unschuldigen, vorstehenden Hüftknochen ausmachen. Mit dem Gedonner von Geschützfeuer stieg ein Lastwagen aus dem Grund der Nacht empor, ein Glas klirrte auf der Marmorplatte des Nachttisches, und es war seltsam zu sehen, wie ihr verzauberter Schlaf gleichmäßig an allem vorüberfloß.«[125]

Er legt sich zu ihr und will die Opferung zelebrieren. Er will sie berühren und verkennt völlig die Situation. Er ist im Begriff, das Bild, die zerbrechliche Skulptur zu zerstören, also gerade das, was er liebte. Das Mädchen erwacht und versetzt mit einem gellenden Angstschrei das gesamte Etablissement in Aufruhr:

»Einen Augenblick, den Hiatus einer Synkope lang sah er auch, wie es ihr erschien: irgendeine Monstrosität, eine gräßliche Krankheit – oder vielleicht wußte sie auch schon Bescheid, oder es war all das zusammen. Sie starrte und schrie, aber noch hörte der Zauberer ihre Schreie nicht [...]. Wie sie vom Bett rollte, wie sie jetzt kreischte, wie die Lampe mit ihrer roten Haube davonhüpfte, was für ein Donnern von draußen hereindrang, die Nacht erschütterte, zerstörte, alles, alles vernichtete ...«[126]

Aufgeregt stürzen sämtliche Gäste aus ihren Zimmern und setzen dem Unhold nach. Die Gebilde seiner Phantasie zersplittern. In panischer Verzweiflung und voller Scham läuft er, nur mit einem Pyjama bekleidet, hinaus ins Freie und wirft sich vor einen herandonnernden LKW.

Der Nympholeptiker hatte es gewagt, ein mentales Feenbild zu materialisieren, es über einen verfügbaren Körper zu stülpen. Dieses Phantom tötet ihn, und die Positionen verkehren sich. Ein mißbrauchtes Kind bleibt zurück. Der Nympholeptiker ist das Opfer seiner Einbildungen, die ihn in den Tod treiben.

Exkurs: Die vier Gesichter der Brigitte Bardot

B. B. – diese Initialen wurden zu einem Emblem, und sie sind es bis heute. B. B. galt lange Zeit als Inkarnation der Schönheit. Als Schönheitsideal und Traumfrau wurde sie erst zur Legende und dann zum Mythos. Deshalb ist Brigitte Bardot noch richtungweisend für die Ästhetik der 90er Jahre. Immer wieder erlebt B. B. gewissermaßen eine Wiedergeburt, wie z. B. durch Claudia Schiffer. Der Mythos B. B. ist bemerkenswert, weil Brigitte Bardot im Laufe ihrer Karriere vier verschiedene Präsentationsformen des Weiblichen verkörperte.

Ihr Weg begann 1949, als sie mit fünfzehn Jahren Cover-Model für ein bekanntes Modejournal wurde. Man entdeckte sie schnell für den Film und etablierte in den folgenden zehn Jahren eine Figur, die es in dieser Art bis dahin noch nicht gab: das »minderjährige bad-bad girl«. Diese Attitüde ließ Brigitte Bardot zum Skandalon werden.[127]

1959 erklärte der Vatikan auf der Brüsseler Weltausstellung B. B. zum Symbol des Bösen, und die staatlichen Hüter der Moral wollten die Vorführungen ihrer Filme verhindern. Sie war bereits Mitte Zwanzig, für heutige Begriffe also ein erhebliches Stück jenseits des Lolita-Alters. Nichtsdestotrotz sah man in B. B. Ende der 50er noch eine *Kindfrau*, einen »Backfisch« mit erotischer Verführungskraft. So auch Simone de Beauvoir, die in einem Essay Brigitte Bardot gerade *aufgrund* ihrer erotischen Freizügigkeit und sexuellen Selbstverwirklichung gegenüber den Angriffen seitens der Presse und »empörter Familienmütter« verteidigt. Für Simone de Beauvoir ist B. B. keine »Verderberin« der Jugend, sondern eine Vorreiterin für Gleichberechtigung.

> »Es ist gleichgültig, ob Gott Eva aus einer Rippe oder aus einem Wirbelknochen erschaffen hat. Will man die Bedeutung B. B.s verstehen, so ist es wichtig, das wahre Gesicht der jungen Frau namens Brigitte Bardot zu kennen. [...] Ihr Privatleben, soweit die Öffentlichkeit davon erfuhr, hat nicht weniger als ihre Rollen zur Bildung jener Legende beigetragen, die sich um ihre Person rankt. Diese entspricht einem sehr alten Mythos, den Vadim sich zu erneuern bemüht: er hat eine völlig moderne Version des ›Ewigweiblichen‹ erfunden und damit eine bisher unbekannte Spielart der Erotik entdeckt. Und diese Neuentdeckung ist es, die die einen anlockt und die anderen abstößt.«[128]

Das war die Stunde ihres ersten Mannes, des französischen Filmregisseurs Roger Vadim und seiner Schöpfung »B. B.«. Sie stillten die Sehnsüchte der 50er Jahre, denn das »Ewigweibliche«, das von altersher das Getriebe erotischer Fatalität unterfüttert, verlangte nach einer zeitadäquaten Figur der Verzauberung. Denn, so Simone de Beauvoir weiter:

»Marilyn Monroe, Sophia Loren und Gina Lollobrigida haben den Beweis erbracht, daß die Frau mit üppigen weiblichen Reizen ihre Macht über den Mann noch immer ausübt. [...] Mit Audrey Hepburn, Françoise Arnoul, Marina Vlady, Leslie Caron und Brigitte Bardot haben sie [die Filmindustrie] den erotischen Teenager erfunden. [...] Die erwachsene Frau lebt heute in derselben Welt wie der Mann, die Kind-Frau hingegen bewegt sich in einer Welt, die ihm unzugänglich bleibt; der Altersunterschied schafft zwischen beiden jenen Abstand, ohne den es kein Verlangen gibt. Auf diese Chance haben diejenigen gesetzt, die eine neue Eva erschufen, indem sie den Typ des ›grünen Früchtchens‹ mit dem der ›femme fatale‹ verschmolzen.«[129]

Die Auflösung getrennter weiblicher und männlicher Lebensräume löscht Teile des Geheimnisses zwischen den Geschlechtern. Doch gerade die Differenz schafft Dunkelheit und provoziert Neugierde. Als »neue Eva« war B. B. die perfekte Synthese für den magischen Raum zwischen den Elementen des Jenseitigen und der Alltäglichkeit des gewöhnlichen Lebens. Roger Vadim spürte diese Chance, und mit seinen Filmen gebärdete er sich als Architekt des Palais für eine neue Göttin. Er schuf einen neuen »Mythos«.

»Brigitte Bardot ist das gelungenste Musterbeispiel dieser zweideutigen Nymphen. Von hinten gesehen wirkt ihr zierlicher, durchtrainierter Tänzerinnenkörper fast androgyn, die Weiblichkeit dokumentiert sich in dem hinreißenden Busen, über ihre Schultern breitet sich das volle, lange Haar. Aber sie frisiert es mit der Nachlässigkeit eines Naturkindes, ihre Lippen verziehen sich zu einer kindlichen Grimasse und laden gleichzeitig zum

Kuß ein, sie läuft barfuß umher, sie kümmert sich nicht um Kleider, Schmuck, Wäsche, Parfüms, Schminke und alle anderen Hilfsmittel einer Frau, und doch ist ihr Gang lasziv, und ein Heiliger würde in Versuchung geraten nur dadurch, daß er sie tanzen sieht.«[130]

1966 heiratete B.B. den Playboy und Multimillionär Gunter Sachs. Er ließ Rosen über ihren Garten regnen, und sie führten ein Leben außerhalb jeder Konvention. Drei Jahre blieben sie zusammen. In dieser Zeit entstand ein berühmtes Foto: Man sieht das Paar an einem Strand, das Haar leicht zerzaust vom Wind, mit einer Raubkatze zwischen sich.

Einige Jahre nach ihrer Trennung, 1973, gab man B.B. den Beinamen »weiblicher Don Juan«. Sie hatte die Hauptrolle in dem Film *Don Juan* gespielt und nahm auch privat die Rolle des männerverschlingenden *Vamps* ein.

Die 80er Jahre bringen der Bardot dann eine Popularität ganz anderer Güte: als Tierschützerin und moderner *Amazone*, der einzig noch am Herzen liegt, als Verteidigerin der entrechteten Natur zu gelten. Ihr früheres Leben als Schauspielerin legt sie ad acta. Unzählige Fotos entstehen, machen den Weg um die Welt und zeigen B.B. inmitten von Seeleuten, auf dem ewigen Eis liegend und gegen das barbarische Robbenschlachten protestierend. Des Filmgeschäfts und der Sympathiebekundungen überdrüssig geworden, gibt sie all ihre Liebe und Wärme den Tieren. Es kommt zur Umkehrung der Positionen: Nicht mehr wie einst auf dem Foto mit Gunter Sachs ist das Tier exotische Staffage, um das Liebespaar zu illuminieren, das neue Zentrum des Bildes ist ein kleines Robbenbaby, um das sich B.B. bemüht und es schützend umhegt, während die Mannschaft sowie der Fotografentroß die Kulisse des Stillebens bilden. Eine Illustrierte nennt sie »Mutter Teresa der Tiere«.

Von manchen wird Brigitte Bardot endlich als eine Art neuzeitliche *Hexe* gesehen, als sie Anfang der 90er – nunmehr bereits leicht ergraut – einen Politiker der rechtsradikalen *Front national* heiratet. Die Verwirrung ist perfekt, und die Zuschreibung faszinierender und dämonischer Eigenschaften tritt in ein neues Stadium. Symptom dieser Verwirrung ist ein bis heute ungebrochenes Interesse in Kombination mit einer teilweise frenetischen, teilweise unversöhnlichen Haltung ihr gegenüber.

Die Geburt des Vamps

Grausame Frauen sind ein Gemeingut der Mythen und Literaturen aller Zeiten und Länder. Die Geschichte von den Sirenen ist nur eine unter vielen. Mörderinnen wie Skylla, die ihrem Vater, und Althaia, die ihrem Sohn das Lebenslicht ausgehaucht hat, machten das klassische Altertum ebenso unsicher wie Klytaimnestra und die Frauen von Lemnon, die allesamt ihre Gatten beseitigt haben. Es gab herrschsüchtige Dämoninnen wie die Harpyien, die in Gestalt eines Mädchens mit Vogelflügeln Grauen erregten. Sie waren mit einem Schwert bewaffnet, trugen hohe Stiefel, dazu ein kurzes Gewand, hatten manchmal das Haar gesträubt, mächtige aus dem Mund herausragende Hauer, Schlangen in der erhobenen Linken und gesenkten Rechten und gekreuzte Bänder zwischen den Brüsten. Lilith erzeugte als weibliches Nachtgespenst Angst und Schrecken; sie war nach jüdischem Glauben Adams erste Frau, aber auch die Mutter von Dämonen und die Verursacherin des Kindbettfiebers. In vielen Gegenden Vorderasiens war Astarte beheimatetet, die jungfräuliche Fruchtbarkeits- und Kriegsgöttin –

»Herrin von Üppigkeit und Wollust«. Neben Baal war sie die Hauptgottheit Palästinas, der »greuliche Götze von Sidon«[131]. Sie wurde mit einem sinnlichen Ritual geehrt – einer Art »kultischen Prostitution«. Nicht zu vergessen Stheno, Euryale und Medusa, die drei Gorgonen aus der griechischen Mythologie, geflügelte Schreckensgestalten, denen statt Haaren Schlangen aus dem Kopf und Reißzähne aus dem Mund wuchsen. Stheno und Euryale ließen alle Menschen zu Stein erstarren, die ihrer ansichtig wurden. Der furchterweckende Anblick der Medusa konnte besonders Männern zum Verhängnis werden. Nachdem es Perseus gelungen war, Medusa das Haupt abzuschlagen, überreichte er den Kopf der jungfräulichen Athena, der Göttin des Kampfes, des Sieges, der Weisheit und des Staatswesens. Sie trug das abgetrennte Haupt fortan auf ihrem Schild befestigt. Dieses als *Gorgoneion* bezeichnete »Wappen« hatte eine Unheil abwehrende Wirkung.

Viel später, in einem anderen Zeitalter, schuf ein unbekannter flämischer Künstler ein Bild vom Haupt der Medusa. Das Kunstwerk gelangte in die Uffizien, wo es Ende des Jahres 1819 einen so tiefen Eindruck auf den englischen Poeten Percy Bysshe Shelley machte, daß er der Medusa viele Zeilen voll düsterer Leidenschaft widmete. Darin zeigt sich die Faszination für das Schaurige und das entstellte Schöne, für dramatische Lichteffekte und das unwiderstehlich Ekelerregende, für das Unheimliche und die Unerbittlichkeit des Todes:

> »Es [das Haupt der Medusa] liegt, den Mitternachtshimmel anstarrend,
> zurückgelehnt auf dem umwölkten Gipfel eines Berges;

unten sieht man die weiten Lande beben. Sein Schrecken und seine Schönheit sind göttlich.
Auf seinen Lippen und Augenlidern scheint
Anmut gleich einem Schatten zu liegen; von dort strahlen aus,
feurig und düster, insgeheim miteinander im Streit,
die Qualen der Angst und des Todes.

Und dennoch ist es nicht so sehr der Schrecken wie die Grazie,
welche den Geist des Betrachters versteinern läßt,
in dem sich das Liniengewebe des toten Antlitzes
(186 eingräbt, bis die Züge völlig in ihm eingedrungen sind
und er keines Gedankens mehr mächtig ist:
Das ist die melodiöse Farbe der Schönheit,
die sich über die Finsternis und den Glanz des Schmerzes legt,
welche die Anspannung menschlich und harmonisch machen.

Und von seinem Haupte, wie aus einem einzigen Körper, wachsen
wie Gras aus feuchtem Felsen
Haare, die Schlangen sind, und sie ringeln sich und fließen herab,
und ihre langen Strähnen rollen sich ineinander,
und in endlosen Verflechtungen zeigen sie
ihren metallischen Glanz, als wollten sie
der Marter und dem Tode im Innern Hohn sprechen,
und sie zersägen die feste Luft mit ihrem gezackten Unterkiefer.

Und von einem Stein daneben blinzelt eine giftige
Eidechse
träge in die Gorgonenaugen;
indessen in der Luft eine geisterhafte Fledermaus,
ihrer Sinne
beraubt, toll vor Überraschung,
aus der Höhle flattert, welche das entsetzliche Licht
gespalten hatte,
und sie hastet daher wie eine Motte, welche
der Kerze entgegenfliegt; und der Mitternachtshimmel
flammt auf wie ein Licht, grauenhafter als Dunkelheit.

Das ist die stürmische Anmut des Schreckens:
Die Schlangen strahlen ehernen Glanz aus,
der durch die unentwirrbare Wirrung entzündet wird
und die Luft mit vibrierendem Dunst erfüllt:
ein ewig beweglicher Spiegel
all der Schönheit und all des Schreckens –
ein Frauenantlitz mit Schlangenlocken,
das im Tode von jenen feuchten Felsen gen Himmel
starrt.«[132]

Einige Jahre danach weilte Shelley mit seiner Angetrauten Mary, Lord Byron und Dr. Polidori in einer Villa am Genfer See. Um sich die Zeit zu vertreiben, gab man sich nicht alltäglichen Empfindungen hin und beschloß, sich gegenseitig Schauergeschichten zu erzählen, sich ganz den dunklen Gefühlen hinzugeben. Ein Produkt dieser nächtlichen Séancen sollte Weltruhm erlangen: *Frankenstein.* Mary Shelley schuf damit ein zeitloses Ungeheuer, einen Homunkulus, der von einem besessenen Wissenschaftler zum Leben erweckt wird. Nicht nur die Maßlosigkeit menschlichen Strebens, die

Gefahren der »fixen Idee« werden in diesem Werk thematisiert, sondern auch die Verflechtungen von Schönheit und Schrecken, Gut und Böse, Leben und Tod.

Die Ästhetik des Grausigen und Schrecklichen, der morbiden und makabren Arrangements, der Todessehnsucht und lustvoll-sensibler Morde, der perversen Liebe und Verherrlichung des Inzests, der fiebrigen Sehnsucht nach der »edlen Lust der Tränen« und dem Vergnügen am Genuß ihres Salzes in einer zwielichtig-unheimlichen Welt der Geister, Gnome und Gespenster, der Faune und Fledermäuse, die schläfrig an Kerzenlüstern hängen und von schlurfenden, leichenblassen Butlern in finstere Verliese getragen werden, das Reich der Abartigen, der Häßlichen und Ausgestoßenen, der Schwachsinnigen und der Sterbenden, denen herzergreifende Oden gewidmet werden – das ist die andere, die *Schwarze Romantik*, die nicht an Ideen von der Verschmelzung von Mensch und Natur, an schwärmerische Liebe glaubt oder hoffnungsfrohe Gedanken hegt.

Aus dem modrig-schwülstigen Schauermillieu, das von der glimmenden Sehnsucht nach sexueller Ekstase inmitten exotischer Mysterien und den unergründlichen Tiefen der menschlichen Seele beherrscht war, formierte sich der Typus des *Vamps* – der schönen Dame ohne Gnade: *La Belle Dame sans Merci.*

»Ich sah bleiche Könige und auch Fürsten,
bleiche Krieger, totenbleich waren sie alle;
sie riefen: ›La Belle Dame sans Merci
hält dich in Bann!‹«[133]

Vorläufer des tödlichen *Vamps* waren zunächst die imaginierten zügellosen »weißen Teufelinnen« und »unersättlichen

189)

Michelangelo da Caravaggio:
Medusa, 1600/01

Gräfinnen« der italienischen Renaissance, die die Männer zugrunde richteten: Lucrezia Borgia, Vittoria Accoromboni, die Gräfin von Challant oder die Herzogin von Amalfi. Doch bald lösten sich die Dichter und Romanciers von den halb historischen, halb fiktiven Figuren. Die Literatur des 18. und 19. Jahrhunderts ist voll von *dämonischen* Frauen-Figuren wie etwa der Teufelin Biondetta in Jacques Cazottes *Der verliebte Teufel*, der Hexe Matilda in Matthew Gregory Lewis' *Der Mönch*, der Vampirin Clarimonde aus Théophile Gautiers *Die liebende Tote*, Octave Mirbeaus Clara in *Der Garten der Lüste*, Gustave Flauberts *Salammbô* oder Prosper Mérimées *Carmen*.

(190 Selbst die *Mätresse* – der märchenhafte Traum von der Frau als sexuell versierter Aktivistin, die alle Laster in sich vereint – offenbart monströse Züge. Flaubert bringt es in der autobiographisch gefärbten Erzählung *November* auf den Punkt:

> «Was eine *Mätresse* anging, so war das für mich ein satanisches Wesen, dessen Magie des Namens mich schon in lange Ekstasen versetzte: für ihre Mätressen ruinierten und gewannen Könige Provinzen; für sie wurden die Teppiche Indiens geknüpft, das Gold geschlagen, der Marmor behauen, die Welt bewegt; eine Mätresse hat Sklaven mit Fächern aus Federn, die die Mücken wegwedeln, wenn sie auf Satinsofas schläft; mit Geschenken beladene Elefanten warten, daß sie aufwacht, Palankins tragen sie weich zu den Brunnen; sie sitzt auf Thronen, in einer strahlenden und duftenden Atmosphäre, weit weg von der Menge, deren Greuel und Idol sie ist.«[134]

Das *Weib* als Projektionsfläche, auf der die zersplitterte, fragmentierte moderne Welt, auf der alle einander entgegenge-

191)

Henry Lehmann:
Cristina Principessa di Trivulzio Belgiojoso

setzten Leidenschaften des Menschen in einem markanten Bild gefaßt werden können, bot die Möglichkeit, die verlorene Einheit halluzinatorisch wiederzugewinnen, teilzuhaben an Transzendenz und Ewigkeit. Walter Pater wird im Anblick von Leonardo da Vincis *Mona Lisa* der *unfaßbaren* Frau gewahr, die alle Gegensätze und Widersprüche in sich aufnehmen kann:

> »Alle Gedanken und Erfahrungen der Welt haben sie gezeichnet und ihre Spuren an ihr hinterlassen, soweit ihnen die Macht gegeben ist, die äußere Form zu verfeinern und ihr Ausdruck zu verleihen: der Animalismus der Griechen, die Wollust der Römer, die Mystik des Mittelalters mit ihrer Sehnsucht nach Vergeistigung und ihrer idealen Liebe, die Wiedergeburt der heidnischen Welt, die Sünden der Borgia. [...] Der Wahn eines ewigen Lebens, das zehntausend Erfahrungen zusammenschweißt, ist schon alt, und die moderne Philosophie hat die Idee des Menschseins als Auswirkung und Inbegriff aller Arten des Denkens und Lebens konzipiert. Mona Lisa könnte gewiß als Verkörperung des alten Wahns wie als Sinnbild der modernen Idee verstanden werden.«[135]

In dem unheimlichen Lächeln konzentriert sich das Wesen der Mona Lisa. Ihr Antlitz wurde in gehobenen Pariser Kreisen so populär, daß es geradezu schick wurde, das rätselhafte, *vampirische* Lächeln zur Schau zu tragen. Das Gesicht der italienischen Prinzessin Belgiojoso soll nach Ansicht eines Zeitgenossen das »wahre Meisterstück einer unbefriedigten Gioconda«[136] gewesen sein. Cristina Principessa di Trivulzio Belgiojoso wurde 1808 in Mailand geboren und starb 1871. In der Blüte ihrer Jahre streute sie gerne Gerüchte, die sie als Giftmischerin, Verräterin und Meuchelmörderin erscheinen ließen. Sie hatte ein starke Neigung zu okkulten Situationen, absurden Arrangements und dunklen Szenarien. 1848 machte die Polizei bei einer Durchsuchung ihrer Villa einen erschreckenden Fund. In einem Schrank entdeckte man die halb konservierte, halb verweste Leiche ihres Sekretärs und Liebhabers. Sie war auch ein politischer Freigeist, der gegen die österreichischen Machthaber in ihrer Heimat konspirierte. Sie hielt sich oft in Paris auf, wo sie zeitweilig eine enge Bekannte Heinrich Heines war, der sie mehrmals aufsuchte und über sie schrieb:

> »Nie kommt mir dieses Gesicht aus dem Gedächtnis! Es war eines jener Gesichter, die mehr dem Traumreich der Poesie als der realen Wirklichkeit des Lebens zu gehören scheinen: Conturen die an Da Vinci erinnern, jenes edle Oval mit den naiven Wangengrübchen und dem sentimental spitzzulaufenden Kinn der lombardischen Schule. Die Färbung mehr römisch sanft, matter Perlenglanz, vornehme Blässe, Morbidezza.«[137]

Zerstückeln, Zerreißen, Enthaupten

Orpheus, den man vor allem wegen seines Gesangs und Saitenspiels verehrte, trauerte über den Tod seiner geliebten Eurydike. Von großer Liebessehnsucht getrieben, stieg er hinab zu den Toten, ins Schattenreich. Und tatsächlich gelang es ihm, das Herrscherpaar der Unterwelt zu rühren, und es gestattete Eurydike die Rückkehr – jedoch unter einer Bedingung: Während des Aufstiegs aus dem Hades, dem Reich der Toten, mußte Orpheus voranschreiten und durfte sich nicht nach ihr umblikken. Als Orpheus die Schritte seiner schattenhaften Gattin plötzlich nicht mehr vernahm, wurde er mißtrauisch, wendete sich um und verlor Eurydike für immer.

Nach dem endgültigen Verlust der Eurydike soll der mythische Sänger alle Frauen abgewiesen haben, die ihn begehrten. Sieben Monate weinte er in völliger Einsamkeit um seine verlorene Liebe. Andere Quellen berichten, daß er sieben Tage gehungert und sich dann drei Jahre vom weiblichen Geschlecht ferngehalten habe. Im Land der Thraker fesselte er durch seine schönen Gesänge die Männer an sich, entfremdete sie den Frauen und führte schließlich die Knabenliebe ein. Das ergrimmte die Frauen. In einem günstigen Moment – Orpheus verzückte wieder einmal Freunde mit seinem Gesang – fielen die Thrakerinnen über ihn her. Mit großen Steinen, Bratspießen, Mörserkeulen, Schlachthämmern, Sichelmessern und Beilen stachen und schlugen sie auf Orpheus ein, so daß er im Nu zerrissen war. Der Zorn der Frauen war deshalb so übermächtig, weil Orpheus sie nicht nur verschmäht, sondern sie weitestgehend vom Dasein der Männer ausgeschlossen hatte.

Die Mörderinnen warfen die Stücke seines Leichnams ins Wasser. Doch der Kopf des Orpheus sang noch immer, trieb den Fluß Hebros hinunter und landete an den Gestaden der Insel Lesbos. Hier hing man Orpheus' Lyra in einen Tempel des Apollon. Seitdem erfreut sie die gesamte Insel mit Musik und Gesang. Das Haupt brachte man in eine Felsspalte, dort verkündete es Weissagungen und Orakel. Von weither, selbst aus Babylon, sollen Wißbegierige angereist sein, um das sprechende Haupt des Orpheus aufzusuchen.

Bemerkenswert ist die sakrale Bedeutung, die dem abgetrennten Kopf und dem zerstückelten Leib zukommt. Denn nachdem der Körper des Orpheus in etliche Teile zerrissen war, verteilte man sie auf verschiedene Orte, damit möglichst viele Länder und Völker an der Weisheit und der Kunst des Orpheus teilhaben könnten. Die Teile seines Körpers waren

195)

Illustration zum *Buch der Richter*:
Jael mit Hammer und Zeltpflock

sakrale Objekte. In dieser »Verwertung« als Reliquie liegt ein Sinn der Zerstückelung menschlicher Leiber. Solche brutal anmutenden Vorgänge passieren keineswegs willkürlich, sondern erfüllen rituelle Zwecke.

Manchmal scheint es nicht zu genügen, den anderen einfach zu töten. Vielmehr muß seinem Leib mit symbolischer Eindringlichkeit Gewalt angetan werden. Im *Buch der Richter* ist zu lesen, wie der Feldherr Sisera nach einer verlorenen Schlacht zu einer befreundeten Familie flüchtet. Er wird aufgenommen, aber die Gastgeberin meuchelt den Feind ihres Volkes im Schlummer:

> »Gesegnet sei unter den Weibern Jael, das Weib Hebers, des Keniters; gesegnet sei sie in der Hütte unter den Weibern. Milch gab sie, da er Wasser forderte, und Butter brachte sie dar in einer herrlichen Schale. Sie griff mit ihrer Hand den Nagel und mit ihrer Rechten den Schmiedehammer und schlug Sisera durch sein Haupt und zerquetschte und durchbohrte seine Schläfe.«[138]

Der Körper ist der letzte Fluchtpunkt der Selbstvergewisserung. Seine Mißhandlung durchbricht die Grenzlinie zwischen Leben und Tod, zwischen Ich und Welt. Die Zufügung von Schmerz zelebriert am Gegenüber die eigene Sterblichkeit und Ohnmächtigkeit, die für Momente getilgt werden, weil alle »negativen« Gefühle abgeleitet werden können. Und auf den zerfetzten Überresten seines Mitmenschen erhebt sich der unversehrte Körper des Peinigers in nur kurz währender Allmächtigkeit und einem Überlegenheitsgefühl, das wohl dauerhafter ist.

Die Enthauptung eines Mannes, so Sigmund Freud, sei unweigerlich als »symbolischer Ersatz für Kastrieren« anzusehen. Und so interpretiert er auch Hebbels Judith-Drama: Judith kastriert aus Rache den Mann, der sie defloriert hat. Dem liegt zugrunde, daß die Defloration als ein kulturelles Ereignis zu verstehen ist, welches die Frau mitunter ein Leben lang emotional an ihren »Entjungferer« bindet. Es verursacht eine »archaische Reaktion von Feindseligkeit« gegen den Mann und hat pathologische Auswirkungen.[139]

Anders akzentuiert der Historiker Franklin L. Ford die Anwendung brutaler Gewalt durch Frauen:

> »Daß der Dolch oder die Pistole phallische Symbole sind, haben viele Theoretiker erkannt, und wenn die alttestamentarische jüdische Heldin Jael oder Charlotte Corday auch nicht als Frauen dargestellt werden können, die ihre Handlungen mit einem Geschlechtsakt verwechselt haben, so waren sie vielleicht doch stolz darauf, ihren tödlichen Stoß mit männlichen Waffen, die vor allem der Eroberung dienen, ausgeführt zu haben.«[140]

Es geht um Selbstbehauptung und Anerkennung, die dadurch erreicht werden, daß man sich die Insignien des anderen aneignet und sie gegen ihn selbst wendet – ihn mit seinen eigenen Waffen schlägt. Es ist eine Grenzüberschreitung, die auch eine erotische Komponente haben kann.

Für den Kunsthistoriker Friedrich Gross ist schließlich die »Liebesbeziehung einer Frau zu dem abgetrennten Kopf eines Mannes« ein Ereignis der *absoluten* Entgrenzung. Alle Schranken und Konventionen werden im Liebeswahn durchbrochen, um jenseits kruder sexueller Begierden ein Liebesbedürfnis zu erfüllen. Es ist eine fanatische Liebessehnsucht, die die Konformitäten dieses Lebens transzendiert. Doch Gross weiter:

> »Die Enthauptung des Mannes durch die Hand der Frau oder durch ihren Machtanspruch trennt den Sitz des beherrschenden Geistes vom Körper und überantwortet im Kampfe der Geschlechter den Gegner der Vernichtung. Eine solche amazonenhafte Feindschaft kann nicht das Beispiel einer zukunftsträchtigen Emanzipation der Frau sein, sondern höchstens einen feministischen Denkanstoß auch für Männer geben.«[141]

Geht es also allein um eine Episode des Geschlechterkamp-
(198 fes?

War es nicht vielmehr Salomes größter Wunsch, ihren Mund auf die Lippen des Predigers Johannes zu pressen – wenn nicht auf die lebendigen, so auf die toten? Dieser absolute Drang nach dem Kuß ist ein definitives Zeichen von Liebesglut, gepaart mit dem Willen zur Macht. Der Kuß als Zeichen der Liebe, vollzogen an den kalten Lippen eines Toten, symbolisiert die »Dialektik von Eros und Thanatos«. Er bedeutet die Symbiose von Liebe und Tod, einer Liebe, die sich erst und ausschließlich im gemeinsamen Tod des Paares erfüllt. Deshalb darf auch Salome nicht mehr länger unter den Lebenden bleiben. Das Schema idealer Liebe muß sich vollenden. Durchaus treffend hat Aubrey Beardsley Wildes Bühnenstück illustriert und den Kern der Geschichte visualisiert:

> »Es ist eine glanzvolle Idee, das Mädchen Salome mit dem Haupt des Johannes gleichsam entschweben zu lassen. Das ist einerseits ein ironisches Bild eines eigenwilligen Mädchens mit seiner Puppe, andererseits ist es eine Ikone der letztlichen Vereinigung des Mädchens mit dem

199)

Aubrey Beardsley:
Illustration zu Oscar Wildes »Salome«, 1894

Toten und dem Tod zugleich. Auf der Erde bleibt das Blut des Propheten zurück, und es wächst daraus eine vieldeutig schwellende Flora.«[142]

Exkurs: Die Totenfeier des Robert-François Damiens

Als König Ludwig XIV. am 1. September 1715 stirbt, erbt sein erst fünfjähriger Urenkel Ludwig XV. den Thron. Dieser wird sich zeit seines Lebens kaum um die Regierungsgeschäfte kümmern; sie werden zunächst dem Herzog Philippe d'Orléans übertragen. Doch in seinem siebenundvierzigsten Lebensjahr wird der König von einem Mann namens Robert-François Damiens attakkiert. Im gegen den Täter eingeleiteten Prozeß wird am 26. März 1757, einem Sonnabend, folgendes Urteil gefällt:

»Der Gerichtshof erklärt Robert-François Damiens schuldig und überführt des Verbrechens der Majestätsbeleidigung für den schändlichen und verabscheuungswürdigen, an der Person des Königs begangenen Vatermord und verurteilt dafür genannten Damiens, Buße zu tun vor der Hauptpforte der Kirche von Paris, wohin er geführt werden soll in einem Karren, nackt bis auf das Hemd, eine brennende Wachskerze von zwei Pfund Schwere in der Hand; und dort soll er auf den Knien sagen und erklären, daß er schändlicher- und verräterischerweise den besagten schändlichen und verabscheuungswürdigen Vatermord begangen und den König durch einen Messerstich in die rechte Seite verwundet hat, was er bereut und wofür er Gott, den König und die Gerechtigkeit um Verzeihung bittet; wenn dies geschehen, soll er in besagtem Karren auf die Place de Grève geführt und auf einem Schafott, das dort aufgerichtet sein wird, an Brust, Armen, Schenkeln und Waden mit glühenden Zangen gerissen werden; seine rechte Hand, das Messer, mit dem er den besagten Mord begangen hat, haltend, soll in Schwefelfeuer verbrannt werden; und in die Stellen, an denen er mit Zangen gerissen, soll geschmolzenes Blei, siedendes Öl und brennendes Pechharz, Wachs und geschmolzener Schwefel zusammen gegossen und darauf sein Körper von vier Pferden auseinandergerissen, Glieder und Rumpf dem Feuer übergeben, zu Asche verbrannt und letztere in alle Winde geworfen werden.«[143]

Henri Sanson, der letzte Sproß der Pariser Scharfrichterdynastie, beschreibt in seinen Memoiren jene grauenerregende Hinrichtung, an der einer seiner Vorfahren teilgenommen hatte, in allen Details.[144]

Zu Anfang der makabren Prozedur holten Häscher Damiens zunächst aus der Conciergerie heraus und brachten ihn, der bis zum Hals in einem Sack aus gegerbtem Leder steckte, in die sogenannte Torturkammer, wo er sich einem letzten Verhör unterziehen mußte. Als nächstes zog ihm der Torturmeister die Spanischen Stiefel über die bereits gebrochenen Beine und schloß die Schnüre mit ungewöhnlicher Wucht. Damiens' Schmerz muß entsetzlich gewesen sein, er stieß ein furchtbares Geschrei aus und drohte ohnmächtig zu werden. Nacheinander schlug der Foltermeister acht Keile in die Stiefel ein, bis Damiens' Kräfte wohl am Ende waren und er nur noch um Gnade winseln konnte. Doch die eigentlichen Qualen des Attentäters sollten erst noch folgen …

»Damiens, dessen Augen unverhältnismäßig weit aus ihren Höhlen getreten waren, dessen Haare sich sträubten und dessen Lippen sich fest ineinandergebissen hatten, verspottete die Henker, verachtete ihre Torturen und verlangte nach neuen Leiden. Als sein Fleisch unter den glühenden Flüssigkeiten aufzischte, mischte sich seine Stimme in diesen häßlichen Ton, und diese Stimme, die nichts Menschliches mehr hatte, brüllte: ›Noch mehr! Noch mehr!‹«[145]

Später, als man ihn auf die Plattform zur Vierteilung legte, die Ziehstränge der Pferde an jedes seiner Gliedmaßen band, die Pferde unter dem Knallen der Peitschen und dem Geschrei der Knechte antrieb, die tierischen Kräfte der Rösser aber nur eine »unverhältnismäßige Verlängerung« von Damiens' Armen und Beinen erreichten und die interessierte Volksmenge deshalb ein »dumpfes Murmeln« von sich gab, hieb man ihm mit der Axt die Gliedmaßen vom Körper ab.

»Endlich, als die Pferde noch an dem einzigen gebliebenen Glied rissen, öffneten sich seine Augenlider, und seine Augen kehrten sich gen Himmel; der unförmliche Rumpf war zum Sterben gelangt. Als die Knechte des Scharfrichters diese traurigen Überreste von dem Andreaskreuz losbanden, um sie auf den Scheiterhaufen zu werfen, bemerkte man, daß die Haare des Delinquenten, die, als er auf der Place de Grève anlangte, noch braun gewesen, jetzt weiß wie Schnee geworden waren.«[146]

Aber auch jetzt lebte der Gemarterte scheinbar noch. Ein Offizier will tatsächlich bemerkt haben, wie Damiens' Bauch sich hob und wieder senkte und sein Unterkiefer sich bewegte. Die Hinrichtung war beendet. Dem absolutistischen Recht war Genüge getan.

Alexander Mitscherlich betrachtet die monströse *Totenfeier* des Damiens, gegenüber der die später in Frankreich praktizierte Guillotinierung sich geradezu human ausnimmt, unter dem Mikroskop des Sozialpsychologen:

> »Die Kunst solcher Staatsführung besteht dann darin, die libidinösen Zuwendungen zur Idealisierung der Favoriten auszunützen und die aggressiven Impulse auf Sündenböcke zu übertragen. Da es sich um Befehlsordnungen hoher Strenge handelt, erreicht die Aggressivität immer den Grad sadistischer Übersteigerung. Der Unterdrückte wird schließlich zu einem Grad der Identifizierung mit dem Unterdrücker – auf dem Umweg über dessen idealistische Überhöhung – gezwungen, daß er in dieser Identifikation sogar die Erniedrigungen, die er selbst erleidet, wenn er zum Opfer wird, mit ihm mitgenießen muß.«[147]

Ein Vorgang, der aber auch in die umgekehrte Richtung laufen kann. Als der König von den Greulichkeiten erfuhr, so erzählt Sanson, habe er Rufe des Schmerzes ausgestoßen, soll sich auf sein Bett geworfen und in seinen königlichen Kissen wie ein Kind geschluchzt haben.

In der Zerstückelung von Menschenleibern treten aber auch archaische Strafpraktiken zutage, die bis weit in die Neuzeit hinein Anwendung fanden. Der französische Philosoph Michel Foucault weist darauf hin, daß erst mit dem Übergang vom 18. zum 19. Jahrhundert der Menschenkörper als »Hauptzielscheibe der strafenden Repression« der öffentlichen Aufmerksamkeit entgleitet. Das »düstere Fest der Strafe« wird im Zuge der Aufklärung durch einen nüchternen Verwaltungsakt substituiert, zu einem bürokratischen Procedere abgemildert, das mit der Aufbewahrung *ganzer* Körper in dafür vorgesehenen Räumlichkeiten endet. Die Bestrafung wird dem Gesichtsfeld der Öffentlichkeit entzogen.

Alle Lebensbereiche werden der polizeilichen und hoheitlichen Kontrolle unterworfen. Jeder soll ein Gefühl permanenten »Beobachtetwerdens« verinnerlichen. Das »abscheuliche Theater« offener Zurschaustellung und Mißhandlung ist nicht mehr nötig. Erziehung ersetzt fortan Marterung:

> »Eine Technik der Verbesserung verdrängt in der Strafe die eigentliche Sühne des Bösen und befreit die Behörden von dem lästigen Geschäft des Züchtigens.«[148]

Der Fluch der Lucrezia

Rom, am 18. April 1480: Dem spanischstämmigen Kardinal Rodrigo Borgia, dem späteren Papst Alexander VI., wird ein Mädchen geboren, das den Namen Lucrezia erhält.

Weltliche und geistliche Macht waren in jener turbulenten Epoche eng miteinander verflochten. Kardinalssitze und selbst das Amt des Papstes waren Einsätze im Spiel der Gewalten. Rodrigo Borgia verstand sich denn auch als gewiefter Teilnehmer der Kämpfe zwischen den einzelnen fürstlichen Familien. In seine Regierungszeit als Heiliger Vater, von 1492 bis zu seinem Todesjahr 1503, fiel die Aufteilung der neuentdeckten Welten zwischen den Seemächten Spanien und Portugal. Rodrigos Sohn Cesare, ein Machtpolitiker und Hasardeur, wollte alle lokalen Kräfte beseitigen und die italienischen Stadtstaaten unter seine Oberhoheit bringen. In Niccolò Machiavellis Schrift *Der Fürst* ist er der Prototyp des erfolgreichen Politikers.

Lucrezia war die Dame-Figur im Schachspiel der Borgia. Der erste Zug ihres Vaters bestand darin, sie im Alter von dreizehn Jahren mit Giovanni Sforza zu verheiraten. Doch die Ehe mit dem Fürsten von Pesaro währte nur ganze vier

Jahre. 1498 vermählt man sie mit Alfonso de Aragón, Herzog von Bisceglie, der im August 1500 von gedungenen Mördern getötet wird, möglicherweise im Auftrag von Lucrezias Bruder Cesare.

Am 30. Dezember 1501 findet schließlich die Hochzeit mit Alfonso d'Este statt. Der künftige Herrscher von Ferrara wird in der Folgezeit ein enger Bündnispartner der Familie Borgia.

Lucrezias neuer Mann war vor dem Tod seiner ersten Frau ein regelrechter Bürgerschreck. Er schockierte die Ferrareser beispielsweise damit, daß er am hellichten Tag nackt in der Stadt spazierenging. Gelegentlich machte er sich aber auch einen Spaß daraus, mit seinen Hunden einen wilden Stier auf den überfüllten Domplatz zu hetzen, um sich auf dem Palastbalkon an den zu Tode getrampelten Menschen zu delektieren. Ganz anders Lucrezia: Sie war eher ein Schöngeist, der sich an Literatur, Musik und Vergnügungen erfreute. Sie machte Ferrara zu einem Treffpunkt der Künstler ihrer Zeit.

Sie gab sich ausschweifenden Unterhaltungen hin, liebte Feste und Feierlichkeiten. Auf diese Weise wickelte sie ihren Mann Alfonso um den Finger, der die Sinnlichkeit und den geschmackvollen Lebensstil seiner Frau schätzte und auch würdigte. In dieser Phase wird Lucrezia die entscheidende Kraft und der Mittelpunkt des gesellschaftlichen Lebens. Und manchmal führt sie auch die Regierungsgeschäfte – sobald ihr Ehemann, mittlerweile durch den Tod seines Vaters Herzog geworden, aus dem Hause ist.

Zwei Todesfälle verändern nachhaltig die Situation: Lucrezia muß Vater und Bruder beerdigen.

Der neue Papst, Julius II., ist ein erbitterter Gegner der Borgia. Er läßt keine Gelegenheit aus, einem Mitglied der feindlichen Familie zuzusetzen. Dann stehen auch noch venezianische Truppen vor den Toren, die im Begriff sind, Ferrara zu unterjochen. Mit Fortüne, klugem Taktieren und durch den überraschenden Tod Julius' II. am 21. Februar 1513, gelingt es dem Herzogspaar, das Blatt zu wenden und die Unbilden zu überstehen. Nach dem unfreiwilligen Rücktritt von Julius II., in dem sie einen neuen »Holofernes« zu sehen meinte, sucht Lucrezia jede einzelne Kirche von Ferrara auf, um dem Herrn zu danken, daß er die Welt von Julius befreit hat.

Durch diese wahrlich schlimmen Prüfungen geläutert, schwört Lucrezia ihrem luxuriösen, vergnügungssüchtigen Leben ab. Sie gibt sich gottgefällig, trägt keine dekolletierten Kleider mehr und legt unter ihrem Gewand immer öfter das härene Büßerhemd an. Lesungen geistlicher Werke begleiten fortan ihre Mahlzeiten. In dem von ihr gegründeten Kloster S. Bernardino läßt sie Gebäude errichten und stattet sie mit zahlreichen Kunstwerken aus.

In ihren letzten Lebensjahren widmet sie sich fast ausschließlich der Erziehung ihrer Kinder und karitativen Tätigkeiten. Jedoch! – Ständige Schwangerschaften verlangen ihren Tribut. Mehrere Fehlgeburten haben sie geschwächt, und am 14. Juni 1519 bringt sie zwar ein sechstes Kind zur Welt, aber es überlebt den Tag nicht. Die fast 40jährige Mutter erkrankt an Kindbettfieber und stirbt am 24. Juni 1519.

So weit die historischen Tatsachen. Allgemein bekannt ist Lucrezia Borgia als männerverbrauchende Femme fatale, als Konkubine und Giftmischerin. Ihr Lebenswandel hat reichlich zu solcherart Vermutungen Anlaß geboten. Die gewalttätigen Vorgänge in ihrer Umgebung, die alltäglichen Meuchelmorde und politisch motivierten Verbrechen legen es nahe, daß sie an manchen Schlechtigkeiten beteiligt war. Doch gesichert ist das nicht. Franklin L. Ford stellt in seiner Abhandlung *Der politische Mord* fest:

> »Es ist durchaus möglich, Lucrezia Borgia mit einer makedonischen Königin oder einer römischen Kaiserin zu vergleichen. Treibt man die Parallele jedoch zu weit, läuft man Gefahr, die reale Frau in ihrer eigenen Zeit falsch zu sehen. Lucrezia soll sehr schön gewesen sein; sinnlich war sie gewiß auch, und gelegentlich schreckte sie auch vor einem Mord nicht zurück. Aber weder ihre Macht noch ihre Mordlust war mit der einer Olympias oder Messalina vergleichbar. Sie kann nicht einmal als das Musterbeispiel für die weibliche Skrupellosigkeit ihrer Zeit gelten. Catarina Sforza von Mailand und Isabella d'Este von Mantua waren ihr in dieser Hinsicht ebenbürtig, wenn nicht gar überlegen.«[149]

Es muß also andere Gründe gegeben haben, die aus Lucrezia Borgia eine Dämonin machten. Mißgunst und Verleumdung mancher ihrer Zeitgenossen bilden nur den Ausgangspunkt. Zeitgenössische Darstellungen, spätere Gerüchte, mündliche und schriftliche Überlieferungen des Lebens und Sterbens der Borgia festigten ihren schlechten Ruf. Im Barock, der Hochzeit des Hexenglaubens, wurde Lucrezia mit Bedacht zur Hexe gestempelt. Die Geschichten um Macht, Gewalt, Erotik und Leidenschaft, in deren Zentrum ein Papst mit seiner Mätresse steht, bildeten das Material, aus dem Literaten und literarisierende Geschichtsschreiber ein traumhaft buntes Renaissance-Theater bauten.

Die Historikerin Marion Hermann-Röttgen stellt fest, daß Lucrezia noch im 17. Jahrhundert wenig Interesse hervorgerufen hat. Vielmehr rückt in der Epoche des sich etablierenden Absolutismus, der Zeit der legendären Mätressen, der Inquisition und der Hexenprozesse ihre Mutter Vannozza Cattanei, die langjährige Geliebte Alexanders VI., in den Mittelpunkt. Erst gegen Ende des 18. Jahrhunderts besetzt man die weibliche Hauptrolle mit der attraktiven Mörderin. Friedrich Maximilian Klinger läßt sie in dem satirischen Roman *Fausts Leben, Taten und Höllenfahrt* aus dem Jahre 1791 den allegorisierten Part einer Verdorbenen spielen, die um die Gunst von Doktor Faustus buhlt. Die bei Klinger noch klar als Phantasieprodukt ausgewiesene Attitüde geht bei nachfolgenden Bearbeitungen der Borgia-Geschichte zusehends verloren. Es wird mehr und mehr geschichtliche Wahrhaftigkeit suggeriert.

»Von der Hexe über die mächtige Mätresse des Barock bei Tomasi und Leti, der Femme fatale bei Hugo, der biederen Ehefrau bei Gregorovius bis zur reuigen Sünderin bei C. F. Meyer gibt es kein Frauenbild zwischen Engel und Teufel, das ihr nicht zugeschrieben wird.«[150]

Lucrezia konnte alles sein – je nach den Bedürfnissen, Sehnsüchten und Wahnvorstellungen der Zeit. Und sobald ein gewisses Bilderrepertoire vorhanden ist, wird mit Leichtigkeit kopiert, vermischt und ineinandergeblendet.

»Im 19. Jahrhundert stehen drei vollkommen verschiedene Bilder der Lucrezia Borgia nebeneinander, die außer einigen biographischen Daten nichts miteinander gemeinsam haben: die grausame Sünderin, die biedere Bürgerin und die verführte Unschuld. In der Literatur beginnt ein phantasievolles Komponieren, das zahllose Variationen zu diesen drei Schemata aufweist, die alle in abenteuerlicher Weise von den historischen Fakten abweichen. Die Borgia scheinen verfügbar geworden zu sein, ästhetische Repräsentanten, mit denen man je nach Intention nahezu beliebige Bilder entwerfen kann.«[151]

Victor Hugo verfaßt die erfolgreichste literarische Bearbeitung der Borgia-Geschichte des 19. Jahrhunderts.[152] Er läßt seine Protagonistin als Femme fatale auftreten. Im Vorwort zu seinem Drama *Lucrèce Borgia* bekennt er freimütig, Gerüchte, Legenden, Anekdoten über die Borgia in dichterischer Freiheit verarbeitet zu haben.

Hugo modelliert aus Lucrezia ein liederliches »Ungeheuer«, das mit ihren beiden Brüdern inzestuöse Beziehungen unterhält und gar ein Kind aus einer solchen Verbindung gebiert. Beiläufig beinahe der erbitterte Kampf der beiden Brüder um ihre Schwester, bei dem einer sein Leben läßt. Und – welch ein Zufall! – Gift ist das bevorzugte Hilfsmittel der Borgia beim Lösen von Problemen. Hugos Drama sorgt für den «endgültig fixierten Ruf der Borgia als Giftmischer.« Zwar versucht Hugo, zwei gegensätzliche Weiblichkeitsbilder zusammenzuführen, nämlich das der Femme fatale und das der fürsorglichen Mutter, scheitert damit aber insofern, als im Bewußtsein der Menschen die viel sinnfälligeren Bilder des Vamps und der Giftmörderin gespeichert bleiben. Denn am Ende des Stückes vergiftet sie aus Versehen ihren heimlichen Sohn Gennaro, um dessen Liebe sie vergeblich gekämpft hat.

»Hugo selbst empfand die Doppelnatur seiner Lucrezia, die sich nicht als lebendige Person vorstellen läßt, als ›monströs‹, aber er faßt die unvereinbaren Frauenbilder in einer literarischen Figur zusammen. Das, was Hugo zumindest als symbolische Gestalt noch als Einheit agieren läßt, reißt das späte 19. Jahrhundert endgültig auseinander. Die redliche Mutter und die obszöne Geliebte sind vereint nicht einmal mehr als Bild möglich.«[153]

Im kollektiven Gedächtnis lagern sich die dramatischen, exaltierten Vorstellungen ab. Sie sind das, was jenseits geschichtlicher Tatsächlichkeit begeistert und affiziert. Für differenziertere Konstellationen ist kein Platz. Obwohl schon ein Zeitgenosse Lucrezias, der Renaissancedichter Ariost, in ganz anderer Weise über sie geschrieben hat:

»Wie Zinn zum Silber, Kupferblech zum Golde,
Die blasse Weide sich zum Lorbeer stellt;
Wie Ackermohn zur duft'gen Rosendolde,

Gefärbtes Glas sich zum Juwel verhält:
So stellt dereinst sich neben diese Holde,
Die ich verehr, eh sie betrat die Welt,
Jedwede Frau, die man als schön und weise,
Als ausgezeichnet und vollkommen preise.«[154]

Engel und Dämonen

Allabendlich, wenn Lola in dem Film *Der blaue Engel* ihre Lieder von der Liebe singt, flaniert sie über die tabakumwölkte, in Alkoholdunst getauchte Bühne, flirtet ein wenig mit dem begeistert johlenden Publikum und präsentiert den Männern in einer lasziven Pose ihre langen Beine.

Eines Abends gerät auch der so vernünftige und pflichtbewußte Gymnasialprofessor Emanuel Rath, gespielt von Emil Jannings, in die städtische Lasterhöhle. Er wäre niemals auf den Gedanken gekommen, sich auch nur in die Nähe dieses Etablissements zu begeben, wenn ihn nicht ein kleines schlüpfriges Bildchen, das unter seinen Schülern kursierte, gereizt hätte, Lola persönlich in Augenschein zu nehmen.

Filmplakat:
»Der blaue Engel«, 1930

Von dem Augenblick an, da Professor Rath sie an diesem Abend zum ersten Mal sieht, ist es um ihn geschehen. Er verliebt sich und verfällt ihr hoffnungslos. Er gibt seine bürgerliche Existenz auf, macht sich für sie zum Narren. Aber es ist nicht *seine* Lola, denn Lola gehört nur sich selbst und jedem und niemandem. Sie ist das Licht, der helle Stern, um den sich alles dreht. Sie tut, was sie will, und liebt nicht nur einen Mann. Mit der Zeit wird der Professor Lola lästig; sie will nichts mehr von ihm und seiner ergebenen Liebe wissen. Am bitteren Ende ist er nur noch ein Häufchen Elend – ein Nichts, ein Niemand, ein verzagtes, betrogenes und gedemütigtes menschliches Wrack. Ein gebrochener Mann, der dem magnetisierenden Sex-Appeal einer Femme fatale nicht gewachsen war. Sein penibel geregeltes Leben als Lehrer ist aus den Angeln gehoben, er hatte sich der *amour fou* verschrieben, und das bedeutet: Einbruch der mystischen Welt ins moderne Leben, Passion in einer entgötterten Welt, vorbehaltlose Leidenschaft, die sich rationalem Handeln verweigert, Obsession, Anbetungsekstase, rettungsloser Liebesirrsinn des Liebenden der Erwählten gegenüber.[155]

In dieser Figur des kühlen, verführerischen Vamps wurde Marlene Dietrich berühmt. Es war nicht ihre erste Rolle dieser Art. Bereits 1922 spielt sie die Lulu in Wedekinds *Die Büchse der Pandora* am Deutschen Theater in Berlin, ein Jahr später die Königin der Amazonen in Kleists *Penthesilea.* Schenkt man jedoch der Tochter Maria Riva Glauben, soll Marlene Dietrich die Rolle der exzentrischen »Männerverbraucherin« noch sehr viel besser im wirklichen Leben gespielt haben. Der Schriftsteller Franz Hessel sagt über sie:

»Marlene Dietrich, ob sie nun eine Dame oder eine Dirne, eine Eroberin oder ein Opfer darstellt, verkörpert immer einen allgemeinen Wunschtraum, sie ist wie die Heldin einer ihrer Filme die Frau, nach der man sich sehnt, man, nicht der und jener, sondern jeder, das Volk, die Welt, die Zeit.«[156]

Mit dem Regisseur Josef von Sternberg unterhielt die Dietrich eine besondere Beziehung. Er drehte den *Blauen Engel* im Jahre 1930 nach Heinrich Manns Roman *Professor Unrat.* Es war zugleich Sternbergs letzter Film, den er mit der damals Neunundzwanzigjährigen in Deutschland verwirklichte. Kurz darauf ging er mit ihr nach Amerika, um sie endgültig zum Weltstar zu machen. In den folgenden fünf Jahren in Hollywood inszeniert Sternberg zwar zahlreiche Filme mit ihr, doch die Reaktionen sind verhalten. Erst 1935 kommt der gewünschte Erfolg, mit ihrem letzten gemeinsamen Film, der den bezeichnenden Titel *Der Teufel ist eine Frau* trägt.

Zu dieser Zeit war bereits der dunkle Stern eines Dämons aufgestiegen, der die ganze Welt in einen mörderischen Krieg verwickeln sollte: Adolf Hitler. Der Diktator wurde zu einem der größten Verehrer Marlene Dietrichs, sicher auch deshalb, weil er den Weltstar für seine Propaganda benutzen wollte. Er ahnte nicht, daß die Dietrich beinahe bereit gewesen wäre, auch bei ihm den Part des verhängnisvollen Vamps einzunehmen – dieses eine Mal aber, um Leid zu verhindern.

Die Emigranten- und Künstlerszene Hollywoods, in der die erfolgreiche Diva damals verkehrte, war von Agenten und heimlichen Parteigängern Hitlers infiltriert. Zu denen, die im Verdacht standen, verkappte Nazis zu sein, gehörte ein Mann namens Karl Vollmoeller. Er war Niederlassungsleiter einer deutschen Textilfirma und zählte zum engeren Freundeskreis Charlie Chaplins. 1936 traf Vollmoeller mit Marlene Dietrich zusammen, kam er doch mit einer exklusiven Nachricht von allerhöchster Ebene. Als die Dietrich drei Jahre nach Kriegsende den Film *Eine auswärtige Affäre* drehte, erzählte sie ihrem Regisseur und engen Freund Wilder, daß Vollmoeller damals mit einer brisanten Botschaft vom Führer persönlich an sie herangetreten sei: Adolf Hitler ließe sie bitten, nach Berlin zurückzukehren. Er sei ein großer Bewunderer ihrer Kunst. Jeden Abend schaue er sich in der Reichskanzlei ihre Filme an. Falls sie »heim ins Reich« käme, würde ein roter Teppich für sie ausgerollt werden, vom Bahnhof bis zur Wilhelmstraße, ein triumphaler Empfang sei ihr sicher, so Vollmoellers mündliche Depesche.

Vielleicht wäre es *die* entscheidende Hauptrolle ihres Lebens gewesen, ein Ereignis von historischer Tragweite: Billy Wilder erzählt nämlich von einer überraschenden Reaktion der Diva:

> »Als mir Marlene vom Hitler-Angebot erzählte [...], lag Europa in Trümmern, Millionen waren gefallen oder ermordet, vergast worden. Ein gewisses Bedauern schwang in ihrer Stimme mit. ›Vielleicht‹, meinte sie nachdenklich, ›vielleicht hätte ich den Vorschlag annehmen sollen. Vielleicht wäre die Geschichte dann anders verlaufen.‹ Und nach einer Pause: ›*I could have talked him out of it! Never underestimate female power of persuasion – especially in bed.*‹ Ich hätte es Hitler vielleicht ausreden können! ›Es‹ – den Krieg, die Konzentrationslager, die bombardierten Städte.«[157]

Aileen Wuornos – Das Callgirl mit dem Colt

Hinter den Spiegelflächen der Femme-fatale-Phantasien findet sich die profanisierte, die gewöhnliche Welt. Die alltäglichen *Vamps* verbreiten keinen Glanz, sondern nur Elend. Die Amerikanerin Aileen Wuornos lockte die Männer zwar mit dem »Ewigweiblichen« an, machte ihnen das Leben aber nicht mit den klassischen Waffen des Vamps schwer, im Gegenteil: sie zeigte sich bereitwillig, selbstredend für eine angemessene Geldsumme. Lee, wie sie genannt wurde, stöberte ihre Kunden, zumeist Sexbegierige zwischen 30 und 60 Jahren, im unsoliden Lichtkegel von Striplokalen auf oder ließ sich als Anhalterin im Auto mitnehmen. Sie drehte den Spieß um, machte aus den Jägern Gejagte und unterbreitete ihnen während der Fahrt unvermittelt unzweideutige Angebote.

> »Ich werde dir so verdammt gut einen blasen, wie du es noch nie erlebt hast.«[158]

Irgendwann landete man schließlich auf ebenso entlegenen wie einsamen Waldwegen. Eines ihrer zahlreichen potentiellen Opfer, Mr. Carnley, der noch einmal im letzten Moment mit dem Schrecken davonkam, hatte nach eigenen Angaben angehalten, »weil sie nicht wie eine Nutte oder eine Pennerin wirkte«. Doch als er seinen Geländewagen einige Meilen abseits des Highways in einer Brandschneise zum Stehen brachte, wurde ihm unheimlich zumute:

> »Lee stieg aus dem Jeep und ging außen um ihn herum … ich bin in Korea und in Vietnam gewesen, und es ist schon auf mich geschossen worden, und ich habe auch schon Angst gehabt … sie war plötzlich irgendwie anders, ihre Art und ihr Blick … es lief mir kalt den Rücken hinunter … ich machte, daß ich wegkam, und ließ sie dort einfach stehen.«[159]

Ein anderer, der 43jährige David Spears, hatte weniger Glück: Am 25. Mai 1990 fand die Polizei zunächst nur seinen verlassenen Truck, am 1. Juni dann seinen bereits stark zersetzten toten Körper – der mit insgesamt neun Hohlspitzprojektilen malträtiert worden war. Schon ihr erstes Opfer, den 60jährigen Gino Antonio, hatte sie mit mehreren Schüssen getötet. Wie der Mord verlaufen sein muß, rekonstruiert der langjährige, von der Nachrichtenagentur Reuter beauftragte Gerichtsreporter Michael Reynolds in seinem Buch über die Geschichte der Aileen Wuornos: »Ich hasse alle Männer«.

Aufreizend und begehrenswert wirkte Lee auf Gino Antonio. Er nahm sie mit und stimmte ihrem Angebot zu. Als sie schließlich in der Dunkelheit auf einer einsamen Landstraße anhielten, holte sie einen neunschüssigen Revolver aus ihrer Handtasche, beschimpfte ihn und forderte ihn auf sich auszuziehen. Als er endlich nackt vor ihr stand, betrachtete sie ihn noch kurz, ohne auf sein Flehen zu hören:

> »Sie brachte die 22er in Anschlag, zielte und feuerte einen Schuß ab, der seinen Körper zusammenzucken ließ. Mit einer schnellen Bewegung ihres Daumens spannte sie erneut den Hahn und feuerte kurz darauf noch einmal. Antonio konnte sich jetzt nur noch mit den Händen vom Boden abstützen. Lee trat näher heran und zielte mit dem 15 cm langen Lauf auf seinen Hinterkopf. Sie spannte den Hahn und schoß. Sein Kopf zuckte hoch. Sie konnte hören, daß er jetzt nur noch ein leises Ächzen und Stöhnen von sich gab. Einmal noch! Sie stellte sich über ihn und senkte den Revolver auf die sich deutlich abzeichnende Kontur seines Rückgrats. Spannen, zielen, schießen. Im selben Augenblick gaben seine Knie nach, und er sackte

auf seine linke Seite. Sie beobachtete, wie er sich wie ein Fötus zusammenrollte. Er gab keinen Laut mehr von sich.«[160]

Im Verlauf der elfmonatigen Suche, von Dezember 1989 bis November 1990, auf der man gar sechs Männerleichen entdeckte, und später während des Prozesses wurde deutlich, daß Aileen nicht in erster Linie aus finanzieller Not mit ihren »Freiern« ins Unterholz gefahren war. Die geringen Bargeldbeträge, die sie jeweils entwendete, waren nur eine »Nebenerscheinung« ihrer mörderischen Nachtwanderungen. Jenes herrlich berauschende Gefühl aber, am längeren Hebel, Herrin über Leben oder Tod zu sein, wenn sie diesen Männern aus nächster Nähe die Pistole auf die Brust setzte, spornte sie ungemein an und ließ sie vielleicht sogar süchtig werden. Denn das Tatmuster verwies ausschließlich auf eines: reine Mordlust.

»Zudem fiel auf, daß die Morde nahezu zyklisch, also nach einer jeweiligen ›Abkühlungsphase‹ von vier Wochen begangen worden waren. Vor allem aber schien der Täter die Morde geradezu zu genießen, da er seine Opfer nicht mit einem oder mit zwei Schüssen, sondern mit vier, sechs oder neun Schüssen getötet hatte. [...] Zum einen zeichnete sich aufgrund des Kopfschusses eine zunehmende Eskalation bei den Morden ab, zum anderen deutete der aufgesetzte Herzschuß auf eine Art intime Annäherung des Täters an seine Opfer. Pure Mordlust, die Freude an der Macht über die Opfer und deren Demütigung – das waren typische Merkmale eines Serienmörders oder von Serienmördern.«[161]

Aileen Carol Wuornos war am 29. Februar 1956 in Oakland unter dem Familiennamen Pittman in eine Welt aus Drogen, Gewalt und Kriminalität hineingeboren worden. Einen günstigeren Nährboden für eine Verbrecherlaufbahn auf dem Bodensatz der Gesellschaft kann man sich im Grunde nicht vorstellen. Erst mit sechzehn, als sie sich bereits prostituierte und man sie vergewaltigt hatte, erfährt sie, wer ihre leiblichen Eltern sind und daß ihr Vater, selbst ein pädophiler Vergewaltiger, sich 1962 durch Selbstmord der drohenden Todesstrafe entzogen hatte. Am 27. Mai 1974 macht Lee zum ersten Mal Gebrauch von der Schußwaffe und wird wegen weiterer Delikte polizeilich aktenkundig: Ruhestörungen, Gaunereien, Tätlichkeiten – »sie hatte mit einer Billardkugel nach einem Barkeeper geworfen, diesen zwar verfehlt, aber so viel Kraft eingesetzt, daß die Kugel in einer Seitenwand der Bar hängengeblieben war« –, Raubüberfall und Scheckbetrug.

Aileen Wuornos – die Verkörperung des bösen Mädchens schlechthin? Da man die sechs Leichen pari verteilt in zwei Distrikten fand, während das mutmaßliche siebte Opfer, Peter Siems, verschollen bzw. seine Leiche unauffindbar blieb, wurde Aileen Wuornos zweimal wegen dreifachen Mordes angeklagt. Jeweils zwölf Geschworene, unter denen Frauen die Majorität bildeten, entschieden sich einstimmig gegen sie: Zwölf zu Null. Tod durch den elektrischen Stuhl!

Als Beamte sie das letzte Mal aus dem Gerichtssaal abführten, soll sie sich mit einem breiten Lachen umgewandt, ihre gefesselten Hände emporgerissen und herausfordernd gerufen haben:

»Kommt alle in den Todestrakt! Ich geb' für euch Jungs 'ne Runde Kaffee aus!«[162]

4.
Gräfin Báthory – Im Zeichen des Bösen

Besser Herr in der Hölle als Knecht im Himmel.

John Milton, *Das verlorene Paradies*

Der Mythos von der Eisernen Jungfrau

Aufmerksam betrachtet sich Elisabeth Báthory in einem prunkvollen Spiegel. Obwohl sie schon die Dreißig überschritten hat, wirkt die Vizekönigin von Ungarn immer noch betörend. Ausdrücklichen Wert legt sie deshalb auf ihre äußere Erscheinung. Besonders ihre großen Rehaugen und ihre schmalen, weichen, weißen Hände lassen die Männer stets verliebt dahinschmelzen. Es sind Hände, die jedoch manchmal derb zuschlagen müssen, um den fahrigen Hausbediensteten und anderen Untergebenen die Widerborstigkeiten und Unverschämtheiten auszutreiben. Ihr gut geführter Fausthieb, weit ausgeholt aus dem Schultergelenk, bringt selbst einen grobschlächtigen Stallknecht ins Straucheln und flößt ihm Respekt ein.

Leicht resigniert nimmt die Herrin zahlreicher Besitzungen aber erste, noch kaum auszumachende Fältchen in ihrem Gesicht wahr; Linien, die in Kürze hart ihr Antlitz prägen werden. Noch können die Künste der Verschönerung, das Schminken und Frisieren, diese Anzeichen des Alterns kaschieren. Doch schon bald wird deutlich werden, daß sie die besten Jahre hinter sich hat. Die Hände, die den körperlichen Verfall zuerst anzeigen, täuschen den nicht, der aufmerksam beobachten kann. Die blaublütige Gräfin bangt dem Zeitpunkt entgegen, da sie nicht mehr als begehrenswerte Frau wahrgenommen werden wird. Unerbittlich schreitet die Zeit voran, und die Spuren, die sie hinterläßt, können nur mit vielerlei Anstrengungen und einem erhöhten Zeitaufwand verwischt werden.

Ein ganzer Schwarm von emsigen Bienen umgibt die Königin bei ihrer morgendlichen Toilette. Eine kämmt ihr möglichst vorsichtig das Haar, denn Madame ist sehr empfindsam. Eine andere bestäubt sie zärtlich mit Rosenwasser. Eine dritte wikkelt ihr liebevoll Locken in die Frisur. Eine vierte scharwenzelt mit dem Brenneisen um sie herum, während eine fünfte kostbare, edelsteinbesetzte Kettchen in das haarige Kunstwerk flicht.

Da passiert es, daß ein Kammermädchen nicht behutsam genug ist und beim Frisieren unnötig zupft und reißt. Ein junger Bauerntrampel, der schon öfter aufgefallen ist. Wütend fährt Gräfin Báthory auf und versetzt der ungelenken Zofe eine schallende Ohrfeige, so daß diese taumelt und aus Mund und Nase blutet. Ein böses Mißgeschick gibt das andere, und mit den Tränen fällt auch ein Tropfen Blut auf die züchtigende Hand. Angeekelt greift Elisabeth schnell zu einem Tuch, um den abscheulichen Blutfleck abzuwischen, stellt aber mit Erstaunen fest, daß der Teint sich dort merklich verbessert hat. Die mit frischem, warmem Blut getränkte Stelle auf dem Handrücken hat sich verjüngt.

Dieses Erlebnis läßt Elisabeth nicht mehr los. Ruhelos verbringt sie den Rest des Tages. Wenn nur ein einziger Blutstropfen an einem bestimmten Punkt des Körpers solch ein Wunder bewirken konnte, so müßte nach den Gesetzen der Logik ein vollständiges Bad im Blut einem Jungbrunnen gleichkommen. Schließlich, nachdem sie eine alte Dienerin zu Rate gezogen hat, ist klar, was zu tun ist.

Eine lebensgroße, innen mit messerscharfen Eisenspitzen versehene Hohlfigur, die sich seitlich öffnen läßt und die Form einer nackten Frau hat, wird herangeschafft: Die Eiserne Jungfrau. Um kein Risiko einzugehen und das Experiment gelingen zu lassen, soll die in Ungnade gefallene Magd, die schon am Morgen zur Ader gelassen wurde, nun die umfangreichere Blutspende leisten. Ein Lakai bringt sie herbei, und augenblicklich wird das selbst noch jungfräuliche Bauernmädchen in die metallische Umarmung der tödlichen Statue gesteckt. Während der Diener die beiden Hälften zusammenklappt, durchbohren die Spitzen das Fleisch des Opfers, langsam und unerbittlich. Von drinnen ist nur noch kurze Zeit ein leises Wimmern und Jammern zu vernehmen. Das aus den Löchern am unteren Rand der Figur fließende Blut wird gewissenhaft in einer Schale aufgefangen. Doch damit die Temperatur angenehm ist, wird die Schale mit dem blutigen Elixier noch kurz über einem Feuer angewärmt. Das Bad kann vollzogen werden, und die Gräfin steigt in den Bluttrog hinein, sie konnte diesen Moment kaum erwarten.

Sie benetzt ihren ganzen Körper, ihre Augenlider fallen über die dunklen Pupillen herab, und sie macht immer weiter, so lange, bis auch die letzten Haarspitzen von Blut getränkt sind.

Nach der makabren Verjüngungskur gibt es für Elisabeth Báthory keinen Zweifel: ihr Aussehen hat sich entschieden verbessert, die Runzeln sind verschwunden. Jetzt weiß sie, daß sie das Geheimnis der ewigen Jugend entdeckt hat, und sooft ihr Teint einer Erfrischung bedarf, wird sie fortan nicht zögern, ein Mädchen aus der Reihe ihrer Untertanen dafür bluten zu lassen – immer aber muß diese jungfräulich sein wie das erste Opfer, da sie glaubt, daß nur Jungfrauenblut ein solches Wunder bewirken kann.

Über 600 Mädchen soll die ungarische Gräfin auf diese Weise getötet haben, um sich ihren Traum von ewiglicher Schönheit und Jugend zu erfüllen. Doch ist dies wirklich geschehen oder nur ein böses Gerücht? Wie schon in den vorhergehenden Kapiteln gezeigt wurde, werden oft bestimmte Elemente wirklicher Ereignisse aufgegriffen und im Zuge mündlicher wie schriftlicher Überlieferung modifiziert, übertrieben oder mit anderen Komponenten des kollektiven Gedächtnisses vermengt.

Hier handelt es sich um eine Sage über Geschehnisse zu Beginn des 17. Jahrhunderts, derzufolge Jungfrauenblut in Strömen geflossen sein soll und die alsbald Teil der volkstümlichen Überlieferung wurde. Gerne nahm sich die schreibende Zunft des Bildes von der Mädchenschlächterin an und arbeitete es in historiographische und literarische Texte ein. Ein bestimmtes Detail wie das der Eisernen Jungfrau, die förmlich als Blutpresse fungierte, beflügelte die Phantasie ungemein. Der Sage nach soll die Adlige nicht nur im Blut geschwommen, sondern sie soll es auch aus den Wunden der Mädchen getrunken haben. Alle Arten von Folter und Qual hätten dieses Gebaren begleitet, und schließlich habe sie mit einer silbernen Spezialzange Fleischstücke aus den Mädchen herausgerissen, die sie dann, geschnetzelt, gekocht und gewürzt, ihren jungen Liebhabern vorsetzte. Ja es heißt sogar, daß sie manche ihrer Opfer, die die Torturen überlebt hatten, ihr eigenes Fleisch zu essen nötigte.

Aus derartigen Überlieferungen lassen sich Leitthemen und -motive entnehmen, die es vermochten, die kollektive Phantasie zu beschäftigen. Sie sind ein Indikator gemeinschaftlicher Ängste. In den Interpretationen der Taten der Báthory finden sich die Untugenden, die in jener Epoche als bekämpfenswert angesehen wurden.

Zweierlei wird stets wiederholt, wenn es darum geht, ihre Verbrechen zu ergründen und die Ursachen zu benennen. Einerseits ist es ihre Eitelkeit, der weibliche Narzißmus, der in seiner grenzenlosen Begierde und unersättlichen Liebessehnsucht alle Arretierungen und Blockaden eines guten,

»gottgefälligen« Benehmens hinter sich läßt. Andererseits ist es ihre bösartige Freude am Verletzen, das Bedürfnis zu vernichten, das verantwortlich gemacht wird für die zahllosen Schandtaten. Eine Lust an Folter und Tod, die teuflischen Ursprungs sein muß, wie die Interpreten der Báthory-Biographie unisono verlauten lassen. Mitunter wird der Gräfin auch Giftmischerei und Hexerei in Rechnung gestellt. Im Handumdrehen mutiert sogar die alte Dienerin zur Hexe, die mit allerlei Zaubermitteln schon immer versucht hat, das junge Blut und die hinreißende Frische ihrer ehrgeizigen Herrin zu bewahren.

Zier- und Putzsucht, die verderbliche Unart des Schminkens, die schon in der Geschichte der Gesche Gottfried eine gewichtige Rolle gespielt hat, und die *Zauberei*, dies sind die zwei verderblichen Komponenten, die das ungeheuerliche Verbrechen der gotteslästerlichen Blutbäder – *caedes sacrilegae* – ermöglichen.

Aber ist damit das Geheimnis gelüftet, das die Morde der grausamen Gräfin umgibt? Es ist festzuhalten, daß gerade der Umstand, daß es sich um eine Frau handelt, zumal von hochadeligem Stand, die Interpretationen noch unbeholfener macht. Dem Mann wird Grausamkeit zuerkannt, sie gehört zu seiner Natur. Aber eine Frau als bestialische Gewaltverbrecherin? Das erzeugt Hysterie; die üblichen Erwartungen werden zu sehr unterlaufen. Dies könnte auch ein Grund sein, warum die Geschichte der Gräfin Báthory – trotz gelegentlichen Interesses – bis heute nicht den mythischen Rang, nicht die universale Verbreitung fand wie zum Beispiel die Geschichte des unbarmherzigen Kreuzkriegers Vlad Dracul und seines Sohnes Vlad Tzepes, deren beider Leben sich im 15. Jahrhundert zugetragen hat und die zum historischen

Vorbild des Grafen Dracula wurden. Heute kennt man nur Dracula, den gruseligen Vampir, der schon seit Ewigkeiten als Untoter auf seiner Burg im fernen Transsylvanien residiert, der das Kreuz Jesu fürchtet wie der Teufel das Weihwasser, dafür aber übermenschliche Fähigkeiten besitzt, der tagsüber in der kalten Gruft seiner Ahnen ruht, um sich dort vor den zersetzenden Strahlen der Sonne zu verbergen und im Schutz der Nacht zumeist ausgesprochen attraktiven Aktricen an den Hals geht. Kaum jemand verschwendet einen Gedanken an seine realen Vorgänger. Sicherlich war es Bram Stokers Dracula-Roman, der die Legende nachdrücklich formte. In dem kurz vor 1900 erschienenen Buch ist die Dracula-Figur auch ein Übertragungsphänomen der epochemachenden Phantasien, Passionen und Obsessionen. Sie ist eine Zeitdiagnose des ausgehenden 19. Jahrhunderts. Die erotisch aufgeladene Atmosphäre des Buches, seine Visionen von Liebe, Tod und Vergänglichkeit reflektieren eine Gefühlslage der Jahrhundertwende. Und sicherlich tat das Kino ein übriges, um die unheimliche Gestalt des blutdurstigen Grafen ein für allemal in das kulturelle Gedächnis einzuschreiben.

Die wahre Geschichte der Gräfin Báthory

Im Jahre 1560 wurde Elisabeth Báthory im ungarischen Nyirbátor als Angehörige einer der bedeutendsten und einflußreichsten Familien Südosteuropas geboren. Der genaue Tag ihrer Geburt ist nicht bekannt. Bereits 1572, an einem unwirtlichen Dezembertag, wurde die Verlobung der erst zwölfjährigen Kindsbraut mit Franz, Sohn des Thomas Nádasdy, beschlossen. Franz, dessen Geburtsdatum auf den 6. Oktober 1555 fällt, war der reiche Erbe einer mächtigen Herrscherdynastie. Er folgte dem Beispiel seines Vaters, des berühmten Palatins von Ungarn, und hatte in einer Epoche äußerster Brutalität und Grausamkeit zahlreiche Kämpfe und Heerzüge zu bestehen. Plünderungen und Gemetzel aller Art waren sein Tagwerk. Man legte ihm den Beinamen *Der Türkenschlächter* zu; sein Säbel war offenbar dazu geschmiedet, besonders türkische Schädel zu spalten. Am 8. Mai 1575 ehelichte er in Varannó seine Verlobte, die ihm fünf Kinder gebar: Anna, Katharina und Paul sowie Ursula und Andreas, die beide nicht über das Kindesalter hinausgelangten. Ihr Vater folgte ihnen im Januar 1604; seine Beisetzung vollzog sich in Léka (Lockenhaus). Die Grabrede auf Franz Nádasdy hielt István Magyari, ein bedeutender lutherischer Geistlicher. Magyari stammte aus Sárvár, Thomas Nádasdys Residenzstadt, die durch seine Bemühungen eine Hochburg des Protestantismus war.

Magyari war der erste und einzige, der noch zu Franz' Lebzeiten auf Elisabeths verbrecherische Veranlagung und Abscheulichkeiten hinwies. Schon damals neigte diese zu Gewalttätigkeiten, ohne allerdings jene späteren Extreme zu erreichen. Nichtsdestoweniger sollten Elisabeth und Franz 1602 amtlich ermahnt werden. Anna Darvolia, eine greise Dienerin der Nádasdys, schloß man vom Abendmahl aus und bedrohte sie mit der Exkommunikation, da sie der blutigen

Elisabeth Báthory (1560 – 1614)

Gräfin manche Folterungen und Quälereien beigebracht habe, wie es hieß. Dies sollte kein leichtes Unterfangen werden, eher eine Gratwanderung, da die weltlichen Richter es bis dahin in keiner Weise gewagt hatten einzuschreiten. Doch das mutige Auftreten Magyaris blieb ohne nennenswerte Folgen. Elisabeth Báthory ließ sich durch nichts und niemanden hindern, erst recht nicht nach dem Tod ihres Mannes, der ihre Neigungen einerseits zwar toleriert, sie andererseits jedoch in gewissen Schranken zu halten gewußt hatte. Es gab also keinen Damm mehr, der die Katastrophe namens Báthory aufzuhalten vermochte.

Erst 1610 erteilte König Matthias II. schließlich eine Weisung, den Gerüchten und Anschuldigungen nachzugehen, da ihn immer öfter unglaubliche Botschaften über die seltsame Gräfin erreichten. Palatin Georg Thurzó, der mit Elisabeth in brieflichem Kontakt stand, erhielt endlich den Auftrag, den Fall Báthory zu untersuchen und rechtliche Schritte gegen die hohe Adlige einzuleiten. Solange einfache Bauernmädchen und Angehörige anderer niederer Stände zu Tode gekommen waren, interessierten diese barbarischen Vorgänge im Grunde niemanden – außer natürlich die betroffenen Familien. Das Leiden und Sterben junger Damen aus den unteren und mittleren Adelsgeschlechtern aber konnte nicht ungeahndet bleiben. Den Eltern und zahlreichen Verwandten der Gemordeten war es möglich, beim König zu intervenieren und Aufklärung über die wahrhaft schaurigen Geschehnisse zu fordern. Dennoch war unklar, wie vorzugehen sei. Noch im Jahre 1613, als die Schandtaten längst erschütternde Gewißheit sind, zaudert der König, ob, und wenn ja, auf welche Weise eine gerichtliche Vorladung und öffentliche Verhandlung denkbar wäre. Die Verbrechen müssen bestraft werden, aber der Stand der Mörderin bereitete Schwierigkeiten:

»Wäre etwa eine Vorladung in Frage gekommen? Auf welche Weise dann und zu welchem Zeitpunkt, etwa in Fesseln oder, was nicht ohne weiteres durchführbar gewesen wäre, wenn man sie auf Treu und Glauben aus dem Kerker befreit und vorgeladen hätte. Und eine Vorladung nach gegenseitiger Absprache, daß sie nur zum Schein Fesseln getragen hätte, hätte von ihr verhindert werden können.«[163]

Thurzó handelte jedoch umgehend und ließ im Laufe des Jahres 1610 vertrauliche Zeugenaussagen einholen. Schnell war ihm klar, daß nicht nur Franz' und Elisabeths Verwandte Mitwisser waren, sondern daß auch die Bediensteten und sämtliche Untertanen ihrer zahlreichen Besitzungen mehr oder weniger gute Kenntnis von den Greueltaten besaßen, aber aus ängstlicher Ergebenheit beständig geschwiegen hatten.

Nun hätte eigentlich eine schriftliche Ladung der Anzuklagenden vor das Tabulargericht nach Preßburg erfolgen müssen. Die Todesstrafe und die Konfiszierung eines Großteils des riesigen Feudalbesitzes, der sich über Teile des heutigen Ungarns, Tschechiens, Österreichs, Rumäniens und der Slowakei erstreckte, wäre unvermeidlich gewesen, die Familienehre durch einen öffentlichen Prozeß, besonders eine Hinrichtung, beschmutzt worden. Doch Thurzó zeigte sich gnädig, und obwohl ihn Seine königliche Hoheit in Wien mehrmals aufforderte, der Báthory den Prozeß zu machen, gab er der Bitte auf Verschonung nach, die Paul Nádasdy, Elisabeths Sohn, und die beiden Schwiegersöhne Nikolaus Zrinyi und Georg Drugeth von Homonnay an ihn richteten. Der Standeszusammenhalt des Hochadels, die ehemals freundschaftlichen Beziehungen zu Franz Nádasdy, ferner die Rücksichtnahme auf den mächtigen Onkel Elisabeths,

Gabriel Báthory, den Fürsten von Siebenbürgen, taten ein übriges. Der möglichen Konfiszierung ihrer Reichtümer war die Gräfin, die eine Verhaftung befürchtete, durch das Testament vom 3. September 1610 begegnet. Hierin übertrug sie ihren gesamten Besitz ihren Kindern.

Am 29. Dezember 1610 aber überraschte der Palatin Elisabeth Báthory auf ihrer Burg in Csejte, auf dem Gebiet der heutigen Slowakei, auf frischer Tat. Ein Mädchen wurde tot aufgefunden, ein anderes schwer mißhandelt und dem Tode nahe, einem dritten konnte noch einmal geholfen werden – trotz unübersehbarer Verwundungen. Ihre Hände waren mit tiefen Schnittverletzungen übersät. Doch nicht nur das:

> »Am Rücken aber hatte man ihr auf beiden Seiten der Schultern Stücke herausgeschnitten. Am Gesäß schien man ihr ebenso an beiden Seiten Fleisch herausgeschnitten zu haben und zwar so, daß sie zwei Monate zu Hause krank darniederlag, so krank, daß sie sich nicht einmal aus dem Bett erheben konnte.«[164]

Eine kleine Gruppe weiterer Frauen hatte die Burgherrin für künftige Verstümmelungen einsperren lassen, um sie verfügbar zu haben, wenn die Zeit reif war. Diese genossen eine vergleichsweise schonende Behandlung; früher hatte sie manchen Mädchen die Hände gefesselt und sie an den Haaren an Fenstergittern aufgehängt. Hin und wieder waren die Opfer gar nackt an den Tisch gekettet worden, wo sie des Todesurteils harren mußten.

Thurzó zögerte keine Sekunde. Augenblicklich ließ er die Schuldige festsetzen und berief in großer Eile ein Strafgericht ein. Dies fand Anfang Januar 1611 im slowakischen Bicse statt, dem Sitz des Palatins. Es war ein unübliches Vorgehen.

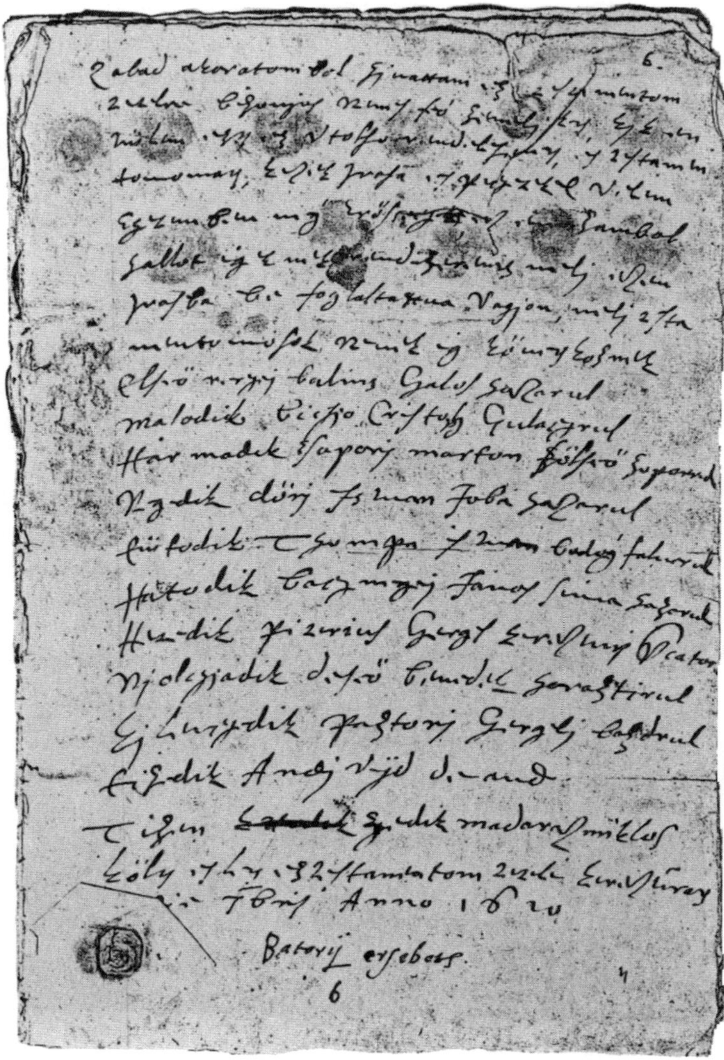

231)

Testament der Elisabeth Báthory vom 3. September 1610

Aber in Bicse war Thurzó von Personen seiner Wahl und seines Vertrauens umgeben, von Menschen, die ihn unterstützten. Er ließ eine gewisse Milde walten, und die Hauptangeklagte mußte nicht selbst vor Gericht erscheinen. Nur ihre Mittäter wurden verhört und hingerichtet. Helena Jo und Dorothea Széntes, Elisabeths Bedienstete, verbrannten in den Flammen des Scheiterhaufens, »nachdem ihnen vom Henker die Glieder der Finger an beiden Händen, als den Werkzeugen einer so schweren, wider christliches Blut verübten Gräuelthat abgerissen worden sind […].«[165]

Johannes Ujvári, genannt Ficzkó (das »Bürschchen«), in dessen Ressort vor allem die Beseitigung der Leichen fiel, wurde als Handlanger nicht ganz so hart bestraft: Man köpfte ihn und warf seinen Leichnam in das Feuer der beiden Verbrecherinnen. Anna Darvolia, die frühere Lehrmeisterin und Elisabeths engste Vertraute, hatte schon einige Zeit vor der Aufdeckung der Verbrechen diese Welt verlassen. Elisabeth Báthory wurde in Csejte auf unbestimmte Zeit eingekerkert. Um ihrer Familie Schimpf und Schande zu ersparen, blieb sie dort eingesperrt und abgeschirmt von der Außenwelt bis zur Stunde ihres Todes am 21. August 1614, um 2 Uhr nachts:

> »Am Abend sagte sie noch zum Trabant: schau, wie kalt meine Hände sind! Der Trabant sagte ihr: es ist nichts, Herrin, geht nur und legt Euch hin. Sie ging dann schlafen, das Kissen, das sonst unter ihrem Kopf war, legte sie unter ihre Füsse, so legte sie sich hin und in derselben Nacht starb sie.«[166]

Die Vision der Finsternis Die exakte Zahl der Opfer der Elisabeth Báthory ist nicht bekannt. Sicher ist, daß sie Hunderte zu Tode gefoltert hat und einen regelrechten Leichenberg junger Mädchen hinterließ. Verhältnismäßig gut dokumentiert ist aber das Spektrum ihrer Techniken. So war es eine ihrer Vorlieben, Mädchen mitten im Winter in eiskaltes Wasser zu tauchen. Oder sie gar im Freien zu entkleiden, sie festzubinden und mit Wasser zu übergießen; der Frost nahm ihr die restliche Arbeit ab. Gelegentlich hatte sie auch Spaß an Wechselbädern und verbrühte die Opfer. Sie warf sie in einen Bottich und überschüttete sie mit siedendem Wasser. Danach zog sie den Verbrühten die Haut ab. Nicht selten kamen auch glühende Kohlen zum Einsatz, worauf sich die Jungfrauen nackt zu setzen hatten. Um gezielte Brandmale herbeizuführen, wurde nicht gezögert, glühende Eisen und Zangen anzuwenden. War Elisabeth in feierlicher Stimmung, begnügte sie sich damit, heißes Kerzenwachs auf die Körper zu träufeln. Andere wiederum ließ sie gar grauenvoll ihr Leben aushauchen, indem sie ihnen ein heißes Brenneisen in den Unterleib rammte. Eine besondere Spezialität des Hauses Báthory waren Brennesseln, in denen sich die Mädchen nackt wälzen mußten. Beißender war diese Tortur für jene, die schon vorher Verletzungen und Brandwunden durch Schläge und Auspeitschungen davongetragen hatten. Denn zu einer Tracht Prügel war Elisabeth im Grunde allzeit bereit, mit dem Ergebnis, daß zum Beispiel einer Gepeinigten »das Fleisch unheilbar von den Knochen fiel, weshalb sie denn auch den Tod erleiden mußte.«[167]

Den Mädchen wurden manchmal die Arme so stark abgeschnürt, daß die Hände blau wurden und Blut aus den Fingerspitzen trat. Großer Beliebtheit erfreuten sich auch Nadelstiche, mit denen die Fingerspitzen von vorne durchbohrt wurden. Nicht wenige Zeugen haben zudem beobachtet, daß die Lippen mancher Opfer mit großköpfigen Nägeln zusammengeheftet waren oder man ihnen Nägel in die Schultern oder andere Körperteile geschlagen hatte. Ob Nase, Lippen, Finger – anatomische Tabus gab es so gut wie nicht, alles konnte auf grobe Weise durchbohrt werden.

Das Vorgehen der Gräfin, ihrer Helfer und Helfershelfer war vom Augenblick bestimmt, brach wie ein Blitz aus heiterem Himmel über die Unschuldigen herein und folgte keinem präzisen Ablauf. Doch am Anfang des Martyriums standen meistens unsägliche Schläge. So soll Elisabeth ein Mädchen

einmal so sehr geprügelt haben, daß es blutüberströmt liegenblieb:

»Danach habe sie es mit Brennesseln einreiben, anschließend nackt mit ausgestreckten Händen an einen Pfahl binden und über das Mädchen kaltes Wasser ausgießen lassen. Es mußte dann so lange, bis das Wasser gefroren war, so stehen bleiben.«[168]

Keine Ausnahme, wohl eher die Regel im Tagesgeschäft der gräflichen Unternehmungen.

Kreuz und quer reiste sie durch das weite Land ihrer Besitzungen, rast- und ruhelos, auf steter Pirsch nach neuen Objekten ihrer obskuren Begierde. Elisabeth Báthory mordete nicht nur an einem finsteren Ort, in einem labyrinthischen Gewölbe, in Dunkelheit und Einsamkeit, wie es die Legende unterstellen möchte. Vielmehr tat sie offen und für viele sichtbar, an jedem Ort, an dem sie sich aufhielt, was sie offensichtlich nicht unterdrücken konnte, und keine Menschenseele versuchte sie zurückzuhalten. Zuletzt gab es gar regelrechte Mädchenfänger, die sie versorgten.

Zu Beginn ihrer Herrschaft stellte jedoch ihr *Gynaeceum* eine schier unerschöpfliche Nachschubquelle dar. Diese »Frauenhäuser« waren Einrichtungen adliger Familien, sie unterstanden der Herrin des jeweiligen Hauses und dienten der standesgemäßen Erziehung des weiblichen Nachwuchses. Da die Báthorys einen überaus angesehenen und hochstehenden Clan bildeten, genoß Elisabeths »Mädchenpension« einen regen Zulauf. Den Schülerinnen war es eine große Ehre, einer so würdigen Dame zu dienen und von ihr in weiblichen Angelegenheiten unterrichtet zu werden. Guten Glaubens schickten viele Familien ihre Töchter und Nichten zu der Gräfin. Die Ernüchterung folgte nach nicht allzu langer Frist. Die Verwandten wurden mit überraschenden Todesmeldungen schockiert. In einsilbigen Formulierungen ließ Elisabeth ausrichten, sie seien krank geworden und gestorben. Rasch verscharrte man die Leichen, wo es gerade paßte. Es war keine Seltenheit, daß streunende Hunde die verwesenden Überreste aus der Erde zerrten.

Daß Elisabeth Báthory in Blut gebadet und die Eiserne Jungfrau als Blutpresse gebraucht hat, um das vermeintliche Schönheitsmittel bequem und quasi automatisch zu produzieren, wird in den mehreren hundert Zeugenaussagen nicht bestätigt. Eine Mischung aus Vampirglauben und den Erinnerungen an grauenhafte Taten der Gräfin schuf hier eine dem Dracula-Mythos vergleichbare Legende.[169] Das soziale Gedächtnis versuchte, das Monströse der unerhörten Begebenheiten einprägsam zu überliefern. Die Phantasie griff in die letzten Winkel des Sagbaren, um die *black box* Báthory aufzuhellen. Deshalb verdichteten sich ihre Untaten im Bild von der Eisernen Jungfrau als »Blutmaschine«.

Unzweifelhaft scheint es allerdings zu sein, daß Elisabeth Fleischstücke herauslösen und Körperteile mit Zangen abreißen ließ. Viele Opfer wiesen faustgroße Wunden auf. Die Belege dafür sind zahlreich:

> »Als 87. Zeuge wurde der Adlige Martinus Waychko, ansässig in Zolnafalva, etwa 50 Jahre alt, vereidigt und verhört [...]; der Zeuge habe selbst zwischen den Schultern Wunden durch herausgeschnittenes Fleisch gesehen, auch, daß die Hände zerschunden waren, vor allem die rechte, deren Fleisch zwischen den Fingern sowie die Muskeln am Oberarm und am Unterarm zusammen mit den Sehnen so zerschnitten waren, daß keine Hoffnung zu bestehen schien, die Gesundung und Erneuerung der früheren Kraft dieser Hand könne jemals wiederhergestellt werden.«[170]

Ein anderer Zeuge weiß gleichfalls von herausgeschnittenem Fleisch zu berichten, »woraus die Frau Witwe Nádasdy Gehacktes machen und dem Gesinde zum Essen geben ließ.«[171]

Und zumindest in einem Fall scheint sicher, daß sie einem jungen Opfer eine Brust abgeschnitten hat.

Lassen sich Gründe und Motive für ein solches Verhalten angeben? Ist Elisabeth Báthory ein Phänomen jenseits aller Erklärungsmöglichkeit? Entzieht sie sich ein für allemal menschlichem Ermessen?

Ein wichtiger Zeuge, Benedikt Deseö, der einige Zeit Hofmeister bei ihr war und vieles miterlebt hat, hielt es für nicht möglich, alle Verbrechen aufzuzählen, »denn die Übeltaten der Herrin wären ein Meer.«[172]

In seinem Vernehmungsbericht heißt es weiter:

> »Unter anderem fällt ihm diese Schandtat deutlich wieder ein, die er genau weiß und mit eigenen Augen gesehen

hat, daß die Herrin selbst eine Schusterstochter namens Ilonka nackt entkleiden ließ und auf grausame Weise quälte, indem sie selbst an den Fingern beginnend ihr das Messer in beide Arme stieß und so die Arme mit dem Messer durchlöcherte und derart prügelte und mit einer brennenden Kerze ihre Hände verbrannte und versengte, sie so lange quälte und marterte, bis sie ihrem Leben ein Ende gemacht hatte. Er hat auch das mit eigenen Augen gesehen, daß einem Mädchen, ihr Name fällt ihm nicht mehr ein, die Lippen von zwei Seiten mit Stecknadeln durchbohrt und ihr Mund zusammengeklammert wurde, währenddessen zog sie ihr die Zunge zwischen den Lippen hervor oder ließ die Zunge rausstrecken und durchlöcherte auch diese mit der Nadel und pflockte sie auf. So mußte das arme Mädchen leiden. Der Zeuge hat in zahllosen Fällen gesehen, daß die Mädchen nackt vor Frau Báthory stehen mußten und sie diese schlug, manche schlug sie so lange auf die Hände und die Nägel, daß sie aufschwollen und vergiftet wurden, dann habe sie sie zum Nähen gezwungen, indem sie ihnen befahl, ›Nähe, du Metze!‹. Und wenn das arme Mädchen mit seiner geschundenen Hand nicht nähen konnte, weil sie in erbarmungswürdigem Zustand war, führte Frau E. Báthory vor den Anwesenden folgende Klage: ›Eine verlotterte, ungezogene Metze ist sie, daß sie nicht näht!‹ Und dann begann sie, mit der Nadel deren Arm bis hinauf zur Schulter aufzustechen und peitschte, quälte und prügelte sie.

Manche von ihnen ließ sie so lange dürsten, indem sie ihnen jeglichen Trank vorenthielt, daß schließlich und endlich (bei meiner Ehre!), als ihnen das Wasser abging, jene, nackt vor ihr stehend, noch besser daran war, die sich die Hand darunter hielt und es auftrank. Der Zeuge hörte

> auch von anderen, daß sie das breite Brenneisen erhitzen ließ und den Mädchen damit die beiden Arme zu Rauch und Asche brannte. Ja, man erzählte sich auch, daß sie auch das kleinere runde Brenneisen erhitzen ließ und dieses (*salvo honore!*), ganz heiß in ihre Scham stieß.«[173]

Das Vernehmungsprotokoll Deseös offenbart das alltägliche, »bunte« Treiben, das Elisabeth Báthory veranstaltete, unabhängig davon, wo sie sich aufhielt. Ohne Grausamkeiten konnte sie den Tag nicht verbringen. Jeder vermeintliche Fehltritt lieferte ihr das Argument für unerhörte Bestrafungen. Respektlosigkeit erblickte sie auch im tadellosesten Benehmen ihrer Untergebenen, oder sie provozierte selbst gewisse Mißgeschicke. Eine solche Häufung von Gewalttätigkeiten mußte im Laufe der Zeit zwangsläufig für denjenigen zu einer »normalen«, »gewöhnlichen« Sache werden, der damit ständig konfrontiert wurde. Die Unmenschlichkeit der Epoche, in der Elisabeth Báthory lebte, trug hierzu sicherlich ihren Teil bei. In den Kriegen wie im Zivilleben wurde mit menschlicher Gesundheit oder menschlichem Leben nicht zaghaft umgegangen. Humanität war ein Fremdwort. Tod, Schmerz und Vergänglichkeit waren Konstanten des normalen Erfahrungshorizontes und konstituierten die übliche Befindlichkeit. Sie prägten den Alltag.

Dennoch übertrafen die Taten der Báthory, einer Frau und öffentlichen Persönlichkeit, alles bisher Gewohnte. In einem für heutige Maßstäbe schon hohen Grad von Grausamkeit und Gewalt ließ sie ihren Gehässigkeiten und Aversionen freien Lauf. Offensichtlich kannte sie kein Mitleid. Wie anders hätte sie sonst mit Grabeskälte foltern und töten können? Unnahbar und unerreichbar zog sie in eisiger Isolation ihre mörderischen Kreise, ohne den Hauch einer

Chance, aber auch gar nicht willens, eine wirkliche Verbindung zu einem anderen Menschen einzugehen. Dienten ihr also die Schreie der Gemordeten, die Marterlaute der geschundenen Mädchen dazu, aus dem dunklen, kommunikationslosen Keller ihrer Seele zu entkommen? Schreie, die auch das Gemüt Elisabeth Báthorys anrühren konnten? Ein winziger Anklang tatsächlichen, wirklichen Lebens? Es ist bekannt, daß psychisch erkrankte Frauen dazu neigen, sich selbst zu verletzen oder zu verstümmeln, sich zum Beispiel mit einem Messer Schnittwunden zufügen, um etwas zu »fühlen« oder psychischen Schmerz durch physischen Schmerz für Momente zu entkräften. Für Elisabeth Báthory konnte dies nicht gelten, da ihre stählerne Härte dies nicht zuließ. Sie extrovertierte ihre Gefühllosigkeit, um anderen sinnliche Erfahrungen zu bringen. Und da der Schmerz materiell und mechanisch zu erzeugen und zu intensivieren ist, exerzierte sie den strategischen Weg der uneingeschränkten Brutalität.

Die andere Wegesspur dieser exzessiven Unersättlichkeit zeigt ein zweites Element von Elisabeths »abnormer« Veranlagung. Sehr schnell wurde das Foltern und Quälen, das Züchtigen und Beschädigen zu einer Art Passion. Ein kalter Rausch stellte sich ein und gehorchte seinen eigenen Gesetzen. Die Gräfin verwandelte sich zu einer arktischen Furie, die ihre sadistische Kür konzentriert und mit gewissenhafter Bravour absolvierte. Darin erinnert sie an die Ausschweifungen in Sades *120 Tage von Sodom.* An diesem fiktiven Ort werden alle Arten und Modifikationen von Perversionen aufgeführt. Wie in einem Register geht man Schritt für Schritt vor und läßt nichts aus, um kontrolliert und planmäßig auf den Zustand der Ekstase zuzusteuern. Einer Ekstase jedoch, die sich nie einstellt, weil das Ereignis, der Augenblick des Außer-sich-

Seins nur zufällig, aus heiterem Himmel jemandem zuteil werden kann. Es ist und bleibt ein aussichtsloses Unterfangen zu versuchen, den Zustand ekstatischen Losgelöstseins mit rationaler Akribie zu erzielen. Die Ernüchterung wird nur um so größer, und die Anstrengungen werden desto intensiver, je ferner das Ziel rückt, je verschwommener es sich darstellt.

So werden die Grenzpfähle vertrauten Terrains immer weiter nach außen und ins Jenseitige, ins Unwirkliche getrieben. Das Austesten der Schmerzgrenzen findet kein Halten mehr, und es zeigt sich, daß der menschliche Körper immer noch rücksichtsloser bearbeitet werden kann. Dem gequälten Leib scheint immer noch ein Hauch von Leben innezuwohnen, wie sich auch anhand der Geschichte um Damiens' Vierteilung zeigte. Auch deshalb konnte Elisabeth Báthory immer weiter und weitergehen. Und ihr soziales Umfeld vermochte es schon gar nicht, sie zurückzuhalten. Und schließlich zeigten sich die Grenzbereiche menschlichen Verhaltens, die bei solch fehlender Einhegung sichtbar werden:

> »Es geht darum, das Bewußtsein der Vergegenwärtigung dessen zu öffnen, was der Mensch in Wahrheit ist. Dieser Wahrheit ist das Christentum ausgewichen. Das Gros der Menschheit wird ihr vermutlich immer ausweichen wollen, was nichts daran ändert: das Bewußtsein des Menschen muß sich – mit Stolz und mit Demut, mit Leidenschaft, aber schaudernd – der Gewalt des Schrecklichen öffnen.«[174]

Elisabeth Báthory ist eine historische Erscheinung, die sich in diesem *Raum des Schrecklichen* entfaltete. In ihrer furiosen Extravaganz war sie eingetaucht in den Untergrund fataler Emotionen und den Lockrufen des Bösen erlegen, das ja so leicht zu bewerkstelligen war. Ununterbrochen schweifte sie durch ihre Ländereien und griff sich ihre Opfer, gab sich dem Strom ihrer Eingebungen und Folterungsphantasien hin und führte Hunderte jugendliche Mädchen einer schrecklichen Bestimmung zu. Am Ende war sie Königin in einem »Reich des Bösen«!

Ähnlich wie Gilles de Rais, Jeanne d'Arcs Beschützer, der unzählige Kinder schändete und mordete,[175] oder Vlad Tzepes, der seine Feinde pfählen ließ, oder de Sade, der in seinen Schriften ein literarisches Universum der negativen »Moral« konsolidierte, ist Elisabeth Báthory die Bannerträgerin einer anderen Welt, der böser Geister. Als Herrin der Hölle kündigt sie die Morgenröte des Bösen an. Sie ist die andere, die unselige Johanna, denn ihr Heiligenschein verstrahlt im absoluten Gegensatz zu Gott und zum Göttlichen. Sie ist die Kehrseite des Heiligen, ohne die dieses jedoch nicht existieren kann.

Zu ihren Lebzeiten wurden ihre Taten als Werke des Teufels oder als Werke eines Teufelsweibes, einer Hexe bezeichnet. Anders konnten sich ihre Zeitgenossen die Dinge nicht erklären. Katholische Geistliche führten die Verbrechen der Gräfin gar auf die protestantische Konfession der Täterin zurück; die Konversion zum Luthertum habe sie aus dem Schoß Gottes geworfen; der Satan brauchte sie nur noch aufzufangen. Solche Erklärungen sind aus der Zeit heraus zu verstehen; sie zeigen aber, daß der herrschende Diskurs, der sich selbst als gut empfindet, Andersartiges mit dem bezeichnet, was er als seine Gegenseite begreift. Er konstituiert und definiert sich geradezu über die »andere Seite« und ist ohne diese nicht denkbar: Prinzip und Gegenprinzip, Gut und Böse, Gott und Teufel, Ordnung und Chaos – alles das ist unweigerlich ineinander verschränkt. Von jeher tobt ein unerbittlicher Kampf, in dem eine permanente, kanalisierende Ordnung die zerstörerischen Kräfte des menschlichen Wesens unter Kontrolle halten soll.

Doch alle Sicherungssysteme sind anfällig. Und dort, wo Sicherheitsventile fehlen oder versagen, kommt es zu einem Überdruck. Dann ist der Übergang von positiv zu negativ nicht mehr fließend, sondern sprunghaft und ekstatisch. Die doppelte Unterdrückung, der Elisabeth Báthory als Frau und als Person mit exzentrischen, »unnatürlichen« Neigungen ausgesetzt war, führte in eine menschliche Katastrophe. Elisabeth Báthory ist der Prototyp des *Monstre femelle*, des weiblichen Ungeheuers.

Es bleibt die Frage: Warum vergriff sich das *Monstre* Báthory ausnahmslos an im doppelten Sinne unschuldigen Mädchen? Warum nicht an Jungen oder an Männern? Oder an Männern und Frauen? Gelegentlich wird in der Rezeptionsgeschichte der Báthory-Legende von lesbischen Beziehungen gesprochen. So hat zum Beispiel in dem belgischen Film *Blut an den Lippen* aus dem Jahre 1970 (Regie: Harry Kümel) die Protagonistin (Delphine Seyrig) nurmehr den Namen mit Elisabeth Báthory gemein. Sie ist in dieser Kreation ein weiblicher Vampir, der die Ehemänner junger Frauen tötet, um letztere für sich zu gewinnen. In den Dokumenten fehlen allerdings deutliche Hinweise auf homoerotische Neigungen der Gräfin. Zwei Erklärungsmöglichkeiten scheinen sich demgegenüber anzubieten:

Zum einen: Bis in die winzigsten Verästelungen und die tiefsten Krater ihrer Seele hinein litt die Báthory zeit ihres Lebens Höllenqualen aufgrund ihres Älterwerdens. Deshalb versuchte sie, die nachwachsende, begehrte Konkurrenz zu vernichten und auszurotten. Denn sie haßte die Schönheit und Jugend der anderen. Sie begegnete auf diese Weise der Angst, eines Tages einer Jüngeren weichen zu müssen.

Entscheidender aber ist das Prinzip der Übertragung von Vergänglichkeit und Tod. Indem Elisabeth die Körper junger Mädchen, »reiner« Wesen, Stück für Stück dem Verfall und der Verwesung überantwortete, verschob sie ihren eigenen Alterungsprozeß. Die tausend Tode, die sie aus Angst vor ihrem Ende starb, ließ sie andere sterben. Elisabeth Báthory negierte ihre eigene Sterblichkeit und Endlichkeit, indem sie beides real an ihren Jungfrauen exerzierte. Sie war ein weiblicher Dorian Gray. Denn sie versuchte, ihr makelloses Äußeres zu erhalten, indem sie alles Schlechte auf die Körperflächen anderer zeichnete. Die Unsterblichkeit, die sie schließlich erlangte, war von anderer Natur, denn sie schrieb sich unauslöschlich in das Buch der Geschichte ein.

Als das »Weib« vom Teufel geholt wurde

Im Altertum machten die Syrer eine boshafte weibliche Gottheit für Kriege und Naturkatastrophen verantwortlich: Astarte. Ihre zerstörerischen Gelüste sollen nicht unerheblich gewesen sein. Dementsprechend war Astarte manchmal mit Stierkopf ausgestattet. Die Griechen kannten Gaia: Ihr entschlüpften die düstersten Dämonen des Todes. Und Hekate, die ebenso finstere wie furchtbare Schicksalsgöttin – sie war das personifizierte Grauen. In munterer Gesellschaft mit den Lamien rauschte sie in der Nacht, deren Tochter sie überdies war, durch die Luft und brachte die Alpträume über die Menschen. Wenn sie aber jähzornig wurde, jagte sie Mann und Frau, mit Schwert und Fackel in der Hand und von großen schwarzen Hunden umgeben, in den entsetzlichsten Wahnsinn.

Doch selbst Hekate konnte den bösartigen Striges nicht das Wasser reichen, denn sie waren es, vor denen die Römer sich am ehesten in acht nehmen mußten. Diese weiblichen Dämonen hatten einen sehr großen Kopf, den Schnabel eines Raubvogels und messerscharfe Krallen. Auch sie kamen in der Dunkelheit der Nacht, doch nicht, um solche Lächerlichkeiten wie Alptraum und Wahnsinn zu verbreiten, nein, sie fielen über die Kinder her, um deren Blut auszusaugen, das Knochenmark zu schlürfen und sich sämtliche Eingeweide auf der Zunge zergehen zu lassen. Nach diesem superben Festschmaus entschwebten sie in die himmlischen Weiten und lösten sich gleichsam in Luft auf.

Das Altertum pries stets das Lebenschenkende und Fruchtbringende, das Formvollendete und Göttergleiche in der Frau, aber das »Weib« ist auch der furchtbarste Dämon: der Dämon des Todes, des Wahnsinns, der Unzucht, der Besessenheit, des Verbrechens, des nächtlichen Grauens und des gespenstischen Schreckens. Lilith, die Gott Adam zuerst als Gefährtin gab, ist der personifizierte Satan; sie vernichtet die Männer in den zerstörerischsten Rasereien der Wollust, und »als Frau Holda ist sie die Anführerin des wütenden Heeres, die finstere Fürstin, in deren Gefolge die Hexen zu ihrer nächtlichen Teufelsmesse hinausfahren.«[176]

Im Mittelalter, in der frühen Neuzeit und noch bis ins 18. Jahrhundert werden Frauen oft als Verbündete des Teufels und des Todes angesehen. Sie sind die Töchter Evas, die durch ihre Anfälligkeit und Verführbarkeit die Sterblichkeit des Menschen verursacht haben. Daher sind sie Spiegelbilder des Lebens und des Todes. Als Gebärende schenken sie zwar Leben, aber diese Rolle scheint eine desto intensivere Beziehung zum Tod und zur Vergänglichkeit zu provozieren.

Dante Gabriel Rossetti: Lady Lilith, 1867

Die Frauen des Mittelalters gelten als böse und gefährlich, weil sie offen und anfällig sind. Sie sind launisch und reden zu viel. Man muß nicht nur ihren Mund verschließen, sondern auch ihre Vagina. Vulcanus, der Gott des Feuers, der Schmiedekunst und Waffentechnik, ist der mythische Vater des Keuschheitsgürtels. Denn nur mit einem besonderen, in göttlichem Feuer gehärteten Verschluß lassen sich die zerstörerischen, teuflischen Kräfte des Weibes im Zaum halten.

Das Weib des Mittelalters wurde oft als anämisch angesehen. Es war abkünftig und hatte zu wenig Lebensflüssigkeit. Es war mehr Tier als Mensch – Gott hatte es aus der *krummen Rippe* Adams geformt. Noch im 17. Jahrhundert trifft man auf diese Sicht. – Die bösen Instinkte der »Weiber« wucherten üppig wie Tang auf dem Meeresboden, der sich ungestört ausbreiten kann. Ihr »Unverstand« schmiedete die irrwitzigsten Rachegelüste gegen jeden, der auch nur im geringsten nicht ihrem Willen gehorcht und entsprochen hatte. Ständig waren sie darauf erpicht, ihre wollüstigen Instinkte zu befriedigen, und nie konnten sie genug bekommen. Genuß und Befriedigung sind die Leitfeuer dieser »Menschen-Tiere«, die auch nach ausgiebigen Orgien immer noch mehr fordern. Jetzt war es nur noch ein kleiner Schritt, bis ein »Weib« endgültig dem Satan anheimfiel, denn dort ist sein natürlicher Ort. So beschreibt der polnische Symbolist Stanisław Przybyszewski das »Weib« im Zeitalter des Glaubens. Über sein Wirken als Dichter hinaus machte sich Przybyszewski einen Namen als Kunsthistoriker und Satansforscher. 1897 veröffentlichte er ein kleines Büchlein, Ergebnis langer und intensiver Forschungen in Bibliotheken und Archiven Europas: *Die Synagoge des Satan. Ihre Entstehung, Einrichtung und jetzige Bedeutung. Ein Versuch.* Ähnliche Handlungsabläufe des Hexensabbats, wie sie Przybyszewski im folgenden effektvoll beschreibt, konstatieren auch die Historiker Carlo Ginzburg[177] und Richard van Dülmen:[178]

»Sie [die Frau des Mittelalters] befand sich in ewiger Irritation. In dem teuflischen, ›melancholischen‹ Temperament, ›dem Bad des Teufels‹ wird jeder Gedanke, jedes Gefühl zu Gift. Die Frage, wann dies Weib zur Hexe wird, ist eine Frage, wann alle die ›Besessenheits‹-Keime, die sie in sich trägt, offen zum Durchbruch kommen.

Und eines Tages kommt es.

Nie war sie so unruhig. Sie wird geplagt durch eine kranke Gier, zu morden, die Menschen in Stücke zu reißen, zu toben, zu schreien, und plötzlich, wie von einer fremden Kraft hinausgetrieben, rast sie sinnlos in den Wald, sie läuft nicht, sie scheint zu fliegen, sie fühlt, daß sie durch die Luft getragen wird, bis sie plötzlich hinstürzt.

Und da dicht neben ihr erscheint der Incubus. Er ist sehr rot in der Tracht eines Jägers, er hinkt ein wenig, er verbirgt den Schwanz, so gut es geht, auch seine Hörner sind nicht zu sehen, aber sie weiß ganz genau, daß es der Teufel ist. Sie hat Angst, aber sie ist so entsetzlich neugierig. Sie kennt seine Macht, sie weiß, daß er ihr Alles geben kann, was sie sich nur wünscht, im Augenblick denkt sie nicht daran, daß sein Geld sich später als Sand oder Dreck entpuppt, sie hat furchtbare Angst, aber noch größere Neugierde.

Inzwischen nähert sich der Teufel mit freundlichen aber sehr unzweideutigen Gebärden. Er kenne die Not ihres Herzens, er wisse, was ihr fehle, er wolle auch ihre Wünsche erfüllen, wenn sie ihm sich hingebe und – conditio sine qua non – es nicht bereue. Er wird immer zudringlicher. Sie wehrt sich noch, aber schon fühlt sie ihn wie

> eine schwere Masse auf sich ruhen, sie ist gelähmt und läßt das Furchtbare über sich ergehen.«[179]

Es ist ein kalter Geschlechtsakt, den sie erduldet. Sie spürt alles andere als Wollust, eher Schmerz. Einen Schmerz, der der Totenstarre ähnelt, und doch fühlt sie sich unausweichlich angezogen. Bald kommt der teuflische Liebhaber wieder, und ihre anfängliche, fürchterliche Angst weicht allmählich. Eigentlich ist der Teufel ein freundlicher Herr. Er rät ihr, die alte Hexe im Wald aufzusuchen und ihr ihre Erlebnisse zu schildern. Als Lohn bekäme sie dann bestimmte Kräuter, die wunderliche Macht besitzen. Und schließlich dürfte sie auch
(248 an einem Hexensabbat, einer nächtlichen Zusammenkunft, teilnehmen, die der Anrufung Satans dient. Ungeduldig macht sich die Frau auf den Weg. Die Alte empfängt sie bereitwillig. Das Fest soll bald beginnen, denn das Warten ist unerträglich.

> »Endlich ist der ersehnte Augenblick gekommen. Das Zeichen wird gegeben, daß an diesem und diesem Tage der Besuch der ›Synagoge‹ stattfinden soll.
>
> Um Mitternacht zieht sie sich nackt aus und reibt sich mit der Salbe, die sie von der Hexe bekommen hat, den ganzen Körper ein, vorzugsweise die Achselhöhlen, Herzgrube, Scheitel und die Genitalien.
>
> Sie verfällt alsbald in einen ›steinharten‹ Schlaf, der aber nur kurze Zeit dauert, manchmal nur einen Augenblick.
>
> Sie ›wacht‹ auf und begibt sich zur Synagoge.
>
> Wie sie dort hinkommt, weiß sie nicht. Sie kennt alle Umstände ihres Ganges, sie weiß ganz genau, daß sie zu Fuß gegangen ist, sie erinnert sich, daß man sie unterwegs angesprochen hat, aber das ist auch Alles.

Ist sie eine lange oder kurze Zeit gegangen, sie weiß es nicht. Die Stelle, an der sie endlich anlangt, ist ihr nicht ganz unbekannt. Es ist ein verrufener schauerlicher Ort auf einem Berge, von dem sie schon früher hat flüstern gehört, eine wüste Heide ohne einen Weg und eine Wohnung in der Nähe.

Sie findet bereits eine große Versammlung von Männern (deren nur sehr wenige), Frauen und Kindern. Einige darunter glaubt sie zu erkennen, aber nicht genau, denn es ist sehr dunkel und das unruhig flackernde Licht der Fackeln verzerrt die Gestalten zu scheußlichen Gespenstern.

Sie sieht die Weiber, halbnackt, mit aufgerissenen Kleidern und aufgelösten Haaren hin und her in wilden Sprüngen laufen, leicht und behende, als hätten sie kein Gewicht, von Zeit zu Zeit erhebt sich ein brüllendes Geheul: Har! Har! Sabbath! Sabbath! und plötzlich wie auf ein gegebenes Zeichen ordnen sich alle Anwesenden in einen Kreis mit auf den Rücken gelegten Händen, Mann (er ist meistens der Buhlteufel) und Weib mit dem Rücken gegen einander gekehrt und nun beginnt ein rasender Taumel des Tanzes. Der Kopf wird in immer schnellerem Tempo nach rückwärts geworfen, obszöne Gesänge werden gebrüllt, fortwährend unterbrochen von dem keuchenden, heiseren: Har! Har! Teufel! Spring hier! Spring da!

Die Orgie gelangt unter den wildesten Sprüngen in einem taumelnden Wirrwarr auf die Spitze. Die Bestie hat sich lösgelöst, brünstige Gier vermählt sich mit Blutdurst, Wahnsinn der Wollust entzündet sich an den Delirien des Schmerzes, die der Taumel verursacht.

Der Tanz löst sich, die Menschen stürzen aufeinander, Männer und Frauen ohne Unterschied, der Vater auf die

Tochter, der Bruder auf die Schwester, Mann auf Mann, die ganze Versammlung wälzt sich in der unflätigsten, widernatürlichen Unzucht, wie Hunde liegen sie erstarrt in konvulsivischen Zuckungen aufeinander, und in das gräßliche Stöhnen der unmenschlichen, schmerzhaften Kopulation mischt sich das heisere Gebrüll: Har! Har!

Das Weib ist es, welches diese Versammlung beherrscht und exaltiert. Um auch nur den Anschein der Scham zu verleugnen, krampft sie die Hände auf dem Rücken zusammen, sie wirft sich rückwärts auf den Boden, spreizt die Beine in der Höhe auseinander und bietet sich mit heiserem Schreien dem Phallus hin, die alte Kybelepriesterin
(250 erwacht in ihr mit doppelter Macht, die nymphomanische Furie mit dem übermenschlichen Sinnesüberschwang, dem Schmutz und Ekel zur Wollust wird. Die Wollustempfindung verreckt in Blutdurst; sie wühlt sich mit den Nägeln im eigenen Fleisch, rauft sich dicke Strähnen ihres Haares aus dem Kopf, zerkratzt sich die Brust, aber das genügt nicht, um die Bestie zu stillen. Sie wirft sich auf das Kind, das Satan zum Opfer gebracht wurde, zerschneidet ihm die Brust mit den Zähnen, zerrt das Herz heraus, frißt es bluttriefend, oder sie zerreißt ihm die Adern am Hals und trinkt das herausspritzende Blut, oder sie quetscht ihm das weiche Haupt zwischen ihren Schenkeln und preßt es gewaltsam in ihre Genitalien hinein mit den Worten: Gehe hinein, woher Du gekommen bist! Zahllos sind die Modifikationen dieses Lustmordes, und immer ist es das Kind, das furchtbare Opfer des blutdürstigen Satan im Weibe.«[180]

251)

Jacques de Gheyn II.:
Hexensabbat, 1604 (oder 1608)

Satan betritt die Szene. Vorzugsweise nimmt er die Gestalt eines Bockes mit menschenähnlichen Zügen an. Alles an ihm scheint ins Ungeheure und Riesenhafte verwachsen. Feurige, unnatürliche Augen, halb menschlich, halb tierisch geformte Extremitäten und weibliche, schlaff herabhängende Brüste zeichnen ihn aus. Was aber besonders fasziniert, ist sein gewaltiger Phallus, der gewunden ist wie ein überdimensionierter Hundeschwanz, gleißend rot und in ein weibliches Geschlechtsorgan mündend. Seine Stimme ist metallisch durchdringend und raumfüllend, obschon tonlos. Es ist die Stimme des Todes. Unter dem Nabel befindet sich sein zweites Antlitz, ein aus Exkrementen geformtes Gesicht, mit aufgerissenem Maul und herabhängender Zunge.

Der Satansgläubige wird aus dem »Bauch des Lebens« genommen und in das »Buch des Todes« eingetragen. Er ist ein Sendbote des Teufels. Sein Wesen verkehrt sich. In seiner Seele wird das Oberste zum Untersten. Das Gesetz, das ihn bändigte und unterwarf, wird nichtig, alle Tugenden werden in das Gegenteil verwandelt. Besonders das »Weib« kehrt zu seiner eigentlichen Natur zurück und bringt alle Strukturen und Ordnungen zum Einsturz. Die mühsamen Eindämmungen der weiblichen Ur- und Unnatur werden durchbrochen. Przybyszewskis – wohl zu sehr verallgemeinerte – Feststellung lautet:

> »Das Mittelalter kennt nur das böse Weib, und es hat es in seinem Satan personifiziert. Aber selbst hierin zeigt sich der Haß des Mittelalters gegen das Weib. Es durfte nicht einmal das Böse an sich sein. Von der ursprünglichen Weibnatur sind dem Satan nur die Brüste geblieben, die wie zwei Mehlsäcke bis auf den Magen herunterhängen. Nach und nach wurde Satan ganz männlich, und das Weib würdigte man zu einer verruchten Teufelssklavin herab,

einer infamen Kupplerin, die dem Satan die Seelen zuführt, einer schmutzigen Konkubine, die sich willenlos den sterilen Lüsten des Incubus fügen muß.«[181]

Feuer-Wesen Der »Hexensabbat« ist die *andere* Seite menschlicher Wunschphantasien, die schwarze, archaische Seele des Menschen. In der Geschichte von »Gut« und »Böse« steht der Sabbat für das Prinzip des Bösen.

»Die ganze finstere, verzweifelte Geschichte des Mittelalters spiegelt sich in dem Grauen des Sabbath wider«, schreibt Przybyszewski folgerichtig, denn der »Sabbath, das ist der Orgiasmus der entfesselten Instinkte, eine allmächtige Revolte des unterjochten Fleisches, ein finsterer Hallelujaschrei des ans Kreuz genagelten Heidentums [...] eine fratzenhaft verzerrte Synthese aller orgiastischen Kulte des Altertums.«[182]

Aber der Sabbat ist noch mehr. Er ist, um mit Carlo Ginzburg, einem Hexen- und Sabbatkenner neuerer Zeit, zu sprechen, ein »Ensemble von Mythen, Legenden, Märchen, Riten und Ekstasen«. Dieses archaisch-kulturelle Konglomerat, teils rudimentär, teils vollständig vorhanden, zeichnet sich durch einen hohen Grad an »Familienähnlichkeit« aus. So kann beispielsweise der mythische Monosandalismus – das Hinken – nicht nur am Inkubus beobachtet werden, sondern auch in anderen Überlieferungen. Perseus konnte den Kampf mit der mächtigen Gorgo nur humpelnd aufnehmen, Hermes hatte ihm zuvor eine magische Sandale geschenkt. Es existieren unterschiedliche Hinweise, die Aufschlüsse über die tiefere Bedeutung dieses Motivs liefern. In erster Linie ist der Aspekt der Initiation des »starken Helden« hervorzuheben, der durch den nackten Fuß einen engeren Kontakt zu den

Mächten der Unterwelt erreichen soll. In seinem Kern ist der Sabbat eine rituelle Reise der Lebenden in die Welt der Toten. Die nächtliche Revolution des »Bösen« gegen das »Gute« ist ein Angelpunkt der abendländischen Kultur, eine Art Zeitmaschine, um die »Vergangenheit kennenzulernen«, ein Ritt zu den archaischen Ursprüngen und wieder zurück in die zivilisierte Gegenwart. Ginzburg gelangt zu der Erkenntnis, daß aus der Verschmelzung mit dem Bild der feindlichen Sekte der Sabbat als »kulturelle Kompromißgestalt« hervorgeht.[183] Das Böse und Abweichende, alles, was dem wahren und guten Glauben zuwiderlief, konnte sich in den Vorstellungen vom Sabbat verdichten; sein Bild diente der

Beschreibung, der Verunglimpfung des Andersartigen.

Übereinstimmungen in den genannten Einzelheiten und dem Ablauf der Sabbat-Szenen lassen sich aber auch anhand von Aussagen vor Gericht gestellter Hexen nachweisen, die durchaus freimütig über ihre »Liebesorgien« berichteten und sogar offen zugaben, regelrecht süchtig nach den nächtlichen Zusammenkünften gewesen zu sein, weil der Sabbat ein »wahres Paradies« sei und es dort unbeschreibliche Freuden gebe, ja es wäre, »wie wenn man zur Hochzeit gerufen würde«. Daher, schreibt Przybyszewski an anderer Stelle, genössen die Hexen die Greuel mit einer »verwunderlichen Lust und rasendem Verlangen«. Welche schmutzigen und unsauberen Fragen der spanische Inquisitor Pierre de Lancre auch an die Mädchen und Frauen stellen mochte, nichts brachte sie zum Erröten, und sie schilderten »mit unendlichem Behagen die unglaublichsten Details ihres Dienstes«.

Solche offenherzigen Bekenntnisse stehen nicht unbedingt im Widerspruch zu den sogenannten inquisitorischen »Interrogatorien«, einem feststehenden Fragenkatalog, inhaltlich abgeleitet aus dem Haupt- und Grundbuch der Hexenverfolgung, dem sogenannten *Hexenhammer*, dem *Malleus maleficarum*, der einen langen Anklagenkatalog der Verfasser, der deutschen Dominikaner Jacob Sprenger und Heinrich Kramer, enthält. In den 183 Jahren seiner theoretischen und praktischen Inanspruchnahme, von 1486 bis 1669, war er sehr verbreitet und erreichte sage und schreibe 34 Auflagen. Dieses vollständige Kompendium enthielt alle geeigneten Kriterien für die »Hexenjagd«. Wurde man also einer Hexe habhaft, bedienten sich die Inquisitoren während des Prozesses einer Suggestivbefragung der Beschuldigten, um die abweichenden Antworten der Frauen mit ihrer Lehre vom Wesen der Hexen in Einklang zu bringen. Parierten die »Weiber« nicht wie gewünscht und gestanden ihre Schuld ein, drohte folgende Prüfung: Man fesselte die Delinquentin und warf sie ins Wasser. Solch eine unbarmherzige Handhabung entsprang aber keineswegs einer brutalen Mordlust der Inquisitoren, sondern vielmehr einem »Wissen« über das Naturell dieser gefährlichen Zauberinnen. Man legte nämlich zugrunde, daß alle physischen Verhältnisse bei ihr umgekehrt seien, daß sie, die Hexe, sich im Widerspruch zur Natur befände und daher bei ihr das Obere das Untere, das Rechte das Linke, das Vordere das Hintere sei und daß sich in der Ekstase ihr spezifisches Gewicht verändere und sie somit oftmals leichter als Luft sei und einige Minuten schweben könne. Trieb die »Hexe« also im kühlen Naß oben, war ihre Hexerei erwiesen, und sie mußte verbrannt werden, weil nur durch die Verbrennung ihre vollständige Vernichtung garantiert war. Ertrank sie, war sie unschuldig – und tot. In vielen Fällen drohten die sprichwörtlichen mittelalterlichen Foltermethoden. Nach qualvoller Kerkerhaft und relativ milder Tortur wurde ein reumütiges Geständnis im Sinne der Anklage abgepreßt.

Dennoch weiß Przybyszewski zu berichten, daß »die Beispiele der völligen Katalepsie und Empfindungslosigkeit [der Hexe] […] in der dämonischen Literatur außerordentlich häufig [sind], selbst auf der Wippe oder Streckleiter, von der die Henkersformel galt: Du sollst so dünn gefoltert werden, daß die Sonne durch dich siebt, gestand sie nichts, sie lachte oder schlief.«[184]

Nun, man kann sich leicht denken, daß hier weniger der Teufel am Werk war als vielmehr suspekte Substanzen, die eine betäubende Wirkung hatten. Einige dieser pflanzlichen Extrakte, die die Frauen des Mittelalters benutzten, erzeugten gewiß eine erhöhte Bereitschaft zu sexueller Aktivität. Doch die richtige Mixtur für derartige Salben war nur sehr wenigen Menschen bekannt: Frauen, und teilweise auch Männern, die sich im Laufe ihres Lebens nur mit diesen Geheimkünsten beschäftigt hatten – so lange, bis sie ihre Magie perfekt beherrschten und die Zauberformeln aufsagen konnten. Nachtschattengewächse standen offenbar sehr hoch im Kurs: Bilsenkraut, Stechapfel, Tollkirsche, Eisenhut, Wasserschierling, aber auch Mohn, Sellerie und Pferdebohnen. Es ist anzunehmen, daß die Zutaten je nach Land, Region und Klimazone variierten. Die in diesen Pflanzen schlummernden Gifte wie Hyoscyamin, Daturin, Atropin, Akonitin und Cicutoxin – verköchelt und in einer öligen Mischung verrührt – haben nachweislich narkotische und bewußtseinsverändernde Wirkungen. Dieses »Teufelszeug« rief nicht nur jene häufig zitierten Sehstörungen hervor, derentwegen die Hexen die satanische Szenerie meistens nur undeutlich und verschleiert wahrnehmen konnten. Es verursachte ferner Muskelkrämpfe, Schwindelgefühle, aberwitzige Halluzinationen und rauschhafte Delirien.

Nach einem gelungenen Selbstversuch mit einer Salbe nach historischem Rezept konnte der Volkskundler Will-Erich Peuckert von einem unglaublichen »Trip« berichten:

> »Wir träumten erst wilde und dann doch gehemmte Flüge, drauf wüste Feste, welche einem entfesselten Jahrmarktstreiben glichen, und mündeten schließlich in erotische Zügellosigkeit ein, auf welche das Erwachen und ein arger, ungemütlicher ›Kater‹ folgte.«[185]

Hexenglaube ist eine Sache. Volksmagie, magische Vorstellungen und Aberglaube eine andere, obzwar die Grenzen mitunter fließend sind. Sprichwörtliche Verhaltensregeln und Lebensweisheiten, vor allem in den feudal-ständischen Gesellschaften des 16. und 17. Jahrhunderts, sind Ausdruck dieses magischen Glaubens, sie boten den Menschen hilfreiche Stützen, sich im Angesicht einer übermächtigen Natur und in den Mysterien des Lebens zurechtfinden zu können.

Allerdings witterte die Kirche in beidem, dem Aber- und dem Hexenglauben, die Gefahr alternativer Heilsangebote. Frauen wie Männer, schreibt Richard van Dülmen, sind in der frühen Neuzeit als »Teufelsdienerinnen bzw. Diener des Bösen« nicht nur zu Hunderten umgekommen, sondern zu Tausenden und Zehntausenden![186] Ertränkt, zu Tode gefoltert, zu Asche verbrannt. Den theoretischen Überbau für dieses fanatische Töten und Morden lieferten mittelalterliche Theologie und Teufelslehre. Sie führten zu einer »Ideologisierung des Christentums«, die im gewaltsamen Kampf gegen das Hexenwesen im 15. Jahrhundert erste Spuren hinterließ, ins Uferlose führte, später in ungleichmäßigen Schüben die Landstriche von dem »Bösen reinigte« und erst mit der Französischen Revolution zwar erstickt, aber nicht bei der Wurzel gepackt werden konnte. Die erste große Verfolgung ereignete sich in den Jahren 1580 bis 1590, die zweite von 1620 bis 1630 und die dritte schließlich nur dreißig Jahre später. Nicht im Mittelalter, sondern in der frühen Neuzeit, zwischen den Jahren 1580 und 1680, brannten die meisten Hexenfeuer und Scheiterhaufen. Freilich blieben manche Regionen mehr oder weniger – oder sogar völlig – verschont vom wilden Eifer der frommen Männer. Was die Jagdreviere auf deutschem Boden betrifft, läßt sich ein Nord-Süd-Gefälle nicht leugnen. Am schlimmsten traf es die Gebiete Bamberg, Bayreuth, Würzburg, Mainz, Eichstätt, Trier, den Saarraum, Lothringen, und außerhalb der Reichsgrenzen die Schweiz

und Südfrankreich.

Satanische Dämonen wähnte man überall und verteufelte alle diejenigen, die »anders« waren. Im Neid der »ewig Zukurzgekommenen« wurde alles Übermäßige dämonisiert, alles, was *zu* groß, *zu* schön, *zu* gut war. Diese Heiligsprechung des goldenen Mittelwegs hatte auch weiterhin Bestand: Mit den Menschen, die besser oder reicher waren, konnte etwas nicht stimmen; im Zweifelsfall war ein Pakt mit dem Teufel der Grund für den Wohlstand des Nachbarn.

Przybyszewskis auf Wirkung bedachte Schilderung eines Sabbats vermittelt allerdings ein Hexenbild, das erst nach 1600 Einzug in die Schriften der Teufelsgelehrten – der Dämonologen – hielt. Es ist die letzte Stufe eines langjährigen Prozesses. Anhand dieses vierstufigen Prozesses kann die Entwicklung der Hexe von der Schadenszauberin zur Teufelsdienerin nachvollzogen werden.

Aus den Zauberinnen der archaischen Gesellschaft wurden im Zeitalter der Glaubenskriege Mitglieder einer Teufelssekte, die sich verschworen hatten, das Christentum zu vernichten.

In den ersten Charakterisierungen, die schon zu Beginn des 12. Jahrhunderts zu finden sind, waren Hexen lediglich böse Verursacherinnen von Mißernten, Lawinenkatastrophen, Hagel, Reif, von Krankheit und Tod, sie vergifteten das Wasser in Brunnen und Flüssen, ließen die Feldfrüchte verderben, die Milch sauer werden, das Vieh eingehen, führten zur Impotenz der Männer, zu Unfruchtbarkeit, Mißgeburten, sie verübten zauberischen Diebstahl, Kindesraub, Kindesmord und Kannibalismus, setzten die Menschen in einen Schlafzauber, Heilzauber oder Liebeszauber und verwandelten sie in Tiere. Fehlanzeige jedoch bei Teufelspakt und -buhlschaft. Denn nicht der Teufel hat die Hexe in den geheimen Künsten unterrichtet, vielmehr war ihre Lehrmeisterin eine andere Zauberin. Zu jener Zeit zeichnete sich die Hexe durch weitere typische übernatürliche Begabungen aus: Sie fliegt und reitet auf Böcken, Gabeln und Besen durch die Lüfte, beherrscht Theorie und Praxis der Produktion von Salben und steht in keiner Weise im Bannkreis des Teufels. Deshalb muß sie auch nicht verbrannt werden, weil sie allein kraft ihrer Kunst Böses tut. Es reicht, ihr den Kopf mit dem Schwert abzutrennen, um die Gemeinschaft von weiteren Malefizen zu verschonen. Die ersten Ideen einer Teufelsbuhlschaft und eines Teufelspakts entstehen erst im späten 13. Jahrhundert.

Im Hexenbild des 15./16. Jahrhunderts wird der schlechte Einfluß des Teufels stärker hervorgehoben, wenngleich von einem zünftigen Bündnis mit ihm noch nicht die Rede sein kann. Die Hexe erhält vom Teufel höchstens das unsägliche Salbendöschen und reitet anschließend mit ihm wie auf Adlers Schwingen durchs Land – und überspannt den Bogen endlich, wenn sie zusammen mit ihm und den anderen

Magierinnen auf einem Hexentanzplatz die Pfingstnacht durchtobt.

Seit dem Ende des 16. Jahrhunderts entwickelte sich ein neues Hexenmuster. Plötzlich haben Richter und Dämonologen ein gesteigertes Interesse an ihr und fragen, wie es sich mit der Hexe und ihrer Beziehung zum Satan verhält. Dämonologische Literatur, die von einem sogenannten Teufelspakt der Hexen kündet und Angst sät, findet starke Verbreitung. Unter anderem ist die Rede von einem Brandmal – dem sogenannten Trutenmal – und von einem Siegel, das der Teufel auf der Hexe hinterläßt. Nun haben Hexe und Teufel sogar miteinander Geschlechtsverkehr. Es wird der Hexe von ihrem dämonischen Liebhaber aufgetragen, Böses zu verrichten und sich ketzerisch zu verhalten. Kurz: Die Hexe ist nun eine Verführte, eine »Hure des Teufels«, beauftragt, die Menschen von ihrem christlichen Glauben abzubringen. Obendrein ist sie auch noch so unverschämt, sich zu solcherlei bösen Taten frank und frei zu bekennen.

Um 1700 ist die Hexe schließlich eine ausdrückliche Teufelsverehrerin, sie gibt sich Gruppensex-Orgien hin, bei denen auch Sodomie betrieben wird, und ist eine Abtrünnige von Gott. Der Teufelskult, dem sie verfallen ist, ist vollständig ritualisiert und gehorcht einer rigiden Liturgie sowie der genauen Reihenfolge eines detaillierten Handlungsablaufs. Hier herrscht die Idee der verkehrten Welt unter der Fuchtel des Inkubus, der die Hexen zu Dienerinnen degradiert, die nur noch Tod und Pestilenz über die Menschheit bringen – in diesem Bild werden sie von den bekannten Hexenjägern Martín Del Río und Pierre de Lancre verewigt. Der von Jacob Sprenger im *Hexenhammer* um 1500 diagnostizierte bodenlose Abgrund der weiblichen Natur – die »Weiber« könnten weder im Guten noch im Schlechten Maß halten – findet so

 261)

Jacques de Gheyn II.:
Hexen bei der Arbeit unter einem Bogengewölbe, 1604

seine abschließende Form. Alle Reiche seien schließlich nur durch die »Weiber« zugrunde gegangen, unterstreicht der Dominikaner in seiner Abneigung gegenüber der anderen Hälfte der Menschheit. Im *Hexenhammer* artikuliert Sprenger daher die Utopie von einer Erde ohne Frauen, denn bestünde die Welt ausschließlich aus Männern, herrschte ein einziger »Verkehr der Götter«.

Resümierend sind drei wichtige Punkte festzuhalten:

1. Das Hexenbild der christlichen Dämonologen unterscheidet sich vom Profil der heidnischen Zauberin.

2. Das volkstümliche Hexenbild – die Hexe als Komplizin des Teufels oder selbst als Täterin – ist ein wesentlich anderes als das der Dämonologen, die diese Frauen als Dienerin satanischer Macht, als *Satansgläubige* ansehen.

3. Die »Erkenntnisse« der Dämonologen überformten nach und nach das volkstümliche Hexenbild. Erst die dämonologisierte Hexe bildete die Grundlage für Verfolgung, Folter und Feuertod.

Im Laufe mehrerer Jahrhunderte prallten zwei Welten aufeinander: inquisitorischer Glaube und Hexenglaube. Beide Welten überlagerten sich jedoch begrifflich und theologisch insofern, als sie versuchten, die gemeinsame Realität zu beschreiben. Man glaubte an die Existenz von Dämonen und an die Möglichkeit des Paktes zwischen Hexe und Teufel. Am Ende eines Hexenprozesses war das Urteil schließlich ein Kompromiß, der sich aus dem engen Nebeneinander von orthodoxer Religiosität und Volksglauben ergab.

Märchen und Realität Das Bild von der Hexe als Vollstreckerin teuflischer Macht, Verkörperung des Bösen und Menschenfresserin fand bald Eingang in mündliche und schriftliche Überlieferungen. Der norddeutsche Dichter Wilhelm Meinhold veröffentlichte 1843 eine der bedeutendsten deutschen Hexenerzählungen – *Maria Schweidler, die Bernsteinhexe.* Eine im Ton des 17. Jahrhunderts gehaltene, anscheinend historische Aufzeichnung vergangener Ereignisse – eines Hexenprozesses. Meinhold, der Pfarrer auf Usedom war, bezeichnete sich selbst als Herausgeber und tat so, als hätte er die von einem seiner Vorgänger vor zweihundert Jahren verfaßte Chronik unter dem Chorgestühl seiner Kirche gefunden. Er verfaßte 1847 noch einen weiteren Hexenroman – *Sidonia von Bork, die Klosterhexe.* Die im Dreißigjährigen Krieg angesiedelte Geschichte handelt von einer blutdurstigen und menschenfressenden Furie, die das gesamte herzoglich pommersche Regentengeschlecht auslöscht.

1812 veröffentlichen die Brüder Grimm den ersten Band ihrer Kinder- und Hausmärchen. Hänsel und Gretel begegnen der Hexe, dem Sinnbild des »bösen Weibes« – einer buckligen Alten mit Hakennase, roten Augen, krankhafter Fehlsichtigkeit, mit tierischen Instinkten und Hunger auf Menschenfleisch. Doch der ritualisierte Kindermord ist eine geschichtliche Tatsache: Kleine Mädchen und Jungen stellten im Mittelalter eine begehrte Ware dar. Besonders gerne wurden Babys verschachert; nicht selten an zwielichtige Frauengestalten, die die Säuglinge während ihrer satanischen Zusammenkünfte nach allen Regeln der Schwarzen Kunst opferten. Bekannt ist der Fall eines etwa zweijährigen Kindes, das die skrupellose Hexe *Des Oeillets* – Tochter der berühmten *La Voisin* – für einen Taler gekauft hatte. Der Pariser Bischof Guibourg, bekannt wegen seiner satanischen Praktiken, durchschnitt dem unschuldigen Kind zu Beginn des Sabbats die Kehle, und die Des Oeillets, die aus dem Prozeß gegen die Giftmischerin Brinvilliers bekannt ist,[187] riß dem Kind daraufhin die Eingeweide heraus. Sie benutzte die kleine Leiche für weitere zeremonielle Zwecke: Das Blut sollte als »Blut Christi« für Taufhandlungen Verwendung finden. Es ist nachweislich kein Horrormärchen, daß bei den Sabbatexzessen Kinder geopfert wurden. Im Jahre 1679 sah sich König Ludwig XIV. deshalb veranlaßt, einen Untersuchungsausschuß zu konstituieren, die sogenannte *Commission de l'Arsenal*, der die Aufgabe zukam, Satanskult und Sabbatzusammenkünfte aufzudecken. Im Laufe mehrerer Verhöre innerhalb

eines Personenkreises, der aus der unmittelbaren Umgebung des Sonnenkönigs stammte, erfuhren die Beamten von einem Ritual, das die Satanisten auf dem Körper einer nackten Frau vollzogen hatten. Kleine Teilchen einer geweihten Hostie wurden mit Säuglingsblut, Menstruationsblut, Fledermausblut, Sperma und Mehl vermengt – die Verherrlichung von Tötungs- und Liebeszauber.

Das Leben eines Menschen aus dem niederen Volk war seinerzeit nicht besonders viel wert. Von manch hochgestellten Persönlichkeiten und Edelleuten wurde z. B. der Bauer überhaupt nicht als menschliches Wesen betrachtet, sondern als eine Kreatur, die man mit Stalltieren gleichsetzte.

Der Hexensabbat gab nicht nur Frauen Raum für ausgelassene Sexualorgien, »viehische Begierlichkeiten«, für kultische und okkultische Handlungen. Der hexenkundige Literaturwissenschaftler Albrecht Schöne zeigt in seiner Abhandlung *Götterzeichen Liebeszauber Satanskult*, daß Johann Wolfgang von Goethe für die Blocksberg-Szene in seinem *Faust* eine Schrift des Johannes Praetorius aus dem 17. Jahrhundert benutzte, die dokumentiert, daß »auch Männer /

nicht nur geringes sondern auch hohes Stands Personen / Kayser / Fürsten / Freyherrn / Edelleute und dergleichen; nicht nur weltliche / sondern auch Geistliche / Päbste / Bischoffe und Priester; nicht nur ungelehrte / sondern auch gelehrte und berühmte Doctores auß allen Facultäten«[188] süchtig nach den wilden nächtlichen »Spiralflügen« waren.

Dennoch dominierten Frauen die finsteren, von narkotischen Giften getragenen Sabbatfeiern. Albrecht Schöne zieht angesichts der Hexenverbrennungen, die Ausdruck eines abgrundtiefen Frauenhasses waren, folgenden Schluß:

> »Gott, heißt es, habe das männliche Geschlecht, in dessen Gestalt Christus Mensch wurde, dem Zugriff des Bösen weit weniger ausgesetzt als die ihrer Natur nach schlechteren, von unersättlicher sexueller Gier getriebenen Weiber. In dieser theologisch-asketischen Argumentation äußert sich ein Geschlechterhaß, der [...] die Indoktrination des ›Hexenhammers‹ zugleich als soziale Disziplinierung, als grauenhaften Exzeß männlicher Autoritätssicherung erscheinen läßt.«[189]

Die Hexenverfolgungen offenbaren, wie tief die Furcht vor der erotischen Macht und Gefährlichkeit der Frauen saß. Und die Männer der Kirche waren dazu bereit, das Aufbäumen der »widernatürlichen, obszönen Fleischeslust« mit Feuer und Schwert auszumerzen. Nicht nur die widergöttliche »Sodomiterey«, sondern auch die schrecklichen Verbrechen, die »das Weib des Mittelalters« beging, sollten bestraft werden. Przybyszewski schreibt:

> »Freilich hat man sich gewöhnt, der Hexe die unglaublichsten Verbrechen anzudichten, aber die, die sie tatsächlich begangen hat, genügen, um auch den grausamsten Inquisitor in Schutz zu nehmen.«[190]

Ohne äußeren Druck bekannte sich die Ursulinerinnen-Schwester Magdelaine Bavent aus dem Kloster Louvier in der Normandie im Jahre 1647 vor dem Bischof von Evreux dazu, einen Blutpakt mit dem Teufel geschlossen, Hostienschändung, Kannibalismus und kultische Unzucht begangen zu haben. Eine andere geständige Hexe versicherte den anwesenden Herren ausdrücklich, tatsächlich auf den Sabbat fahren zu können, falls ihr erlaubt sei, sich mit einer Tinktur aus Fünffingerkraut, Fledermausblut, Taumellolchsamen, Bilsenkraut, Schierling, Mohn, Wolfsmilch, Tollkirschenbeeren und diversen anderen Zutaten einzureiben. Man ließ sie gewähren, fesselte sie eilig ans Bett, und augenblicklich fiel sie in einen festen Schlaf. Trotz der Schläge, Stiche und Verbrennungen, die die Männer ihr zufügten, soll sie weder aufgewacht noch sich in irgendeiner Weise gerührt haben. Anderntags erzählte sie allerdings von einer höllischen Sabbatvision. Wie sie waren sich viele andere »Hexen« darin einig, daß man nur des Zeitraumes eines »Augennickens« bedürfe, sobald die Einreibung vollzogen sei, und man fände sich versetzt in die »Terra Nova«, ans »Ende der Welt« – in die Welt des Sabbats.

Hexen mußten einen satanischen Kodex befolgen, der darin bestand, falsch zu schwören und falsches Zeugnis abzulegen, die Ehe zu brechen, Unzucht zu treiben – am liebsten wider die Natur –, Vater und Mutter zu hassen, Männer und Frauen zu töten, vor allem aber Kinder, »weil man damit am tiefsten jenen kränkt, der da gesagt hat ›Lasset die Kindlein zu mir kommen‹«.

Vor dem 13. Jahrhundert gab es noch keine ausgeklügelte Teufelslehre im Sinne des späteren Kontroll- und Sicherungsinstruments, denn die Kirche verurteilte bis dahin den

Hexenglauben als Irrlehre und einfach als »böses Teufelswerk«. Das dokumentiert die kirchliche Gesetzessammlung *Decretum Gratiani* von 1150 in aller Deutlichkeit:

> »Allen soll öffentlich verkündet werden, daß derjenige, der solchen und ähnlichen Dingen Glauben schenkt, den Glauben verloren hat; wer aber den wahren Glauben an Gott nicht bewahrt, gehört nicht ihm an, sondern jenem, an den er glaubt, und das ist der Satan.«[191]

Die Menschen des späten Mittelalters und der frühen Neuzeit hatten zwar durchaus keine Schwierigkeien, sich die nächtlichen Hexenzusammenkünfte vorzustellen, jedoch an einzelnen Elementen, wie z. B. dem Hexenflug, hatte das Volk seine Zweifel. Darüber hinaus war diesem die Idee eines bösen Prinzips, eines fast gottgleichen Satans unbekannt. Man glaubte zwar an den Teufel, aber er galt als nicht besonders einflußreich; er ließ sich relativ leicht überlisten. In den ursprünglichen Zaubereiprozessen hieß »böse« lediglich: jemand fügt der Gemeinschaft »Böses« zu. Erst durch das Erscheinen von Teufelslehre und – damit einhergehend – von Teufelsglauben verlieren das religiöse Weltbild und der Aberglaube des einfachen Volkes an Bedeutung.

Die Hexenprozesse waren das Unterdrückungs- und Diskriminierungsinstrument all dessen, was von den Dämonologen als »böse« definiert wurde. Aus Furcht vor einem Machtverlust, die keineswegs unbegründet war, kultivierte die Kirche die Angst vor der Hölle und fachte die Angst vor Dämonen an. Man dachte, Dämonen seien gefallene Engel, die nun auf der Erde wandelten und Böses anrichteten. Ein Dämonologe stellte eine Rechnung auf: Insgesamt existierten 6 Heerscharen Dämonen. 1 Schar umfasse 66 Kohorten, die sich wiederum aus 666 Kompanien zusammensetzten. Da eine Kompanie aber 6666 Dämonen zähle, trieben demnach 1.758.064.176 Dämonen ihr Unwesen auf der Erde.

Im 17. Jahrhundert hatte man die Dämonologie so weit getrieben, daß Theologen »radikal böse« Taten ausschließlich als Werke Satans interpretierten. Nicht die Hexe – sie war nurmehr eine Marionette – sondern Satan war die eigentlich schädliche Macht, die in ihren Körper gefahren und für die Untaten verantwortlich war. Auf der Basis derartiger Vorstellungen entwickelte sich der Glaube an Menschen mit besonderen Fähigkeiten und starker Spiritualität, die in der Lage wären, den Teufel auch wieder auszutreiben: Exorzisten.

Die Angst vor dem Teufel ist auch heute noch anzutreffen.

Im September 1990 ereignete sich in Spanien ein außergewöhnlich grausamer Fall von Exorzismus, der für das angeblich besessene Opfer tödlich endete.

Die Exorzistin Rosa Gonzálvez Sito

Das unfaßbare Ritual begann nach Einbruch der Dämmerung. Die Wogen der blutigen Zeremonie hatten sich erst nach achtundvierzig Stunden geglättet, als Fernando, ein alarmierter Sanitäter, das Zimmer der Tat betreten wollte, jedoch gegen eine stinkende, widerwärtige Wand aus »Blut und Schweiß« prallte, die ihn wieder zurückwarf. Der Rotkreuzhelfer nahm seinen ganzen Mut zusammen und versuchte einen Augenblick später, den Raum des Schreckens erneut zu betreten. Ihm bot sich folgendes Bild: Zwei Frauen – ein Schwesternpaar aus Valladolid – knieten nackt auf dem Boden und beteten. Eine dritte Frau lag auf einem Bettgestell – übersät mit Kratz- und Schlagverletzungen. Eine vierte Frau, die Exorzistin Rosa Gonzálvez Sito, saß weinend neben einem zweiten Gestell, darauf ihre elfjährige Tochter Rosa. Unter der Pritsche entdeckten die Männer die Innereien des Mädchens. Rosas Darm lag gesondert in einem schüsselähnlichen Gefäß. Dieser grausige Fund erklärte zunächst nur die entsetzlichen Blutspuren an den Wänden, nicht aber den Umstand der scheinbar völligen Unverletztheit der Ermordeten. Erst als man das kleine rote Rinnsal erblickte, das zwischen den Beinen des Mädchens abfloß, dämmerte den Anwesenden, welche Bestialitäten sich innerhalb dieser Mauern abgespielt haben mußten.

In ihrem Wahn hatte die Mutter offenbar mit eigener Hand in die Vagina ihres elfjährigen Kindes gegriffen, das sie vom Satan besessen glaubte, gewaltsam ihre Bauchhöhle durchstoßen und ihr »mit scharfen Fingern«[192] die Eingeweide durch die Scheide herausgezerrt. Danach schleuderte sie die Innereien der kleinen Rosa mit inbrünstigem Fanatismus gegen die weißgekalkten Wände des Raumes, um Satan mit Gewalt hinauszuprügeln und zur Ausfahrt zu zwingen. Ob das junge Opfer zu diesem Zeitpunkt noch bei Bewußtsein oder schon tot war, bleibt ungewiß. Die Mörderin, die sich an ihrem Kind so unmenschlich vergangen hatte, drohte der Polizei jedenfalls mit fester Stimme:

> »Ich würde es wieder tun […] ich habe getan, wie mir befohlen wurde.«[193]

Dies sagte Rosa Gonzálvez Sito unmittelbar nach der Tat, sie trug noch ihre blutbesudelten Shorts. Worte, die Empörung hervorrufen mußten. Ohne Frage war die scheußliche Tat das späte Produkt einer Teufelslehre.

Der spanische Schriftsteller Juan Madrid wies in einem Interview ebenfalls auf den direkten Zusammenhang zwischen dem Mord und der geschürten Teufelsangst hin. »Man hat dieses Land mit einer dünnen Schicht Lack überstrichen«, sagt er, »das wilde, ignorante, von schlechter Verdauung und Gebeten dickbäuchige Spanien liegt gleich um die Ecke.«[194] Einige Bürger erkannten in Rosa Gonzálvez Sito selbstverständlich eine böse »Teufelin«. Wütend forderten sie, die »Hexe« aufzuhängen – oder besser noch: zu verbrennen.

Doch die 20000-Seelen-Gemeinde Almansa, die Schauplatz des Unglücks war, ist kein Einzelfall, obwohl es »eigentlich ein recht modernes Städtchen [ist], direkt an der Nationalstraße von Valencia nach Albacete gelegen, so nahe an der Küste, daß die Disco-Kultur auch hierher gelangte.«[195] Der Großteil der Einwohner lebt von der Schuhindustrie. Dies tat auch der Ehemann der Mörderin, Jesús Fernández Sito, bis zu dem Augenblick, da der »Zauber« seiner Frau in der Gegend so populär war, daß die Kranken und Gebrechlichen an seiner Tür »Schlange standen«, um von der *Curandera* – der Wunderheilerin – wieder gesundgemacht zu werden.

Rosa Gonzálvez Sito war nur eine von 200 »Schwestern des Lichts«, einer Art Vereinigung, die sich von Gott dazu berufen fühlt, Schmerz und Krankheit von den Menschen zu nehmen. Und der Ort Almansa ist nur einer von vielen, die im Gebiet um Valencia und Albacete voll von Wunderheilern, Magierinnen und Hexen sind. Eine Exorzistin wie Rosa Gonzálvez Sito, die im Kampf gegen den Satan ihre Tochter tötete, ist eine »Dienerin des Herrn« und begeht Taten, die einer »Hexe« würdig sind.

À rebours – Die Umkehrung aller Werte

»Zwei Götter gibt es ewig entgegengesetzt, zwei Erzeuger und zwei Herren ohne Anfang und Ende«,[196] schreibt Przybyszewski über die Entstehung der Satanskirche: einen guten Gott und einen schlechten Gott.

Der schlechte Gott ist die Regellosigkeit, er wirft alle Gesetze über den Haufen und wagt den Sprung in die Vergangenheit und in die Zukunft. Der schlechte Gott ist die Neugierde nach den verborgensten Geheimnissen, die höchste Weisheit und Verworfenheit, der wildeste Stolz und die verschlagenste Demut, weil man nur so alle Regeln übertölpeln kann. Der schlechte Gott heiligt die Philosophie und die Kunst, den Hoch- und den Wagemut, die Herrschsucht und das Heldentum. Er hat den Menschen gelehrt, daß es kein Verbrechen gebe außer dem wider seine eigene Natur, und so schuf er auch die Instinkte und die Leidenschaften, die die Quelle der Liebe zum Leben sind und der Ursprung des Willens zum ewigen Leben. Er ist der Herr der irdischen Marterungen und des verzweifelten Kampfes gegen die Schläge des Schicksals. Er erschuf alles Sichtbare, Körperliche und Vergängliche und ist der Herrscher über das Gift, den Abfall und die Fäkalien. Er ist die Inkarnation des Bösen, er haßt das Gute und liebt das Böse.

Der gute Gott ist das bittere Gesetz, die Norm und die Demut. Der gute Gott sagt zu seinen Kindern: »Seid arm im Geiste, denn nur so gelangt ihr in mein Reich! Seid kindlicher als die Kinder, tötet euren Willen, folgt mir nach! Forschet nach keinem Ursprung und keinen Zielen, denn nur bei mir allein ist alle Vergangenheit und alle Zukunft.«[197]

Der gute Gott erschuf die Geister, die reinen, unverdorbenen Wesen. Er haßt die irdische Schönheit und er erschuf die Welt des Unsichtbaren, eine Welt ohne Kampf, Schmerz und Qual, ohne Schweiß und Tränen, ohne die Freuden des Fleisches.

Im Frühmittelalter hatte Satan, der böse Gott, einen eigentümlichen Status; die Menschen wußten, daß es ihn gab, aber man konnte sich nicht erklären, wer er war und woher er kam, schreibt Gerald Messadié in seiner *Universalgeschichte des Bösen.*[198]

Zu dieser Zeit begann die Kirche ihren Vernichtungskrieg gegen die großen Ketzerbewegungen – gegen Priscillianisten, Messalianer, Albigenser, Manichäer, Waldenser, Katharer und andere Häretiker. Sie durchquerten weite Gebiete Europas

und »verseuchten« die Völker mit ihrer geistigen »Pest«. Sogar Roms Stellung verstanden sie zu schwächen und wiegelten viele Menschen durch ihre abtrünnigen Lehren gegen die christliche Kirche auf.

Mitte des 11. Jahrhunderts fielen die katharischen Versammlungen dem kirchlichen Dogmatismus zum Opfer, und in den Ketzerprozessen bezeichnete man sie – der Offenbarung des Johannes folgend – als *Synagoga Satanae.* Dort steht geschrieben, daß es Leute gebe, die sich zu Unrecht als Juden bezeichnen, denn sie gehörten in Wirklichkeit der Synagoge des Satans an.[199] Man warf ihnen damit vor, den Satanskult zu betreiben. In Anbetracht der unaufhörlichen Nachstellungen durch die Kirche trafen sich die »Ketzer« im Schutz der Nacht, an abgelegenen Orten. Dort huldigten sie mit obszönen Küssen dem Teufel, der als schwarzer oder stark behaarter Mann auftrat, oft auch in Tiergestalt. Statt den Gott der Christenheit, beteten die Katharer den teuflischen schwarzen Mann an, verhöhnten die heiligen Sakramente, hielten eine rituelle Mahlzeit ab und führten die wildesten Tänze auf, die schließlich in Orgien der Unzucht ausarteten.

Nicht das *Böse*, sondern das *Gute* war das Schlechte, denn das Gute war die Negation der Leidenschaft, durch die alles entsteht. Satan war der Gott der Lebenskraft, er regte die Neugierde an, das Verborgene ans Licht zu fördern, die Schatten der Nacht zu enträtseln. Satan war auch der verbrecherische Wagemut:

> »Satan liebt das Böse, weil er das Leben liebt, er haßt das Gute, weil er den Stillstand, die Beharrung haßt, und er liebt die Weiber, das ewige Prinzip des Bösen, die Stifterin des Verbrechens, den Sauerteig des Lebens.«[200]

Das Schema des Ketzersabbats übertrug man auf den Hexensabbat, der um das Jahr 1330 in den Akten der Inquisitionsprozesse von Carcassonne und Toulouse zum ersten Mal erscheint. Die Hexe feierte den Gott der schmutzigen Materie, des Ekels und des Gestanks. Im Reich des Satanischen galt der Grundsatz: à rebours – »gegen den Strich« – oder: die Umkehrung aller Werte. Dreihundert Jahre später, Mitte des 17. Jahrhunderts, sind die Sabbatexzesse in Frankreich ein öffentliches Ereignis; unter großem Zulauf von »hysterischen Weibern« feiert man sie in der Kirche des Heiligen Geistes in Paris, in der Abtei von Montmartre:

> »Und sie [die Hexe] raubt Kinder, wo sie nur kann, am liebsten ungetaufte, [...] sie mordet es unter den entsetzlichsten Martern, um ihren Gebieter [Satan] zu erfreuen, kocht das Fleisch, vermengt es mit den schmutzigsten Ingredienzien [...] und stellt so das furchtbare ›Anthropotoxin‹ her.«[201]

Die Hexe ist also auch eine Giftmischerin, es wächst keine Giftpflanze, die sie nicht erforscht und deren Wirkungen sie nicht genau gekannt hätte.

Das bekannteste Gift war das Aqua Tofana.[202] Es war in der Konsistenz klar und geschmacklos; kein Gegengift vermochte seine Wirkung zu neutralisieren! Die Menschen, denen es verabreicht wurde, spürten lange Zeit keine nennenswerte Übelkeit, das Unwohlsein nahm erst allmählich zu. Es führte zum allmählichen Verlöschen der Körperfunktionen, zum langsamen Hinsiechen, bis der Mensch endlich fiel und liegenblieb. In einem Fall hatte sich die ganze Grausamkeit des Aqua Tofana gezeigt. Während des Begräbnisses eines Opfers, das bei geöffnetem Deckel getragen wurde, fiel ein Bein aus dem Sarg: Die Glieder hatten sich vom Körper gelöst.

Die blutigen Grausamkeiten des Satanskults inspirierten Künstler und Schriftsteller. 1891 schildert Joris-Karl Huysmans die Praktiken der Satanisten in seinem Roman *Tief unten*. Die höllischen Kulthandlungen, die von den Hexen in sehr kreativer Weise variiert und ausgeweitet wurden, haben wohl auch den sexuell bedingten Vampirismus begünstigt. 1886 beschrieb der Sexualpathologe Richard Krafft-Ebing in dem Buch *Psychopathia Sexualis* die ungewöhnliche Trieberregung eines Mannes beim Anblick von fließendem Blut. Gegen Ende des Jahrhunderts verzeichnet die Sexualpathologie weitere, ähnlich gelagerte Fälle. Man konstatierte das Phänomen des Blutfetischismus. Menschen mit derartigen Neigungen sind allerdings nichts anderes als lebende Vampire …

Vampirella und der erotische Blutdurst

Bekanntermaßen erklärt ein Fetischist die Nebensache zur Hauptsache, sein ganzes Herz, seine Liebe und seine Leidenschaft schenkt er nicht einem vollständigen Menschen, sondern einem Teil oder Teilen dieser Person. Eine besondere Art des Fetischismus ist der Blutfetischismus, die Hämatophilie.

Diesbezüglich ist der Fall einer 30jährigen Portugiesin von Interesse. In ihren Gedanken und Phantasien beschäftigte sie sich mit dem roten Lebenssaft in allen Variationen. Als der bekannte Sexualforscher Magnus Hirschfeld das Standardwerk *Sexualität und Kriminalität* verfaßte, nahm er ihre Fallgeschichte auf. Die lebendige »Vampirin« war bei einem Doktor Craven in Behandlung und hatte ihre Symptome ausführlich beschrieben.[203]

Blut war für sie das Symbol von Liebe, Haß, Zorn und Leidenschaft. In ihrer Vorstellung fielen bei Regen keine Wassertropfen, sondern Blutstropfen. Sie liebte Blutorangen und trank ausschließlich Rotwein. Sie träumte davon, sich an der Leiche eines Babys zu vergehen. Gegenüber Kindern hegte sie seit je einen unsäglichen Haß, ihren siebenjährigen Sohn beabsichtigte sie zu ermorden. Wenn sie an ihren Ehemann dachte oder ihn sah, erschien vor ihrem geistigen Auge sein aufgebahrter toter Körper. Wurde sie beim Geschlechtsakt von einem Orgasmus überwältigt, so wünschte sie nichts sehnlicher, als daß der Tod sie augenblicklich an die Hand nehme! – während sich ihr Körper in diesem Moment in einer Art Leichenstarre verkrampfte. Manchmal hatte sie den Wunsch, junge Mädchen in die Brüste zu beißen oder mit Haut und Haaren aufzufressen. Ähnlich kannibalische Empfindungen waren auf Organe wie Vagina und Mastdarm gerichtet. Doch das Nonplusultra ihrer satanischen Phantasmagorien war das Bluttrinken aus dem Ohr.

Vampirella, das Mädchen mit Biß

Blutfetischismus ist allerdings nur das Vorspiel einer letztgültigen Leidenschaft, des erotischen Blutdurstes: der Hämatodipsie.

> »Der Zustand sexueller Erregung stellt sich nur noch beim Sehen, Hören oder Schmecken von Blut ein. Der Blutgenuß animiert diese Vampire nicht nur zum Coitus, sondern ersetzt jede Art von Geschlechtsverkehr. Das Geschlecht des Opfers spielt für sie keine Rolle.«[204]

Ein Frauenmörder namens Verzeni hat an dieser entsetzlichen Veranlagung gelitten.

Wenn wir aber von diesen wirklichen Begebenheiten absehen und unser Augenmerk auf die malerischen Regenwälder Kaliforniens richten, treffen wir auf eine weibliche Heldin mit echten Vampirzähnen, die ohne regelmäßige Blutmahlzeiten zum Sterben verurteilt ist:

EIN MÄDCHEN, HALB MENSCH, HALB VAMPIR, FOLGT DEN SPUREN DES WAHNSINNIGEN GOTTES CHAOS. DIE SCHREIE EINER GEQUÄLTEN KREATUR WEISEN IHR DABEI DEN WEG. NUR SIE ALLEIN KANN DAS ENTSETZLICHE BEGREIFEN, DENN SIE HEISST:

VAMPIRELLA

Gemeinsam mit dem Magier Adam van Helsing und seinem Vater, Konrad van Helsing, geht die halbnackte und aus dem Lande Drakulon stammende Comic-Protagonistin im Internationalen Horrormagazin Nr. 4 (Dezember 1973) auf die Suche nach Dämonen, nach dem »absoluten Grauen«. Sie ist ein Exemplar aus der Gattung der Untoten, daher benötigt sie keine herkömmlichen Lebensmittel, sondern vielmehr den Inhalt einer Ampulle Blutserums. Es ist kühl gelagert an einem besonderen Ort. Ihre Abenteuerlust bringt Vampirella allerdings immer wieder in brenzlige Situationen, die die 24stündliche Einnahme des Lebenssafts unmöglich machen. Dann wird es für die Vampirin gefährlich. Um nicht hinzusiechen, greift Vampirella zum letzten Mittel und verbeißt sich mit ihren heimtückischen Hauern in van Helsings Hals und zapft seine Venen an!

Die Engelmacherin Elisabeth Wiese

In den ersten Oktobertagen des Jahres 1904 steht eine verheiratete Frau und »Katholikin« vor dem Hamburger Schwurgericht, sie erscheint dem Gerichtsreporter Hugo Friedlaender wegen ihres Aussehens und ihrer Taten wie eine »Hexe«. Er schreibt:

> »Sie war eine mittelgroße, schlanke Frau. Sie hatte ein speckgelbes Gesicht, eingefallene Wangen, eine lange Habichtsnase und kleine stechende Augen. Sie machte ganz den Eindruck einer ›Hexe‹, mit der man Kinder graulich machen konnte.«[205]

Nötigung zu Hurerei, Betrügerei und skrupelloser Kindermord aus niederem Gewinnstreben – die »gewerbsmäßige Engelmacherei« – werden ihr zur Last gelegt. Elisabeth Wiese ist zu diesem Zeitpunkt bereits vierundfünfzig Jahre alt. Die gegen sie erhobenen Vorwürfe weist sie mit beachtlicher rhetorischer Gewandtheit mühelos zurück und täuscht Entrüstung vor, wenngleich sich der Vorsitzende Landrichter Dr. Crasemann und der Staatsanwalt Dr. Holländer davon nicht beeindrucken lassen.

Als der rechtschaffene Kesselschmied Heinrich Wiese, eine gestandene deutsche Eiche mit blondem Vollbart, Elisabeth zum Weibe nimmt, ist sie noch eine »manierlich aussehende« Hebamme, dazu »sehr geschickt« in allem, was sie tut. Der Haussegen hängt erst schief, als das brave Eheweib beginnt, die Ersparnisse zu schröpfen. Ganz offenbar hat sie einen höheren finanziellen Bedarf als ihr Mann. Es kommt sogar so weit, daß »der Herzenswunsch seiner liebenswürdigen Gattin« darin besteht, den »Witwenschleier« anlegen zu dürfen und sein kleines Vermögen zu erben: Elisabeth versucht einige Male, verschiedene Lebensmittel zu vergiften. Heinrich Wiese hat nach den Mahlzeiten des öfteren ein mulmiges Gefühl im Magen, muß sich übergeben und wird bald von einem so heftigen Hustenreiz erfaßt, daß ihm die Nase blutet. Einmal brüht sie einen Kaffee mit auffallend faulig-bitterem Aroma auf. Heinrich Wiese ist es endgültig leid mit seinem giftigen Raffzahn und will den Kaffee nach Giftspuren untersuchen lassen. Empört nimmt sie die Kaffeekanne an sich und schüttet den Inhalt überhastet in den Ausguß. Doch sie läßt nicht locker: Wiederholt schleicht sie sich des Nachts mit einem Rasiermesser an ihn heran, ihm die Kehle durchzuschneiden. Der fleißige Kesselschmied hält von nun an stets ein Auge offen und vereitelt auf diese Weise weitere tödliche Argumente, die seine Gemahlin gegen ihn vorzubringen gedenkt.

In den folgenden Jahren macht Elisabeth Wiese eine beeindruckende Karriere als Amateurkriminelle: Sie verleitet andere zum Diebstahl, hehlt, fälscht Urkunden, betrügt, macht sich strafbar wegen Kuppelei und landet schließlich im Gefängnis.

Als sie nach einer Weile wieder auf freiem Fuß ist, entdeckt sie in Hamburger Zeitungen bestimmte Anzeigen von »Dienstmädchen, Kinderfräuleins usw.«, die ihre unehelich geborenen Kinder zur Pflege anbieten. Bewiesen ist, daß sie sich auf derlei Annoncen meldete und mehrere Kinder gegen Kostgeld zu sich ins Haus nahm, obwohl ihr dies polizeilich untersagt war.

> »Sobald sie aber vermutete, die Mädchen befinden sich im Besitz von größeren Geldbeträgen, machte sie ihnen den Vorschlag, ihr eine einmalige größere Abfindungssumme zu zahlen. Sie werde nach London, Manchester, Wien, Berlin oder anderen Orten fahren, da sie in Erfahrung gebracht habe, daß dort eine Grafen- oder Fürstenfamilie ein Kind zu adoptieren wünsche.«[206]

Mehrere dieser jungen Frauen erklären sich schweren Herzens bereit, ihr eigen Fleisch und Blut in die Obhut der Elisabeth Wiese zu geben. Doch diese Gutgläubigkeit sollte sich als fataler Fehler erweisen. Als nach einer Weile die Mutterliebe rebelliert, suchen sie die vermeintliche Adoptionsvermittlerin auf. Doch sie erhalten weder eine Auskunft über den Aufenthaltsort noch sonst ein Lebenszeichen. Statt dessen sucht die Wiese fadenscheinige Ausflüchte; die Kleinen seien »in Seide gebettet«, und es fehle ihnen nichts weiter »als das Himmelreich«. Die kinderlosen Mütter hegen jedoch wahrhaft schreckliche Vermutungen und erstatten Anzeige. Die Ermittlungen der Polizei, die nun eingeleitet werden, erhärten die ungeheuren Verdächtigungen. Nachbarn wollen es längst gewußt haben: Für die »Megäre« war die Engelmacherei schnöder wirtschaftlicher Gewinn.

> »[...] verschiedene Vorkommnisse führten zu der Vermutung, daß *Frau Wiese die kleinen Wesen verbrenne*. Sie soll bisweilen so stark geheizt haben, daß die Herdplatten zersprangen. Außerdem soll ein fürchterlicher Geruch wahrgenommen worden sein.«[207]

Zeugen machen dubiose Beobachtungen, aber beweisen kann man ihr recht wenig. Vier Kinder werden vermißt. Jahrelang versuchen die Behörden, »durch Ausschreibung von hohen Belohnungen in den Zeitungen des In- und Auslandes den Verbleib der verschwundenen Kinder zu ermitteln, es gelang aber nicht, auch nur eine Spur zu entdecken.«[208] Elisabeth Wiese findet eine weitere ebenso bequeme wie gewalttätige Möglichkeit, um an Geld zu kommen: Sie treibt ihre unehelich geborene, bildschöne Tochter Paula Berkefeld »in die Arme des Lasters«, also in die Prostitution. Elisabeth fädelt das unlautere Geschäft ein, indem sie folgenden Anzeigentext chiffriert in Hamburger Tageszeitungen veröffentlichen läßt:

> »Eine junge Dame bittet einen edeldenkenden Herrn um 30 Mark Unterstützung gegen dankbare Rückzahlung.«[209]

Die Nötigung ihrer widerspenstigen Tochter zu derartigem Tun geschah unter anderem durch Pantoffelschläge und durch erzwungene Hungerkuren. Darüber hinaus empfahl die angehende Zuhälterin den Männern, rohe Gewalt anzuwenden, falls Paula sich sträube. Obendrein drohte sie der Tochter mit Mißhandlung, wenn sie es wagen sollte, ohne »Sündengeld« heimzukehren. In der dramatischen Verhandlung sagt Paula Berkefeld:

> »Oftmals warf sie mich zu Boden, riß mich an den Haaren und trat mich mit den Füßen. Einmal flüchtete ich. Da verfolgte mich die Wiese mit einem Küchenmesser.«[210]

Elisabeth Wiese zwang Paula später, zusammen mit einem anderen Mädchen in St. Pauli auf den Straßenstrich zu gehen und sich dort ein Absteigequartier zu mieten. Doch irgendwann wird es der 22jährigen Paula zu bunt und sie entflieht nach London. Sie findet bei einer deutschen Familie namens Goldschmidt eine Anstellung als Bedienstete. Ein gewichtiger Grund nötigt sie jedoch schon bald, die Heimreise anzutreten. Sie zieht zu dem 74jährigen Schuhmacher Schröder, der zugleich ihr Liebhaber ist, und wartet in seinen vier Wänden ihre Niederkunft ab. Im Sommer 1902 bringt sie mit ihrer Mutter Hilfe in der Schröderschen Wohnung einen hübschen und gesunden Jungen zur Welt. Paula sieht gerade noch, wie das »entmenschte Weib« ihr Enkelkind in einen Eimer Wasser taucht und es darauf in einen Sack steckt. Dann will die Wiese das tote Kind verbrennen, was sich allerdings als nicht durchführbar erweist. Die Leiche bleibt verschwunden; Elisabeth Wiese gibt vor, den Leichnam zu einem Beerdigungsinstitut gebracht zu haben. Aus Aberglauben verbrennt sie die Nachgeburt des ermordeten Kindes. Eine Zeugin sagt aus, daß ihr Elisabeth Wiese erzählt habe, sie spreche des öfteren zu Mitternacht mit Geistern. Mit Vorliebe liest sie Bücher, in denen etwas über das »Schlachten kleiner Kinder« steht, denn Kinderblut sei gut, es bringe Glück.

Die Beweisaufnahme fördert den Besitz von Morphium als weiteren belastenden Umstand zutage. Die Mörderin versucht, andere Frauen mit hohen Geldbeträgen zu bestechen, um für sie auszusagen, und animiert Mitgefangene während ihrer Untersuchungshaft zur Falschaussage.

Der Hamburger Gerichtshof verurteilt Elisabeth Wiese im Herbst des Jahres 1904 wegen fünffachen Mordes zum Tode und zu dauerndem Verlust der bürgerlichen Ehrenrechte. Unmittelbar nach der Urteilsverkündung erfolgt die Hinrichtung.

5.
Frauen morden besser

Sie ward geschaffen, Unheil anzustiften,

Zu locken, zu verführen, zu vergiften –

Zu morden, ohne daß es einer spürt.

Frank Wedekind, *Erdgeist*

Das schreckliche Mädchen Marie Schneider

Am 7. Juli 1886 wurde Marie Schneider, die zu diesem Zeitpunkt zwölf Jahre und neun Wochen zählte, von ihrer Mutter etwas einzukaufen geschickt. Unterwegs traf sie Margarete Dietrich, die ihr seit einigen Monaten bekannt war. Marie gebot der Dreieinhalbjährigen mitzukommen und faßte sie bei der Hand. Grete folgte bereitwillig, ohne zu ahnen, daß Marie ihr die hübschen Ohrringe wegnehmen wollte, die sie gerade trug. Die goldenen, mit einem bunten Stein verzierten Ohrringe gedachte Marie bei einem Trödler gegen bare Münze loszuschlagen. Für das Geld wollte sie sich Näschereien, besonders Königskuchen, kaufen. Sie kehrte mit der Kleinen noch einmal nach Hause zurück, um ihr Vorhaben besser durchführen zu können. Im Hof sah sie, daß das Flurfenster des zweiten Stockwerks offenstand. Schnell ging sie mit Grete die Treppe hinauf, um ihr dort oben die Ohrringe wegzunehmen. Und sie hatte einen noch weiterreichenden Entschluß gefaßt: Das Kind mußte sterben!

Als sie im zweiten Stock ankommen, stößt Marie Schneider das Fenster ganz auf und setzt das Mädchen auf die Fensterbank. Aber der Mord verzögert sich, ein Hausbewohner kommt die Treppe herunter. Schnell setzt sie ihr Opfer noch einmal auf den Stiegenboden zurück, und der Nachbar der jungen Marie geht eilig vorüber, ohne die beiden zu beachten. Jetzt kann die Tat ausgeführt werden. Wieder macht sie das Fenster so weit wie möglich auf und setzt die Kleine auf das Fensterbrett, so daß Gretes Füße über den Hof baumeln. Marie hakt ihr die Ohrringe aus, und Margarete fängt an zu schreien, dies mißfällt ihr offenbar. Den Schmuck steckt Marie in ihre Rocktasche. Dann versetzt sie dem Kind einen leichten Schubs und hört noch im Weggehen, wie Grete erst auf eine Laterne, dann auf das Pflaster aufschlägt.

Schon am nächsten Tag kam ein Schutzmann, um sie zu fragen, ob sie das kleine Mädchen aus dem Fenster geworfen habe. Noch leugnet die Täterin. Einem zweiten Schutzmann, der ihr eine Ohrfeige androht, sagt sie schließlich die Wahrheit. Marie Schneider wird auf der Stelle abgeführt, verhört und ins Untersuchungsgefängnis gebracht. Landgerichtsrat Hollmann nimmt eine weitere Befragung vor. Er fährt mit der kindlichen Mörderin ins Leichenschauhaus, um sie mit dem Opfer zu konfrontieren. Aber Marie Schneider läßt sich nicht beeindrucken. In der Droschke hat sie bereits ein Brötchen, das ihr der Beamte gegeben hatte, mit gesundem Appetit verzehrt, und in der Leichenhalle empfindet sie beim Anblick der Toten, die nackt auf einem Brett liegt, »keinen Schmerz und kein Bedauern«, wie sie selbst sagt. Man bringt sie zurück ins Untersuchungsgefängnis. Sie wird schließlich zu einer Gefängnisstrafe von acht Jahren verurteilt.

Bemerkenswert auch bei diesem Fall ist die Kontroverse zwischen juristischer und medizinisch-psychologischer Wahrnehmung. Für den Schriftsteller Paul Lindau, der die Geschichte der Marie Schneider in einer Sammlung von Gerichtsreportagen 1888 darstellt, spitzt sich das Problem zu in der Frage: »Verbrechen oder Wahnsinn?«[211] Lindau beschreibt die Ansichten des Staatsanwalts, der drei ärztlichen Gutachter und des Verteidigers. Der Anklagevertreter, Assessor Werner, schließt aus der Tatsache, daß Marie Schneider sehr sachlich und kühl auf alle Fragen antwortete und sie klar zwischen Betrug und Diebstahl sowie zwischen leichtem und schwerem Diebstahl unterscheiden konnte, daß sie sich ihres Unrechtsverhaltens voll bewußt war. Die Schuldfähigkeit der Angeklagten im Sinne des Gesetzes steht für ihn eindeutig fest. Die Täterin sagt selbst:

»Jemand, der tödtet, ist ein Mörder, und ich bin eine Mörderin. Der Mord wird mit dem Tode bestraft, der Mörder wird hingerichtet, das heißt: es wird ihm der Kopf abgehackt. Mir wird man den Kopf aber nicht abhacken, weil ich noch zu jung bin. Man hat mir gesagt, ich wäre noch so jung, daß mir nichts geschehen könne, man würde mich in ein Erziehungshaus bringen.«[212]

Einem solchen Schuldgeständnis kann sich der Jurist nicht entziehen. Marie Schneider ist eine kaltblütige Räuberin und Mörderin, die nach dem Gesetz als jugendliche Straftäterin mit Gefängnis zu bestrafen ist. Für den Verteidiger und die

drei Sachverständigen ist der Mord entsetzlich und in keiner Weise zu bemänteln. Es bleiben aber drei Fragen offen. Erstens die Frage nach der Schuldfähigkeit. Zweitens die nach der Schuldeinsicht. Und drittens die nach der Fähigkeit, zwischen Recht und Unrecht, zwischen Gut und Böse zu unterscheiden. Marie Schneider, so der sich auf die medizinisch-psychologischen Gutachten stützende Verteidiger Dr. Fritz Friedmann, kann »als ein unseliges fürchterliches Kind, aber eben doch als ein kindisches Wesen« nicht gesetzlich belangt werden, »weil es eben die zur Erkenntniß der That erforderliche sittliche Reife nicht besitze.«[213] Ihr sei zwar die Strafbarkeit ihres Tuns bewußt, doch ihr fehle das *moralische* Verständnis, etwas Falsches getan zu haben. Ein Verbrecher, den seine Untat keine moralische Überwindung kostet, kann nicht als Verbrecher angesehen werden. Da bei Marie Schneider kein »sittliches Grauen« vor ihrer Tat zu erkennen sei, könne sie nicht bestraft werden. Sie leide an einem »absoluten Moraldefect« und sei ein »seelisches Blachfeld«, das in eine Erziehungsanstalt gegeben werden müsse. Denn nur dort können die »Keime des sittlichen Erkennens« eventuell gesät werden und aufgehen. Es ist eine Frage der Erziehung, das schreckliche Mädchen Marie Schneider zu einer wohlerzogenen jungen Dame zu machen.

Paul Lindau ist diese Argumentation bei weitem nicht tiefgreifend genug. Das gänzliche Fehlen der »mahnenden Stimme des Gewissens« führt ihn zu dem Urteil, daß wir es hier mit einer »verhängnisvollen Verthierung im Menschen« zu tun haben, mit einer »seelischen Idiotin«. Lindau attestiert ihr zwar eine »geistige Klarheit und Bestimmtheit, die für ihre Jahre höchst überraschend, ja staunenswerth sind«, doch zu *wahrer* Erkenntnis ist sie nicht in der Lage, weil sie überhaupt kein Herz, kein Gemüt besitzt. Was bleibt, ist eine »moral insanity«: die »Krankheit der Seele und des Gemüthes«, die durch keine noch so ausgetüftelte Pädagogik zu beheben sei, sondern nur durch psychiatrische Kunst. Nicht in der Erziehungsanstalt, nur im Irrenhaus könne ihr also geholfen werden. Die »Unverhältnißmäßigkeit des grausigen Verbrechens und des damit erstrebten Zweckes [der Kauf von Süßigkeiten!]«, die man konstatierte, und die »offenbar krankhafte Veranlagung« der Täterin, die sich auch in anderen Handlungen des Mädchens zeigt, dafür kann es nur ein Wort geben: »Geistesstörung«.

Doch es ist auch in diesem Fall festzuhalten, daß die Zuschreibung »Geisteskrankheit« als willkommenes Etikett dient, mit dem jedes verstörte oder mörderische Verhalten bezeichnet werden kann, ohne auf die so bezeichnete Person wirklich einzugehen.

Darzustellen bleiben die Verhaltensweisen der Marie Schneider. Zum Beispiel ihr störrisches Wesen, ihr Widerspruchsgeist – er verhinderte ihre Versetzung in die vierte Klasse der Gemeindeschule. Ständig hatte sie Streit mit ihrer Lehrerin und ihren Mitschülerinnen. Sie konnte und sie wollte sich wohl auch nicht ein- und unterordnen, nicht anpassen. Die Mutter züchtigte sie immer wieder wegen ihrer Frechheiten, und einmal riß Marie gar den Schlagstock an sich, um zurückzuhauen. Sie haßte ihre Schwester, weil die Mutters Schätzchen war und besser behandelt wurde. Freundinnen hatte sie kaum. Am häufigsten verkehrte sie mit einer 20jährigen Nachbarin, die ihr einmal erzählte, daß sie auch »ruppig« gewesen sei und die Lehrer geschlagen hätte, die sie bestrafen wollten. Lindau muß nicht groß überlegen, um zu erkennen, wohin das führt. In einer Fußnote merkt er an, daß der betreffenden Frau ein »lasterhafter Lebenswandel«

nachgesagt wird.

Deutlich sichtbar wird die ungewöhnliche Veranlagung Maries an den Grausamkeiten, die sie schon in noch jüngerem Alter begangen hatte. Einmal hatte sie sich von hinten an ein Kind herangeschlichen, ihm die Augen zugehalten und es gefragt, wer da wohl wäre. Ein harmloses Kinderspiel, sollte man meinen. Sie jedoch drückte ihre Daumen so tief in die Augäpfel ihres Opfers hinein, daß dieses laut aufheulte und mehrere Tage mit entzündeten Augen herumlief. Mit Gewalt mußte man sie losreißen, da sie trotz der Schmerzensschreie nicht damit aufhören wollte. Marie ganz lapidar:

> »Eine besondere Freude habe ich wegen der dem Kinde bereiteten Schmerzen nicht empfunden, ich habe es aber auch nicht bereut.«[214]

Marie machte sich einen Spaß daraus, Kaninchen die Augen auszustechen und ihnen den Bauch aufzuschneiden. Bemerkenswert ist schließlich ein Hinweis auf ihre Zeit im Untersuchungsgefängnis. Dort soll sie ihren Mitgefangenen eine »Reihe von abenteuerlichen und scheußlichen Geschichten«

erzählt haben, die aber weder in der öffentlichen Verhandlung noch in Lindaus Bericht wiedergegeben werden. Für Lindau sind sie nur Zeichen einer »schrecklichen Entartung der Phantasie«, auf die nicht gesondert eingegangen werden müsse, da die Verhöre und die Verhandlung ein »vollkommen klares Bild von dem Wesen des merkwürdigen und schrecklichen Kindes gaben.«[215] Eine erstaunliche, eine ignorante Einschätzung. Allerdings gibt Lindau zu Recht zu bedenken, daß eine einfache Gefängnisstrafe die Verurteilte wohl kaum auf den Pfad der Tugend bringe. Eher wachse sie in dem Milieu zu einer vollkommenen Verbrecherin heran.

Die weitere Lebensgeschichte des Mädchens fällt bei Lindau unter den Tisch. Hier wären spezifische Nachforschungen und Untersuchungen vonnöten. Der Fall der Marie Schneider und Paul Lindaus publizistische Bearbeitung desselben erlangten jedoch besonderen Nachruhm. In zwei der bedeutendsten kriminologischen Schriften an der Wende zum 20. Jahrhundert dient die Geschichte zur Illustration und – mehr noch – zur Verifikation kriminalwissenschaftlicher Theoreme. In der deutschsprachigen Übersetzung von Cesare Lombrosos *L'Uomo Delinquente* erscheint Lindaus Bericht in einem Anhang mit Fallgeschichten.[216] Lombrosos Übersetzer Fraenkel sieht in dem Mord der Marie Schneider eine empirische Bestätigung der Theorie des Italieners. In *Verbrecher und Verbrechen* von Havelock Ellis rückt die literarische Darstellung des Falles sogar an den Beginn der kriminologischen Abhandlung.[217] Wie Stefan Andriopoulos ausführt, zitiert Ellis Paul Lindaus Bericht »im Verbund mit zwei andern Fallgeschichten, um den ›Begriff‹ des ›instinctiven Verbrechers‹ zu ›definieren‹.«[218] Die Beschreibung eines zwölfjährigen Mädchens als »moralisches Ungeheuer«, als »menschliche Mißbildung« wird in den kriminalwissenschaftlichen Diskurs aus praktischen Erwägungen eingebaut. Sie kann nützlich sein, mit kriminalistischem Blick bestimmte Typen von Verbrechern zu bezeichnen und zu kennzeichnen.

Die Tragödie der Susanna Margaretha Brandt

Kindestötungen fanden in nahezu allen Epochen und Kulturen statt, ohne geahndet zu werden. Wirtschaftliche Not, eine kranke Mutter, Mißbildungen des Kindes waren Grund genug, sich eines Neugeborenen zu entledigen. Derartige Praktiken waren auch in Europa üblich. Erst in der frühen Neuzeit, vom

15. bis zum 17. Jahrhundert, bildete sich das *Delikt* »Kindestötung« heraus. Nun konnten Kindesmörderinnen strafrechtlich verfolgt, konnte Kindesmord eine juristische Kategorie werden. Zwar wurde die Kindestötung von kirchlicher Seite von jeher verurteilt, doch erst 1532 erließ Kaiser Karl V. die *Peinliche Halsgerichtsordnung*. Sie sollte die Rechtsprechung im Heiligen Römischen Reich Deutscher Nation so weit wie möglich auf eine gemeinsame Basis stellen. Dieser kaiserliche Erlaß war das erste Gesetz, in dem der Kindesmord als selbständiges Delikt mit einem spezifischen Unrechtsgehalt definiert wurde. Kindesmord bzw. Kindestötung galt fortan als vorsätzlicher Tötungsakt. Auf Kindesmord lautete neben Hexerei nunmehr die häufigste Anklage. Ein »Frauenverbrechen«, das mit dem Tod bestraft werden konnte.

Paradigmatisch ist die Geschichte der Susanna Margaretha Brandt, deren Schicksal der junge Johann Wolfgang von Goethe 1774/75 im *Urfaust* literarisch verarbeitet hat: Sie ist der Prototyp seines Gretchens. Abschriften der Prozeßprotokolle fanden sich später in Goethes Elternhaus.

Susanna war Dienstmagd in einem einfachen Gasthaus in Frankfurt. In der Weihnachtszeit des Jahres 1770 läßt sie sich, eine Waise, von den Schmeicheleien des Dieners eines holländischen Kaufmanns betören. Beide trinken Wein zusammen. Das beharrliche und auch körperlich gewaltsame Drängen des Mannes bricht ihren letzten Widerstand. Der Holländer reist bald ab, und Susanna muß von nun an mit häufigen Unpäßlichkeiten zurechtkommen. Nur langsam dämmert ihr, in welchen Zustand sie der Holländer versetzt hat. Sie versucht, die Schwangerschaft zu verheimlichen. Unbeirrt geht sie weiter ihrer Arbeit nach. Am 1. August 1771 setzen die Wehen ein. Die Vierundzwanzigjährige zieht sich zurück und bringt das Kind in der Waschküche des Gasthofs allein und unbemerkt zur Welt. Dann verläßt sie die Stadt.

Am Abend des nächsten Tages wird sie von ihrer älteren Schwester angezeigt. Maria Ursula König, die mit dem Tambour König verehelicht ist, vermutete schon lange, daß sich Susanna in anderen Umständen befand. Die merkwürdigen Begebenheiten und das plötzliche Verschwinden der Frau bestätigen nur ihre Überlegungen. Ihr bleibt keine andere Wahl: Die absichtliche Verheimlichung einer Schwangerschaft und sogar die Mitwisserschaft gelten als schwerwiegende Vergehen. Die Ordonnanz Sergeant Brandt, Susannas Vetter, inspiziert als erster den mutmaßlichen Tatort. Unter dem Misthaufen des Gasthauses entdeckt er den toten Knaben. Er ist gezeichnet von Blutergüssen und Würgemalen. Der Schädel ist zerschmettert! Ein Steckbrief wird ausgestellt. Susanna Brandt wird sofort verhaftet, als sie spätnachmittags am 3. August wieder in die Stadt zurückkehrt.

Im Zuge mehrerer Verhöre gesteht sie Schritt für Schritt das Verbrechen. Um sie endgültig zu überführen und ein vollständiges Schuldbekenntnis von ihr zu erlangen, schaffen die Kriminalbeamten sie ins Hospital. Dort präsentiert man ihr den bereits bestatteten und wieder exhumierten kindlichen Leichnam und hält sie dazu an, sich die verwesenden und sezierten Reste anzusehen. In die Enge getrieben, greift sie zur letzten Verteidigung, die ihr plausibel und ausreichend erscheint: Satan hat sie verblendet! Er, der Teufel, hat sie dazu verleitet, die Schwangerschaft zu verheimlichen, er hat ihr eingegeben, ihr Kindlein zu vernichten:

> »Sie könne nicht läugnen, daß von der Zeit an, als sie das Leben des Kindes verspühret, der Satan ihr in den Sinn gegeben habe, daß sie in dem großen Hauß leicht heimlich gebähren, das Kind umbringen, verbergen und vorgeben könne, daß sie ihre Ordinaire [ihre Regel] wieder bekommen.«[219]

Gedanken und Einfälle, die mit dem allgemeinen Sittenkodex nicht in Einklang standen, mußten, da sie nicht göttlicher Herkunft sein konnten, einer anderen Macht zugeschrieben werden. Der Teufel als Universalschurke und Verursacher ungebührlichen und ungesetzlichen Verhaltens war allemal genug Erklärung. Ihr Verteidiger Dr. Schaaf gibt noch zu bedenken, daß Susanna Brandt zu jenen Menschen zu rechnen sei, die alles, was man ihnen unterstellt, nur deshalb zugeben, weil sie sich von der irrigen Vorstellung leiten lassen, dadurch Wohlwollen zu schaffen und eine gute Behandlung zu erfahren. Doch auch diese Bemühung hat keine Wirkung mehr. Am Dienstag, den 7. Januar 1772, wird das Urteil beschlossen. Am 10. Januar wird es in der Amtsstube des Römers in Anwesenheit der Delinquentin verlesen. In den letzten Tagen vor ihrer Hinrichtung wird sie so oft wie möglich von Geistlichen besucht. Die Kirchenmänner bleiben auch die Nacht vor ihrem Tod bei ihr, einerseits, um ihr Seelenheil zu gewährleisten, andererseits, um dafür zu sorgen, daß sie physisch und psychisch bis zur Enthauptung durchhält.

Das üppige Henkersmahl rührt sie nicht an, ein Glas Wasser und Gebete sind ihre einzige Nahrung vor dem Gang zum Schafott. Wenigstens können sich die zahlreich anwesenden Beamten und Geistlichen an der reich gedeckten Tafel stärken. Der Ratsschreiber Dr. Claudy hat deren Bestandteile in seinem peinlichst genauen Bericht aufgezeichnet:

> »Dieses [das Henkersmahl] hat, wie ich höre, dem alten Herkommen nach bestanden 1.) in einer guten Gersten Supp, 2.) in einer Schüssel blau Kraut, 3.) einer Schüssel Bratwürste von 3 Pfundt, 4.) 10 Pfundt Rindfleisch, 5.) 6 Pfundt gebackene Karpfen, 6.) 12 Pfundt gespickten Kalbs-Braten, 7.) einer Schüssel confect, 8.) 30 Milchbrodt, 9.) 2 schwartze Hospital Leibbrodt und 10.) 8 1/2 Maas 1748r Wein.«[220]

Um 10 Uhr vormittags, am 14. Januar 1772, wird Susanna Margaretha Brandt mit dem Schwert hingerichtet. Tausende verfolgen das Spektakel, denn zuletzt hatte es 1758 dergleichen zu sehen gegeben. Auch damals war eine verurteilte Kindesmörderin das Objekt der Sensationsgier gewesen. Unter den vielen Zuschauern des Jahres 1772 war wohl auch Johann Wolfgang von Goethe. Sein Onkel, der Senator und Schöffe Johann Jost Textor, war an der Untersuchung des Falles beteiligt gewesen. Dort, wo das Hinrichtungsgerüst gestanden hatte, senkte man später vier Steine mit einem eingehauenen »E« (wahrscheinlich für »Exekution«) in den Straßenboden, um Passanten bleibend an die ungeheuerlichen Ereignisse zu erinnern.

Der Mord war also gesühnt. Obwohl häufige Totgeburten und eine hohe Kindersterblichkeit zum Alltag gehörten und wie Naturereignisse klaglos hingenommen wurden, betrieb man mit großem Aufwand hartnäckige Nachforschungen, um vermeintliche Kindestötungen aufzuklären. Schnell unterstellte man absichtliches und böswilliges Handeln.

Der Historiker Richard van Dülmen vermutet, daß der rapide Anstieg von Kindesmordprozessen in der frühen Neuzeit möglicherweise auf einer neuen rechtlichen und insbesondere auch moralischen Wahrnehmung der Geschehnisse beruhte. Zweierlei führte zu einer intensivierten Strafverfolgung: Zum einen der sich ausbildende *Puritanismus* des 17. Jahrhunderts, den die reformatorischen Bewegungen ausgelöst und dem sich die Gegenreformation angeschlossen hatte. Zum anderen die nicht geringe Denunziationsbereitschaft. Sie flankierte die neue Moral und den schärferen Kontroll- und Strafwillen der weltlichen und geistlichen Obrigkeiten. Sexualität sollte strikt an ein eheliches und familiäres Leben gebunden sein. Eindringlich betonte Martin Luther 1522 in seiner Schrift *Vom ehelichen Leben* die Einheit von Ehe und Sex. Die Strafen für unzüchtiges Betragen stiegen deutlich in die Höhe. Wer des vorehelichen Geschlechtsverkehrs überführt wurde, der mußte nicht mehr nur Geldbußen in Kauf nehmen, sondern er wurde des Ortes verwiesen. Frauen, die ihr Neugeborenes umbrachten, unternahmen also damit in erster Linie den Versuch, ihren guten Ruf und ihre *weibliche Ehre* in den Augen der Öffentlichkeit zu wahren. Aber weder die drakonischen Strafen der weltlichen Gerichtsbarkeit noch spezielle Strafen – z. B. mit geschorenen Haaren am Pranger zu stehen –, die von kirchlicher Seite verhängt wurden, konnten Kindestötungen verhindern. Die wahren Ursachen wurden kaum in Betracht gezogen.

Dienstmägde bildeten keinen sozialen Stand, vielmehr handelte es sich bei ihnen um junge, ledige Frauen, die dieses Stadium nur durchliefen, um baldmöglichst zu heiraten und einen eigenen Haushalt zu führen. Ihre Entlohnung war äußerst gering. Ein nicht gehaltenes Eheversprechen oder eine voreheliche Schwangerschaft kamen daher einer sozialen Katastrophe gleich. Der finanzielle Ruin war so gut wie sicher, und die Chancen auf eine künftige Heirat waren verflogen. Isolation und ein Dasein unterhalb der Armutsgrenze waren der hohe Preis für einen einzigen schwachen Moment. Kaum jemand wollte mit der »Gefallenen« etwas zu tun haben:

> »Ein Mann, der sie später heiratete, lief Gefahr, auf den früheren Fall seiner Frau angesprochen zu werden. Das Handwerk verbot jede Verehelichung mit einer ›leichtfertigen‹ Frau; falls sich jemand darüber hinwegsetzte, mußte er damit rechnen, daß ihm von der Zunft sein Laden geschlossen wurde.«[221]

Die Zukunft sah für Susanna Brandt also düster aus, als der Zeitpunkt der Geburt näherrückte. Am Tage der Niederkunft, noch bevor die Wehen einsetzten, wurde sie auch noch von ihrer Brotherrin Maria Bauer entlassen, der der »dicke Leib« und die kränklichen Anfälle ihrer Magd nicht geheuer waren. Damit wollte sie nichts zu tun haben. Schließlich erwartete sie für gutes Geld auch gute Arbeit.

Sexualverkehr ohne kirchlichen Segen wurde in der Alltagswelt durchaus gelitten, sofern das Paar vorhatte, sich diesen in Bälde einzuholen. War eine Frau in guter Hoffnung und platzte die Eheschließung dennoch, galten die sittlichen und politischen Fundamente der sich im Übergang von mittelalterlicher zu bürgerlicher Ordnung befindenden Gesellschaft als nachdrücklich unterminiert. Das ins Wanken gebrachte Staatswesen mußte wieder stabilisiert werden. Allmählich nur bildete sich eine neue Sichtweise der Kindestötung. Man suchte Antworten, die der sich formierenden modernen Gesellschaft angemessen waren.

> »Erst gegen Ende des 18. Jahrhunderts legte sich die Angst, daß ein Kindsmord die ganze Gesellschaft bedrohe; das zunehmende Interesse an der Täterin und ihren Motiven führte zu einer milderen Beurteilung der Straftat.«[222]

Die Aufklärungsbewegungen des 18. Jahrhunderts gestatteten einen veränderten Umgang mit Kindesmorddelikten. Allerdings sind die annoncierte Humanisierung und Psychologisierung der Betrachtungsweise dieses Verbrechens nur ein Teil der Wahrheit. Denn Staat und Gesellschaft hatten das Kind als *Wertfaktor* entdeckt. Es ging darum, den Rohstoff Mensch, der die Leistungs- und Reproduktionsfähigkeit der politischen Gemeinschaft darstellte, für den Staat verwertbar zu halten. So nahm das Allgemeine Preußische Landrecht von 1794 Frauen sogar in die Pflicht, ihre Kinder selbst zu stillen. Es wurden öffentliche Gebäranstalten, Waisen- und Findelhäuser eingerichtet, schwangere Dienstmädchen durften nicht mehr entlassen werden, und die Diskriminierung nichtehelicher Kinder wurde eingeschränkt. Um genügend Untertanen produzieren zu können, durfte keine Mutter mehr verlorengehen. Kinder, woher sie auch kamen, bildeten jetzt die Zukunft der Gesellschaft. Der Aufklärungspädagoge Christian Gotthilf Salzmann bringt das zum Ausdruck. Er moniert unter anderem das Auspeitschen lediger Mütter und beklagt die Folgen der früheren Strafpraxis:

> »Diese Unglücklichen hatten durch ihre Ausschweifungen einige Unordnungen im Staate angerichtet, die sie vielleicht durch gute Erziehung ihrer Kinder wieder gut

gemacht hätten. Nun aber sind sie schlechterdings verdorben. [...] Sie sind öffentlich beschimpft. Nicht für einen Heller Ehre haben sie mehr, deren Verlust sie von fernern Ausschweifungen abhalten könnte. Sie werden ihren Leib öffentlich feil bieten, und die Verführerinnen junger Mannspersonen werden. Hunger und Geilheit werden den Muttertrieb ersticken, sie gegen das Wimmern ihrer Kinder fühllos machen, sie werden sie verschmachten lassen, wenn sie die gegenwärtige Woche überleben sollten. Denn leider glaube ich, daß die Kinder noch heute sterben müssen, wenn sie die durch Zorn, Angst und Bosheit vergiftete Milch ihrer Mutter in sich saugen.«[223]

Auch die Literatur des ausgehenden 18. Jahrhunderts nimmt sich des Themas an und produziert fleißig Kindesmordgeschichten und -tragödien. Nicht nur Goethe verarbeitet aktuell Gesehenes und Erlebtes. Friedrich Maximilian Klinger flicht 1791 in seinen Gesellschaftsroman *Fausts Leben, Taten und Höllenfahrt* eine Kindesmord-Episode ein. Jakob Michael Reinhold Lenz folgt 1776 in der Erzählung *Zerbin oder Die neuere Philosophie* dem Zeitgeist, und Friedrich Schiller schreibt 1781 ein Gedicht unter dem Titel *Die Kindsmörderin*, in dem sich die Täterin als Opfer zeigt:

»Trauet nicht den Rosen eurer Jugend,
Trauet, Schwestern, Männerschwüren nie!
Schönheit war die Falle meiner Tugend,
Auf der Richtstatt hier verfluch ich sie! –
Zähren? Zähren in des Würgers Bliken?
Schnell die Binde um mein Angesicht!
Henker kannst du keine Lilje kniken?
Bleicher Henker zittre nicht! – – –«[224]

Phantom-Wesen Selbst Kämpferinnen für Gleichberechtigung und Emanzipation ignorieren die Taten der Verwüstung richtig »böser Mädchen«. Sie setzen sich nicht oder nur zaghaft auseinander mit den Geschichten von Frauen, die nicht nur frech und vulgär, sondern *wirklich* böse sind. Männer und Frauen wollten und wollen noch immer ein Frauenbild ohne Schatten und Düsternis bewahren und reproduzieren. Im Schema von Frausein und Mannsein wird Gewalt allein dem Mann zugedacht. Frauen werden nicht aggressiv, sie töten und morden nicht, und wenn doch, dann entspricht es nicht ihrem eigentlichen Wesen, dann ist das eine Form von Vermännlichung. Eine gewalttätige Frau ist keine Frau, jedenfalls solange sie nicht von diesem Verhalten abläßt. Gewalt kann nie ihr primäres Attribut sein, denn »niemals macht Gewalt eine Frau zur Frau«, wie der Schweizer Journalist Jürgmeier hervorhebt.[225]

Frauen, die nicht vor Mord und Totschlag zurückschrecken, werden als *Sensation* wahrgenommen, die sich nicht an die geschriebenen und ungeschriebenen Regeln halten und deshalb wie Mutationen im Zoo begafft werden dürfen. Manchmal macht man sie zu Objekten im Dienst der Wissenschaft, wie der Fall der Kindesmörderin Marie Schneider beweist. Daß in diesem Mädchen die dunkle Seite dominierte, diese schlichte Wahrheit blieb unverstanden. Sie wurde nicht akzeptiert.

Ausnahmen sind die politisch motivierten Täterinnen. Hier scheint der Satz zu gelten: Geglückte Subversion ist Revolution für ein besseres Leben, verunglückte Subversion ist staatsgefährdender Terrorismus. In diese Gleichung möchte man Attentäterinnen und politische Mörderinnen einfügen. Gesellschaftsweite Bedeutung legitimiert einen unweiblichen

Habitus. Wie sich an den historischen Heldengeschichten Judiths und Jeanne d'Arcs nachweisen läßt, können solche wahrhaft tapferen Taten sogar den Sieg oder die Einheit eines Volkes oder einer Nation auf besondere Weise herausheben. Allerdings sind die für diesen Typus wichtigen Eigenschaften – Jungfräulichkeit und das Tragen männlicher Kleidung – Hinweise darauf, daß es sich nicht um *richtige* Frauen handelt. Zwar korrespondiert das Bild der *Jungfrau in Waffen* mit der Vorstellung von der Frau als Heiliger, als Jungfrau Maria, als Mutter des Gottessohnes. Aber dieses Weiblichkeitsideal ist gekoppelt an den Gedanken der Mutterschaft. Einer heiligen Mutterschaft, die dementsprechend besondere Kinder, übernatürliche oder solche symbolischer Art, gebiert und aufzieht: sei es Jesus oder sei es auch die Einheit der Nation. Alltägliche Muster-Mütter hingegen sind das Wunschbild patriarchalischer Gesellschaften, sie gebären die Nachkommenschaft und ziehen sie auf, sie garantieren die Reproduktion des Stammes, der Familie, des Volkes.

Frauen unterliegen den Schablonen weiblicher Rollenbildung und Funktionszuschreibung, den Frauenphantomen männlicher Wunsch- und Traumvorstellungen, wie Ria Schmujlow-Claassen in ihrem Aufsatz *Das Frauenphantom des Mannes* schreibt.[226] Diese Phantome sind als *Rahmen*, als *Fassung* zu verstehen, in die die mannigfach differenzierte Individualität realer Frauen eingespannt wird, um funktional und verwertbar zu sein. Gleichwohl gilt dies nicht nur für die Sozialisation von Frauen und ihre Integration in ein von männlichen Werten beherrschtes Gemeinwesen. Umgekehrt unterliegen auch Männer bestimmten Konzepten von Männlichkeit, die erfüllt sein wollen. Ja, auch Frauen produzieren Phantome, wie Fanny Gräfin zu Reventlow als Antwort auf Ria Schmujlow-Claassens Überlegungen bereits 1898 in *Das Männerphantom der Frau* formuliert.[227] In den Augen der meisten Frauen würde *der Mann* ebenso pauschal behandelt wie die Frau im Urteil des Mannes. Aufschlußreich bleibt dennoch die Beschreibung derartiger Phantasmagorien durch Ria Schmujlow-Claassen:

> »Es gibt offenbar *zwei* Sorten Hirnphantome: solche, die mit dem mystischen Dinge ›Wirklichkeit‹ in irgendeinem Donner zu stehen scheinen, und solche, denen eine derartige Verbindung ganz und gar nicht anzumerken ist. Jene scheinen sich an ihren dunklen Urbildern gleichsam zu reiben: sie prallen ab oder passen sich an, sie wachsen an ihnen oder verschwinden an ihnen, und sie reihen sich dabei an jene scheinbar fortschreitende Linie, die man ›Entwicklung‹ nennt. Diese dagegen steigen stolz und unbekümmert empor wie bunte Seifenblasen, jedes eine Welt für sich, welche platzt und neu entsteht, schillernder, farbenprächtiger meist als jene, und doch viel monotoner. Zu diesen letzteren gehört auch das Phantom von der Frau im Hirn des Mannes: es hat wie sie mit dem Urbild nichts zu tun, es ist eine Welt für sich und es bleibt sich im Grunde immer gleich. Seine paar Variationen sind nur die wechselnden Farbenspiele der einen schwankenden Blase.«[228]

Ria Claassen, die wie Fanny Gräfin zu Reventlow zum Kreis um Stefan George gehörte, diagnostiziert drei Phantasmen von Weiblichkeit, die »zu allen Zeiten und an allen Orten« auszumachen sind: das *Phantom vom Weibe des Sündenfalls*, das *Phantom des Weibes als Jungfrau-Mutter* und das *Phantom des nurgeschlechtlichen Weibes.* Eva. Maria. Venus. – Dämonin. Heilige. Tier. Dies sind die drei großen – scheinbaren – Inkarnationen der Frau! Anders wird sie nicht gesehen.

»Warum wendet es [das Männerhirn] so wenig auf für die Vorstellung unsrer selbst? Warum für uns immer diese trüben, ins Grau-Banale spielenden, häßlichen Blasen? Und wenn wir schon auf Schönheit verzichten müssen – wir wollen es ja gerne! – warum müssen wir es auch auf Abwechslung? Der Teufel selbst trägt tausend Gesichter! Ach, und wir langweilen uns ohne das Schauspiel all der aufsteigenden Phantome des männlichen Hirns, – wir, die wir selbst nichts steigen lassen können, wir armen Königinnen im Reich des Schweigens!«[229]

Dieses Schweigen ist längst beredt geworden. Aber eins sollten wir dabei nicht vergessen: Auch Frauen, die über Frauen und ihre Geschichte schreiben, bleiben den tradierten Schemata treu. Sie schreiben sie um, interpretieren sie neu und werten sie auf. Muttermythen, die Vielfältigkeit und Überlegenheit weiblicher Sexualität und die Akzentuierung sogenannter *weiblicher* Werte, durch deren Beachtung es allen besser gehen würde, sind moderne Versionen der alten Einteilungen. Einstmalige Schwächen werden nun zu Stärken. Das Dominanzschema wird lediglich umgedreht. Die ursprünglichen Zuordnungen von Eigenschaften wie passiv, gefühlsbetont, sensibel, duldsam, subtil, zurückhaltend, nett, adrett usw. haben sich jedoch nicht geändert. Sie sind die andere Seite der männlichen Attribute aktiv, verstandesbetont, intelligent, ungeduldig, grobschlächtig, dominant usw. Die Attribute, mit denen Weiblichkeit charakterisiert wird, waren jenen, mit denen Männlichkeit beschrieben wird, untergeordnet, sie sind deren Negativ. Gewisse Feministinnen haben allein das Wertungsverhältnis umgewendet, aber das Schema blieb unangetastet. Das abendländische Denken zeichnet sich durch die endlose Differenzierung und Wiederholung derartiger hierarchisierender Zweiwertigkeiten aus, in denen die Opposition männlich – weiblich auszumachen ist. Wie an den Geschichten von Mörderinnen aber abzulesen ist, sind die Spektralfarben, die Erscheinungsweisen und Maskierungen von Weiblichkeit und Frausein sehr viel schillernder, abwechslungsreicher und leuchtender: Sie reichen bis zur aktiven Aggression und perversen Brutalität, bis zu todbringenden Skrupellosigkeiten und absoluter, visionärer Grausamkeit. Der Teufel hat tausend Gesichter, seine Gehilfen sind nur seine Knechte. Doch mit den Teufelinnen verhält es sich genauso. Der Mensch ist ein diffiziles Wesen, er kann widersprüchliche Charakteristika in sich vereinen, die nicht durch eine polierte, schöne Oberfläche weggezaubert werden können. Die Beschreibungen des Menschen gehen häufig in Richtung des Harmonischen und Kohärenten, des Einheitheischenden, das alle zentrifugalen Energien leugnet. Aber was ist mit dem Gespaltenen und Spaltenden seiner Existenz? Auch das als unmenschlich Abqualifizierte ist Teil des Menschen, des Mannes wie der Frau. Frauen wie Männer werden mit Rollenklischees konfrontiert und nicht selten auch mit vorgefertigten Ansprüchen malträtiert. Keiner kann dem entkommen, mag es auch in diesem Spiel der Projektionen Agierende und Reagierende geben. Den Phantomen unseres Ichs, die auch immer die Phantome des und der anderen sind, können wir nicht entrinnen.

Frauen stehen nicht jenseits der Gewalt. Es ist eine Illusion anzunehmen, Aggressions- und Konfrontationswillen seien bloße Errungenschaften einer patriarchalischen Sozialordnung und seien als »männliche« Wahnvorstellungen auslöschbar. Selbst »Zuckerpuppen« können Fäulnis- und Verwesungsgerüche verbreiten, ohne selbst die schöne Leiche zu sein und beweint zu werden. Gewalt ist eine physische Realität, die nicht unbedingt durch die Frage nach der richtigen Erziehung, der richtigen Einstellung gelöst werden kann.

Es besteht heute ein großes Interesse an den dunklen, geheimnisvollen Seiten des Menschen, an seinen zerstörerischen und selbstzerstörerischen Kräften, die durch allzu optimistische Utopien verschleiert werden. Darüber hinaus provozieren mancherlei Umbrüche Unsicherheiten, Ängste und Fragen. Kultur und zivile Rechtsordnung vertragen sich nicht mit Körperverletzung! Gewalt, sagen die einen, darf kein Mittel der Auseinandersetzung und Konfliktlösung sein. Andere weisen darauf hin, daß die Realitäten diesen Forderungen Hohn sprechen. Es geht letztendlich um das Problem des Umgangs mit Aggressionen, mit den sogenannten negativen Gefühlen und Phantasien, die zum Ausdruck finden und in vernünftige Bahnen gelenkt werden müssen, sofern sie nicht zu krankmachenden Spannungen führen sollen. Diese Gefühle können mit starken egoistischen Bestrebungen in Verbindung stehen: Macht, Herrschaft, Reichtum usw. Sie können traumatische Erlebnisse verursachen.

Artemisia und Tassi *oder* Frauen und Gewalt

Gewalt erzeugt oft Gegengewalt. Erlittenes Leid kann, so der Eindruck, am ehesten mittels brachialer Attacken gesühnt werden. Dann haben Ausgeliefertsein und Ausweglosigkeit ein Ende. Dennoch hinterlassen repressive Mechanismen offensichtlicher und subtiler Art Spuren der Deformation, die nicht so ohne weiteres zu tilgen sind. Häufig kehrt das Ohnmachtsempfinden als böses Echo der Vergangenheit wieder zurück. Dasselbe Phänomen ist bei Gefühlen der Traurigkeit zu beobachten, wenn Verluste verschmerzt werden mußten, wenn die Stunde des Abschieds gekommen war. Sensible Naturen brauchen mitunter Jahre, um solche Ereignisse zu verarbeiten. Die Geister zurückliegender Erlebnisse und die Schattenwesen höchsteigener Unmenschlichkeit müssen bewußt wahrgenommen und transformiert werden, um sie bändigen zu können. Wie atemraubend Wut, Abscheu und Mordgelüste produktiv verarbeitet werden können, zeigt die wunderbare Geschichte einer Malerin des frühen 17. Jahrhunderts.

Am 8. Juli 1593 erblickte Artemisia Gentileschi in Rom die interessante Welt der Künstler. Sie war die Tochter des damals erfolgreichen Malers Orazio Gentileschi, der zu den Anhängern Caravaggios zählte. Keiner ihrer drei Brüder war so begabt wie sie, und voller Stolz bildete ihr Vater sie in seiner Werkstatt selbst aus. Er wachte mit Argusaugen über seine Tochter, die er von der Außenwelt völlig fernhielt, um ihre Tugend und ihre Unschuld zu wahren. Desto erstaunlicher ist es, daß er im Mai des Jahres 1611 ausgerechnet Agostino Tassi in sein Haus ließ, damit dieser Artemisia in Perspektive unterrichte. Tassi war ein stadtbekannter Rauf- und Trunkenbold, ein Playboy, Künstler und Lebemann, der vor keiner Räuberei und keiner Rücksichtslosigkeit zurückschreckte. Ständig war er in irgendwelche Fehden oder Gerichtsprozesse verstrickt. Und genau diesem Weiberhelden vertraute er seine 17jährige Tochter an! Er täuschte sich sehr, wenn er glaubte, seine Freundschaft würde aus Tassi einen anständigen Kerl machen. Der dachte nicht im Traum daran, auf sein Vergnügen zu verzichten. Sicherlich war die junge Artemisia ihrerseits erfreut, endlich eine männliche Bekanntschaft zu machen. Und sie flirtete wohl auch mit Tassi, der ihr schöne Worte vortrug. Sie vertraute dem Freund ihres Vaters.

Der nimmersatte Casanova wartete jedoch nur auf eine günstige Gelegenheit, sich von Artemisia das zu holen, was er einzig begehrte. Als beide eines Nachmittags im Haus auf- und abgingen, kamen sie in die Nähe der Schlafzimmertür. Für Tassi eröffnete sich damit eine »Perspektive« jenseits der Kunst. Er stieß das Mädchen ins Zimmer und verschloß die Tür. Er warf seine Schülerin auf das Bett, hielt sie mit der einen Hand fest, zog mit der anderen ihre Kleider hoch und stieß sein Knie zwischen ihre Beine. In einer späteren Vernehmung, die nach der Vergewaltigungsanzeige gegen Tassi stattfand, schildert Artemisia die entscheidenden Augenblicke:

»Meine Hände, die er zuvor mit der anderen Hand festgehalten hatte, ließ er nun los, nachdem er zuvor beide Knie zwischen meine Beine geschoben hatte, richtete sein Glied auf meinen Schoß und begann es in mich hineinzustoßen, was fürchterlich brannte und mir sehr weh tat, und obwohl ich nicht schreien konnte, weil er mir den Mund zuhielt, versuchte ich, so gut ich konnte, nach Tuzia [der Nachbarin] zu rufen. Ich zerkratzte ihm das Gesicht und zog ihn an den Haaren und bevor er sein Glied hineinstecken konnte, kniff ich fest zu und riß ihm dabei sogar ein Stückchen Fleisch ab, aber ihn kümmerte dies alles nicht, er machte seine Sache weiter und blieb für eine Weile auf mir, wobei sein Glied in meinem Schoß blieb.«[230]

Als Agostinos Raserei ein Ende gefunden hatte, zögerte Artemisia keine Sekunde, sprang auf, eilte zur Schublade des Tisches, zog ein Messer heraus und ging auf ihn zu mit den Worten: »Mit diesem Messer will ich dich töten, denn du hast mich geschändet.« Agostino beeindruckte dies wenig. In grenzenloser Selbstgefälligkeit blieb er ruhig stehen, öffnete mit einem Stirnrunzeln seine Weste und antwortete: »Hier bin ich.« Das Mädchen fiel ihn an:

> »Da stieß ich mit dem Messer auf ihn ein. Er schützte sich, sonst hätte ich ihn übel zugerichtet und leicht auch getötet, doch ich verletzte ihn nur etwas an der Brust, und er blutete wenig, da ich ihn gerade mal so mit der Messerspitze getroffen hatte.«[231]

Ein weiterer Angriff war nicht mehr möglich. Agostino entwaffnete sie, knöpfte sich dann, etwas verwirrt über die unerwartete Entschlossenheit der jungen Frau, seine Weste wieder zu und betrachtete die laut schluchzende Artemisia. Um sie zu beruhigen, gab er ihr schließlich das Heiratsversprechen. Noch einmal gelang es ihm, sie zu umgarnen, denn eine geplante Heirat hätte den Makel der Entjungferung im Blick der Öffentlichkeit getilgt. Eine solche Verbindung wäre für Artemisia durchaus akzeptabel gewesen, weil Ehen in dieser Epoche im wesentlichen nach pragmatischen und funktionalen Gesichtspunkten geschlossen wurden. Deshalb gab sie auch in der Folgezeit mehrmals Agostinos Drängen nach, bis sie erfuhr, wie heuchlerisch und verdorben der vorgebliche Edelmann war: Er hatte ihr verschwiegen, daß er bereits verheiratet war. Die Vergewaltigung war also perfekt. Jetzt, Anfang des Jahres 1612, griff endlich der Vater ein und bat Papst Paul V. in einem Schreiben, für eine Anklageerhebung gegen Agostino Tassi, den Schänder seiner Tochter, zu sorgen. Der geistliche und weltliche Herrscher Roms ließ Tassi festnehmen und verhören. Es begann ein langwieriges Untersuchungsverfahren, das zur Attraktion der Saison wurde. Aussage stand gegen Aussage, Vernehmung folgte auf Vernehmung, und das vergewaltigte Opfer mußte sich sogar der *sybillinischen Folter* unterziehen, sich Daumenschrauben anlegen lassen, um zu bekräftigen, daß sie keine Hure war und Tassi nicht eingeladen hatte. In Anwesenheit des Angeklagten fesselte ihr der Kerkermeister die Hände vor der Brust und befestigte zwischen den einzelnen Fingern die Schrauben. Dann begann die Prozedur, während der sie ihre Aussage bestätigte. Zu Agostino gewandt sagte sie:

> »Dies also ist der Ring, den du mir reichst und diese sind deine Versprechungen.«[232]

Agostino Tassi wurde aus der Untersuchungshaft entlassen. Seinem weiteren Erfolg als Landschaftsmaler taten die Vorfälle keinen Abbruch. Schon einen Monat nach Prozeßende, am 29. November 1612, verheiratete man Artemisia mit dem Florentiner Pietro Antonio Stiattesi und brachte sie in die Toskana. Die schändliche Tochter war damit aus der Welt. Und der auf seine Ehre bedachte Orazio versöhnte sich bald mit seinem Malerfreund und Saufkumpan Agostino, der in den folgenden Jahren noch manchen Prozeß zu bestehen hatte. Artemisia indes widmete sich in Florenz ganz der Malerei. Am Fürstenhof der Medici gewann sie rasch Anerkennung, sie war eine begehrte Künstlerin. Als erste Frau fand sie Aufnahme in die bedeutende *Accademia del Disegno* des großen Vasari. 1620 reiste sie durch Norditalien, um daraufhin nach Rom zurückzukehren – mit ihren Kindern, aber ohne Ehemann, von dem sie inzwischen getrennt lebte. Ihr Weg führte sie 1630 weiter nach Neapel. Dort schuf sie mit den geachtetsten Künstlern der Stadt drei Gemälde für die Kathedrale von Pozzuoli. Ihr Vater war mittlerweile Hofmaler des englischen Königshauses geworden. Artemisia fuhr zu ihm nach London und malte mit ihm zusammen an den Deckenfresken des Queen's House in Greenwich. Nach dem

Tod des Vaters ging sie wieder nach Neapel, wo sie im Jahre 1653 starb.

Die letzten Jahre ihres Lebens waren gekennzeichnet von finanziellen Sorgen. Der Kunstgeschmack hatte sich gewandelt, die Auftragslage war schlecht, und die Konkurrenz wurde immer größer. Die Preise verfielen, aber Artemisia beugte sich dem Preisdiktat nicht. Erhobenen Hauptes beharrte sie auf dem Wert ihrer Bilder. Ja, sie war nicht nur eine außergewöhnliche Malerin, sondern auch eine Frau, die ihr Leben selbst gestaltete und ihren Unterhalt bestritt. Sie führte einen umfänglichen Haushalt, war keinem anderen verpflichtet als sich selbst, stellte sogar eine mehr als ausreichende Mitgift für ihre beiden Töchter zur Verfügung und beschäftigte ihren Bruder Francesco als Sekretär und Agenten.

Sie war nicht zerbrochen an den Erlebnissen mit Tassi. Die Kunst hatte ihr geholfen! Bereits 1611/12 schuf sie *Judith enthauptet Holofernes*. Acht Jahre später griff sie das Motiv noch einmal auf und veränderte Farbgebung und Komposition. Dieses 1620 entstandene Gemälde mißt 199 × 162,5 cm. Es scheint, Artemisia sei damals in der Lage gewesen, endgültig mit dem Erlittenen abzurechnen, ihren Zorn und ihre Aggressionen zu visualisieren, dramatischen Gefühlen komprimierten Ausdruck zu verleihen. Das Bett, auf dem Holofernes für seine bedrohlichen Taten büßen muß, heißt in der lateinischen Version der Bibel *lectulus*, was soviel bedeutet wie Speisesofa, Ehebett und – Totenbett. Der Vollzug der Ehe ist ein Vollzug zum Tode. Die kunstvoll drapierte Szene ist eine Zurschaustellung von ineinander verflochtenen und komponierten Gliedmaßen, so daß ein oberflächlicher Betrachter sie als eine Verkettung von Liebesstellungen ansehen könnte:

»Wenn die beiden Frauen die Absicht hätten, den General zu vergewaltigen, sie würden es kaum anders anfangen.«[233]

Kraftvoll und zielsicher führen Judith und ihre Dienerin den Akt aus. Holofernes muß bezahlen, Widerstand ist zwecklos. Caravaggio zeigt Judith 1598/99 zwar im Augenblick der Tat, aber sie ist ein zartes Fräulein, das starr und zögerlich wirkt. Artemisia Gentileschi hingegen verleiht ihrer Judith die »Brutalität eines Metzgergesellen«.[234] In der Vertauschung der Positionen, in der Umkehr der Rollen liegt das besonders Skandalöse des Gemäldes, so daß noch Jahrhunderte später – 1916 – der italienische Kunsthistoriker Roberto Longhi entrüstet schreibt:

»Eine Frau hat das Ganze gemalt? Das muß ja eine schreckliche Frau sein! ... Wir flehen um Gnade.«[235]

Lange wurde das Bild nicht ausgestellt, es wurde in den Lagerräumen der Uffizien in Florenz verwahrt, zum Schutz vor ungebetenen Blicken. Als zu schockierend galt wohl das Tableau einer kaltblütigen Frau, die mit angestrengtem und kategorischem Blick einem Mann den Kopf abschneidet. Großer Gott, das soll eine *Frau* sein!? Und *eine* ist nicht genug, gleich zwei Frauen arbeiten einander zu und koordinieren ihr Handeln, um den Mord zu verwirklichen.

»Zwei Frauen vereint bei derselben Arbeit, die Arme derart miteinander verflochten, daß ihre Muskelkraft sich zu ein und demselben Zweck verbindet: die Überwindung einer enormen Masse, deren Gewicht die Kräfte einer Frau übersteigt; könnte man nicht sagen, zwei Arbeiterinnen damit beschäftigt, ein Schwein zu schlachten?«[236]

Allerdings sind die beiden Frauen nicht gleichgeordnet, nur eine, Judith, die Ausführende, hat das Schwert in der Hand und vollbringt die Tat. Ihre Dienerin wartet geduldig im Hintergrund, sie hält den Mann fest. Der Unterschied zwischen den Frauen ist deutlich.

> »... die Herrin hält das Fleisch auf Distanz, ihr Ausdruck ist angewidert, wenn auch entschlossen: Ihre Beschäftigung ist gewöhnlich nicht das Töten von Tieren; im Gegensatz dazu bewahrt die Dienerin eine ruhige, ausdrucklose Miene: Das Festhalten des Tieres ist für sie eine Arbeit wie jede andere: Tausend Mal während des Tages erledigt sie solch triviale Aufgaben.«[237]

Das energiegeladene, dynamische Sujet rückt durch seine
(310 Farbgebung, die Hell-Dunkel-Kontraste und die Anordnung der Bildelemente, das Knäuel der Gliedmaßen, zu denen auch das fast senkrecht nach unten ragende, gewaltige Schwert gehört, in den Mittelpunkt des Bildes. Mit der Rechten trennt Judith den Kopf vom Rumpf ab, den sie im Moment des entscheidenden Streiches mit der Linken festhält. Das Blut fließt reichlich, besudelt das Bett, spritzt empor und befleckt ihre Brust, einige Tropfen landen auf dem Dekolleté. Die Szenerie hat die Präzision und Kühle einer »Operation der Veterinärchirurgie«.[238] Judiths indignierter Gesichtsausdruck hingegen deutet an, daß diese niedere Tat eigentlich unter ihrem Niveau ist. Sie läßt sich herab zu tun, was getan werden muß. Es gefällt ihr nicht, aber der feindlich gesonnene Mann wollte es nicht anders; er hat sie herausgefordert. Er wollte ihr und ihrem Volk schaden. Nun muß er die Konsequenzen hinnehmen.

Artemisia-Judith steigt für einen Moment in die Gefilde roher Kreatürlichkeit hinab, um den Feldherrn Abbitte leisten zu lassen für die Schrecken, die er sie hatte erleiden lassen. Sie will ihm damit sagen: ›Du hättest dich lieber

Artemisia Gentileschi:
Judith enthauptet Holofernes, 1620

in acht nehmen sollen, denn ich bin eine Frau, die sich zu wehren weiß, eine Frau, die zum Äußersten greift, wenn es sein muß, ohne dabei ihre Würde zu verlieren!‹ Ein Schmuckstück glänzt an ihrem linken Arm, jetzt wird es von der Trophäe des Kopfes ergänzt.

Vollendete Artemisia Gentileschi in diesen Gemälden den mißglückten Anschlag auf Agostino Tassi? Hatte diese künstlerische Beschäftigung mit expressiver Gewalt eine therapeutische Wirkung? Wurde das Messer, das sie Tassi ins Herz stoßen wollte, durch das Schwert ersetzt, mit dem Judith Holofernes die Kehle durchschnitt? Sicherlich ist eine psychologische Deutung berechtigt. Moderne, körperzentrierte Psychotherapien haben ähnliche – teilweise auch sehr handgreifliche und aktionsbetonte – Methoden in ihrem Repertoire, um emotionale Niederlagen durch emotionale Siege auszugleichen. Der Therapeut versetzt seinen Patienten zurück in die traumatischen Minuten, er läßt die Szene gewissermaßen neu spielen und somit »umschreiben«. Leiblicher Ausdruck und leibliche Erfahrung – nicht nur das Darüber-Reden sind von entscheidender Wirksamkeit.

Die geniale Pinselführung läßt keinen Zweifel daran aufkommen, daß die künstlerische Qualität des Gemäldes oberstes Gebot der Barockmalerin ist. Artemisia schuf mehrere Bilder mit Variationen des Judith-Themas. Zu sehen sind immer die beiden Frauen mit Holofernes. Beachtenswert ist, daß Artemisia Gentileschi eine Außenseiterin in mehrfachem Sinn war: Als Vergewaltigte galt sie als *Entehrte* und war sozial stigmatisiert. Als Künstlerin ernährte sie sich und ihre Familie. Als »alleinerziehende« Mutter hatte sie sich von ihrem Ehemann getrennt. Dies alles lebte und erlebte sie in einer Epoche, der dies alles unheimlich sein mußte, es konterkarierte die sozialen Rollenmuster. Es war für Artemisia selbstverständlich, daß auch eine Frau Handlungs- und Tatsubjekt ist, wie sie es in ihren Judith-Bildern demonstrierte.

> »Artemisia Gentileschis Judith-Darstellungen, ihre biblischen und antiken Heldinnen, die tatkräftig ihr Schicksal selbst in die Hand nehmen, sind Ausbruch, eine Absage an die weibliche Opferrolle. Spiegel ihres eigenen Lebensentwurfs, Grenzüberschreitung und Aufbruch nicht nur im 17. Jahrhundert.«[239]

Das Beispiel ihres Lebens und ihres Werkes zeigt, daß das Schema männlich = *agierend/sich selbst bestimmen* vs. weiblich = *reagierend/durch andere bestimmt werden* auflösbar ist. Eine bewußte Auseinandersetzung mit den Rollenerwartungen kann, wie im Falle Artemisia Gentileschis, befreiend wirken und Vertrauen in die eigene Stärke geben.

Daß körperlich-schlagende Argumente manchmal das einzig Richtige sind, um erstickende Gefühle aus den Luftwegen zu entfernen und wieder frei durchatmen zu können, hat Piero De Giacomo, der Direktor des Psychiatrischen Instituts der Universität Bari, festgestellt. Er empfiehlt depressiven Patientinnen, die sich häufig als Opfer einer dominanten Umgebung fühlten, ihren männlichen Lebenspartnern Ohrfeigen zu geben. Diese Therapie habe gute Erfolge zu verzeichnen – so De Giacomo. Und Männer, die ihre leidenden Frauen wirklich unterstützen möchten, sollten ihnen daher beide Wangen hinhalten.

Mörderische Lektionen

Im *Deutschen Rechtswörterbuch* ist nachzulesen, daß in der älteren deutschen Rechtssprache unter einer *Mörderin* normalerweise eine *Kindesmörderin* verstanden wurde.[240] Eine Mörderin war also per se Mörderin eines, nämlich ihres Kindes. Nur in diesem engen Rahmen erwartete man Morde von Frauenhand. Andere weibliche Gewaltakte hielt man für unmöglich, oder sie lagen zumindest jenseits der Vorstellungskraft; man traute sie Frauen nicht zu. Doch dies ist eine Täuschung, wie sich gezeigt hat.

Es gibt sogar *kindliche Mörderinnen* wie Marie Schneider. Sie ist kein Einzelfall. So hat die elfjährige Engländerin Mary Flora Bell 1968 zugegeben, zwei Kinder im Alter von drei und vier Jahren getötet zu haben. Ihre zwölfjährige Landsmännin Sharon Carr ermordete 1992 ein 18jähriges Mädchen mit 29 Messerstichen. Im März 1997 wurde die Mörderin von einem Gericht in Winchester zu einer Haft von unbegrenzter Dauer verurteilt. In dem britischen Film *Heavenly Creatures* aus dem Jahre 1994 erinnert Regisseur Peter Jackson an die Freundinnen Pauline und Juliet. Die zwei hübschen Teenager schlugen am 22. Juni 1954 in Neuseeland Paulines wehrloser Mutter mit einem Stein den Schädel ein. Die Mädchen sollten voneinander getrennt werden, weil sie nur noch Augen füreinander hatten und sich immer mehr von der Welt abkapselten. Ihre Freundschaft war so intensiv, daß sie alle Grenzen sprengte.

Auch bei Paaren, die mordend ihr Leben verbringen, ist die Frau nicht immer nur zufällige Komplizin. Die *Honeymoon Killers* Martha Beck und Raymond Fernandez sollen zwischen 1947 und 1949 ca. zwanzig Frauen umgebracht haben. Mit Hilfe von Kleinanzeigen machten sie alleinstehende Frauen ausfindig, die Raymond verführte, während sich Martha als seine Schwester ausgab. Für die drei Morde, die sie gestanden, wurden sie zum Tode verurteilt und am 8. März 1951 hingerichtet.

Ein weiterer Fall, der von skrupelloser Mordlust zeugt, ist die Geschichte von Gerald und Charlene Gallego. Zwischen 1979 und 1981 töteten sie in Kalifornien zehn Menschen. Charlene holte mit einladender Geste Tramperinnen ins Auto, die ihr Mann vergewaltigte, folterte und lebendig begrub.

Den Beweis, daß bei derartigen Paar-Konstellationen auch die Frau brutale Gewalt anwendet, erbringen auch Alvin und Judith Neelley. Der beleibte und ewig lächelnde Alvin saß im Gefängnis, weil er auf seine Ehefrau geschossen hatte.
Als er entlassen wurde, lernte er die halbwüchsige, zierliche Judith kennen. Von 1979 bis 1982 machen sie die Südstaaten der USA mit Betrügereien und Raubüberfällen unsicher und werden mehrmals kurzfristig inhaftiert. Das junge Mädchen bringt im Zuchthaus Zwillinge zur Welt. Ihre wahre Berufung finden sie wenig später als *Lady Sundance and The Nightrider.* Sie vergewaltigen, foltern und töten. Ihre Spezialität ist die Injektion ätzender Flüssigkeiten und Säuren. Als sie sich wegen fünfzehnfachen Mordes vor dem Richter wiederfinden, wird klar, daß die meisten Opfer auf Judiths Konto gehen. Im April 1983 wurde die Achtzehnjährige zum Tode verurteilt.

Eine *French connection* bildete ein Pariser Teenager-Pärchen: die hübsche 15jährige Véronique mit meerblauen Augen und braunen Haaren und der 17jährige Sébastian. Nachdem sie den Film *Natural Born Killers* gesehen haben, in dem 52 Menschen wahllos ermordet werden, reift auch in ihnen »das Böse«, wie Véronique in ihr Tagebuch schreibt. Sie planen einen kinoreifen Mord, so brillant, wie Hollywood es ihnen vormachte. Der gleichaltrige Sonnyboy Abdeladim soll als erster dran glauben. Véronique war jahrelang mit ihm befreundet und kann ihn nun nicht mehr leiden. Sie locken den Jungen in eine Falle, Véronique spielt die Femme fatale, zieht sich aus und fordert ihn auf, mit ihr Sex zu haben. Als er es tut, stirbt er an 40 Messerstichen.

Um zu morden, greifen Frauen mehrheitlich zu Gift. Meldungen von *Schwarzen Witwen* tauchen immer wieder in den Zeitungen auf. In den Vereinigten Staaten trieb *Lady Bluebeard* Belle Gunness zu Anfang des Jahrhunderts ihr Unwesen.[241] Sie lockte ihre Opfer ebenfalls mittels Kontaktanzeigen an, setzte sie stets auf die gleiche Weise unter Drogen, strangulierte sie, zerstückelte sie und verfütterte die Leichenteile an ihre Schweine. Im April 1908, nach einem Brand in ihrem Haus, wird ein Leichnam entdeckt, den man für Belle Gunness hält, anschließend stößt man auf drei vergrabene Leichen – ihre Kinder. Belle Gunness soll zwischen dreizehn und achtundzwanzig Morde auf dem Gewissen haben.

Die nur 1,49 Meter große Mexikanerin Maria Lapine soll ihrem ersten Gatten ein Mittel verabreicht haben, das zum Herztod führte, den zweiten pflegte sie zu Tode, den dritten, einen Ferrari-Millionär, vergiftete sie. Am 3. Juni 1996 brach der Polizeioffizier Roberto Montero mit gezücktem Revolver in ihre Wohnung ein. Er glaubte, die Einundvierzigjährige endlich überführen zu können. Doch die Señora lag in einem blumengeschmückten Sarg, und eine indianische Dienerin hockte davor und weinte sich mit theatralischer Gebärde die Augen aus. Enttäuscht machte Polizeioffizier Montero kehrt, ohne den Deckel zu lüften und den Puls der »Leiche« zu fühlen. Es war ein Täuschungsmanöver: Man hatte die *Schwarze Witwe* gewarnt. Putzmunter krabbelte sie aus dem

Sarg und verschwand von der Bildfläche. Seit 1970 soll sie insgesamt zwölf Männer vergiftet haben.

Hin und wieder tauchen in der Presse Meldungen auf, die von einem mörderischen Pflege-Syndrom und Medikamentenmißbrauch übertrieben »hilfsbereiter« Frauen berichten, von Altenpflegerinnen und Krankenschwestern. Psychotherapeuten sagen, daß eine engstirnige oder übereifrige Einstellung zum Helfen auf die ureigene Bedürftigkeit der pflegenden Person hinweisen kann, auf ihr Bedürfnis nach Beachtung, nach Zweisamkeit, nach Integration. Im Fall der Michaela Roeder, des »Wuppertaler Todesengels«, diagnostizierten Psychiater ein ausgeprägtes Helfer-Syndrom. Sie war wegen Mordes an siebzehn Patienten angeklagt, die sie Mitte der 80er Jahre in einem Wuppertaler Krankenhaus mit Hilfe von Medikamenten Gott näher gebracht haben soll. Am 11. September 1989 lautete das Urteil für Michaela Roeder auf insgesamt elf Jahre Freiheitsentzug wegen Totschlags in fünf Fällen und in je einem Fall wegen Tötung auf Verlangen, fahrlässiger Tötung und versuchten Totschlags. Die damals Siebenundzwanzigjährige war nur ein »kleiner Fisch« im Vergleich mit den vier berüchtigten Krankenschwestern des Wiener Spitals Lainz. Anfang der 80er Jahre erstreckten sich die Ermittlungen der Wiener Staatsanwaltschaft auf über dreißig Tötungsfälle.

Da der Nachweis von Giften aller Art – auch von Medikamenten – immer besser gelingt, kommt es zu einem Effekt, den der Berliner Journalist Peter Niggl in seinem Buch *Killer aus dem Katalog* beschrieben hat. Die überwiegende Zahl der Kunden von Auftragskillern sind Frauen, die sich nicht selbst die Hände schmutzig machen wollen. Der *Giftmord* wird offenbar durch den *Auftragsmord* ersetzt.[242]

Mörderinnen aus politischer Leidenschaft fühlten sich als Prophetinnen einer besseren Welt und Speerspitzen des Morgen. Sie handeln aus gesellschaftlich-politischer Überzeugung und sind dennoch fähig, Böses zu tun und Chaos anzurichten.

Das Kreuzrittertum hat sich im Laufe der Jahrhunderte säkularisiert. Neben Umweltkämpferinnen und Tierrechtlerinnen finden sich auch noch »klassische« Revolutionärinnen. Als Banditenkönigin und furchtlose junge Räuberin machte die indische Freiheitskämpferin Phoolan Devi zwischen 1979 und 1983 die Schluchten des indischen Staates Uttar Pradesh unsicher. Sie kapitulierte, ging freiwillig ins Gefängnis und engagiert sich seit ihrer Haftentlassung im

Frühjahr 1994 für die Rechte der unterdrückten Frauen.

Die Inkarnation der extremistischen, militanten Feministin war wohl die Amerikanerin Valerie Solanas. Ende der 60er, auf dem Scheitelpunkt der Studentenrevolte, streckte sie den Pop-art-Künstler Andy Warhol mit mehreren Revolverschüssen nieder. Warhol überlebte den Mordanschlag nur um Haaresbreite.

Manche Mörderinnen vereinen Aspekte verschiedener Typen in sich: Judith aus Bethulia trat Holofernes äußerlich entgegen als zauberhafte Femme fatale von charismatischer Schönheit, in ihrem Herzen war sie eine Kämpferin für die Freiheit.

Femmes fatales sind primär Projektionen von Männerträumen, phantasievolle Geschöpfe der Literatur, des Films und der Kunst. Sie sind Idole einer höchst *weltlichen Religiosität*. Die Femmes fatales der äußeren Realität sind die von den Kinoleinwänden herabgestiegenen Göttinnen und deren gute und schlechte Kopien. Ohne artifiziellen Habitus, ohne die Pose des Überirdischen gibt es auch keine Sirenen und keine Vamps. Die Femme fatale muß nicht nur passive Projektionsleinwand des männlichen Begehrens sein. Es ist sehr wohl möglich, vorgefundene und vordefinierte Rollenbilder und deren einzelne Bestandteile umzubilden und sich anzueignen. Die Literaturwissenschaftlerin Carola Hilmes stellt folgende Überlegungen an:

> »Es existiert vielleicht wirklich nur dieser Weg: die tradierten Rollen spielen. Vielleicht gelingt es ja, zuweilen von der einen in die andere hinüberzugleiten. Das Repertoire hat sich mittlerweile ja vergrößert. Eine eigene Identität können die Frauen so allerdings nicht ausbilden. Indem sie insgeheim die Rollenerwartungen zu ihren Gunsten verfälschen, könnten sie vielleicht eine gewisse taktische Überlegenheit erlangen. – Die Koketterie mit der erotischen Macht ist ein reizvolles, aber gefährliches Spiel. Die subversive Strategie des ›Gleitfluges‹ (Jean-Paul Sartre) kann leicht zu einer Bruchlandung führen. Wir dürfen uns nicht täuschen. Wer listig sein will, muß wissen.«[243]

Oder mit einer besonderen exhibitionistischen Begabung geboren sein. Mit »instinktiver Intelligenz« und Individualität eroberte Madonna das »Universum« und wurde die »Venus der Ätherwellen«. Sie verkörpert das Dilemma der starken Frau, die nach einem Mann sucht, aber nicht weiß, ob sie einen Despoten oder einen Sklaven will, schreibt Camille Paglia:

> »Die Tigerin in der Brunst ist geneigt, sich zu unterwerfen, aber sie könnte ihren Bezwinger töten.«[244]

Die Bilder von den *schönen, blassen* Frauenleichen sind häufig Klischees, die die *dunkle* weibliche Welt verleugnen. Denn es gibt zahlreiche Mörderinnen, die die von Virginia Woolf beklagte Geschichtslosigkeit der Frauen durchkreuzen. Die Kriminalautorin Ingrid Noll kennt die Abgründe der Seele. Durch ihre Romane will sie auf die ganz alltäglichen Mordgelüste aufmerksam machen, die jeden von uns beschleichen können:

»Natürlich ist nicht jeder von uns ein Mörder. Das sind reine Gedankenspiele. Ich bin's ja auch nicht geworden. Es würde mich nur freuen, wenn unsere Selbstgerechtigkeit angekratzt wird und man sich selbst mal bei Mordgelüsten ertappt. Das wäre ein schöner Effekt.«[245]

Anmerkungen

Vorwort

1 Geschichte der Frauen. Bde. 1–5. Hrsg. von Georges Duby und Michelle Perrot. Frankfurt/Main: Campus, 1993 ff.

2 Womöglich einen anderen *dark continent?* Sigmund Freud hat so einst das »Geschlechtsleben des erwachsenen Weibes« bezeichnet, als unbekanntes Land, das ein unvergleichliches Rätsel für die Häupter der Psychologie darstellt. Vgl. Sigmund Freud: Die Frage der Laienanalyse. In: S. F.: Gesammelte Werke. Bd. 14: Werke aus den Jahren 1925–1931. Frankfurt/Main: Fischer, [5]1976, S. 241

3 Elisabeth Bronfen: Nur über ihre Leiche. Tod, Weiblichkeit und Ästhetik. Übers. von Thomas Lindquist. München: Kunstmann, 1994

4 Lena Lindhoff: Einführung in die feministische Literaturtheorie. Stuttgart: Metzler, 1995, S. 30

1. Gesche Gottfried und der Giftmord als weibliche Kunstform

5 Carl Maria von Weber: Der Freischütz. Romantische Oper in drei Aufzügen. Dichtung von Friedrich Kind. Stuttgart: Reclam, 1994, S. 45

6 Arsen kann erst seit 1840 zweifelsfrei an Leichen nachgewiesen werden, deshalb konnte Gesche Gottfried lange Zeit unbehelligt bleiben.

7 Allerdings muß Voget zugute gehalten werden, daß er, solange er sich darauf beschränkt, Vorkommnisse präzise zu beschreiben, und sich mit Erklärungen zurückhält, eine zuverlässige Quelle ist, die durch die Fülle an Detailhinweisen nicht zu übertreffen ist.

8 Eckart Oehlenschläger: Nachwort des Herausgebers. In: F. L. Voget: Lebensgeschichte der Giftmörderin Gesche Margarethe Gottfried. Bremen: Röver, 1976, S. 382

9 F. L. Voget: Lebensgeschichte der Giftmörderin Gesche Margarethe Gottfried. Bremen: Röver, 1976, S. 188

10 Voget, S. 187 f.

11 Voget, S. 22

12 Voget, S. 32

13 Voget, S. 41

14 Th. G. v. Hippel: Sämmtliche Werke. Bd. 5 : Ueber die Ehe. Berlin: Reimer, 1828, S. 200 (photomechanischer Nachdruck von Walter de Gruyter: Berlin / New York, 1978)

15 Hippel, S. 200

16 Voget, S. 83

17 Voget, S 107

18 Voget, S. 226, Anm. 24

19 Friedrich Schiller: Die Räuber. Ein Schauspiel. Stuttgart: Reclam, 1980, S. 30

20 Voget, S. 141

21 Voget, S. 167

22 Voget, S. 172

23 Voget, S. 185

24 Voget, S. 365 f.

25 Christian Marzahn: Verrucht oder verrückt? Deutungen im Widerstreit der Professionen. In: Neue Praxis 19 (1989), S. 436–445. Ebenso fehl geht Rainer Werner Fassbinders Interpretation der Figur Gesche Gottfried in seinem Theaterstück *Bremer Freiheit*, in dem er sie als emanzipatorische Kämpferin und unkonventionelle Unternehmerin auffaßt. Dennoch zählt es zu Fassbinders meistgespielten Werken und wurde als »Singspiel auf ein Frauenleben« von Adriana Hölszky vertont.

26 Thomas de Quincey: On Murder Considered As One Of The Fine Arts. In: Th. de Qu.: The English Mail Coach And Other Essays. Introduction by John E. Jordan. London / New York: Dent / Dutton, 1970, S. 49

27 In seinem Buch über Serienmörder wertet Stéphane Bourgoin auch statistische Erhebungen aus und kommt zu dem Schluß: »Weibliche

Serienmörder gehen weniger gewalttätig vor als Männer: Sie haben eine auffallende Vorliebe für Gift (45%), die Lieblingswaffe der ›Schwarzen Witwen‹ und der ›Todesschwestern‹.« (Stéphane Bourgoin: Serienmörder. Pathologie und Soziologie einer Tötungsart. Übers. von Holger Fock. Reinbek: Rowohlt, 1995, S. 19)

28 Voget, S. 152

29 Voget, S. 165

30 Lyndal Roper: Das fromme Haus. Frauen und Moral in der Reformation. Übers. von Wolfgang Kaiser. Frankfurt/Main / New York: Campus, 1995

31 Voget, S. 86

32 Voget, S. 193

33 Voget, S. 259

34 Voget, S. 368, Anm. 15

35 *Heilige* und *Hure* sind die beiden im Bild der satanischen Frau »kontaminierten Idealtypen des Weiblichen«, wie die Literaturwissenschaftlerin Carola Hilmes ausführt. Die »Hure« erscheint als »totenbleiche Madonna«. (Carola Hilmes: Die Femme fatale. Ein Weiblichkeitstypus in der nachromantischen Literatur. Stuttgart: Metzler, 1990, S. 62)

36 David B. Morris: Geschichte des Schmerzes. Übers. von Ursula Gräfe. Frankfurt/Main: Suhrkamp, 1996, S. 147

37 Friedrich Schiller schreibt, offenbar auf die Marquise de Brinvilliers anspielend, in einer Fußnote der Lesefassung seines Dramas *Die Räuber:* »Eine Frau in Paris soll es durch ordentlich angestellte Versuche mit Giftpulvern soweit gebracht haben, daß sie den entfernten Todestag mit ziemlicher Zuverlässigkeit vorausbestimmen konnte. Pfui über unsere Ärzte, die diese Frau im Prognostizieren beschämt!« (Schiller, S. 41)

38 Damen-Conversationslexikon. Hrsg. von Carl Herloßsohn. Leipzig: Volckmar, 1834, S. 195

39 Hugo Friedlaender: Interessante Kriminal-Prozesse von kulturhistorischer Bedeutung. Bd. 8. Berlin: Berliner Buchversand, 1920, S. 15

40 Friedlaender, S. 27

41 Friedlaender, S. 18 f.

42 Friedlaender, S. 21

43 Friedlaender, S. 13

44 Friedlaender, S. 28

45 Vgl. Profil 27 (1996), H. 4, S. 50

46 Die Auszüge werden zitiert nach dem Abdruck in News (1997), H. 7, S. 46

47 Zitiert nach Die Presse, 1. Februar 1997

48 Zitiert nach Profil 27 (1996), H. 4, S. 50

49 Zitiert nach Die Presse, 1. Februar 1997

50 Zitiert nach News (1997), H. 6, S. 57

51 »Ich bin ihre Tochter«. Interview von Paul Yvon. In: Profil 28 (1997), H. 9, S. 48

52 Zitiert nach News (1997), H. 6, S. 57

53 »Ich bin ihre Tochter«, S. 48

54 Zitiert nach Profil 27 (1996), H. 4, S. 50

55 Zitiert nach News (1997), H. 7, S. 46

56 Zitiert nach News (1997), H. 7, S. 46

57 »Ich bin ihre Tochter«, S. 48

58 »Ich bin ihre Tochter«, S. 50

2. Judith und der Mord aus politischer Leidenschaft

59 Das Buch Judit. Erläutert von Ernst Haag. Düsseldorf: Patmos, 1995, S. 96

60 Das Buch Judit, S. 96

61 Das Buch Judit, S. 116

62 Das Buch Judit, S. 119

63 Das Buch Judit, S. 135

64 Bronislaw Malinowski: Magie, Wissenschaft und Religion. Und andere Schriften. Übers. von Eva Krafft-Bassermann. Frankfurt/Main: Fischer, 1973, S. 107

65 »Die Funktion des Mythos ist, kurz gesagt, die Tradition zu stärken und sie mit größerem Wert und Prestige auszustatten, indem er sie auf eine höhere, bessere, übernatürliche Wirklichkeit ursprünglicher Ereignisse zurückführt.« (Malinowski, S. 128)

66 Malinowski, S. 128

67 Die Amazonen sind in der griechischen Mythologie ein kriegerisches Frauenvolk, das im antiken Kleinasien lebte. Es heißt, die Amazonen hätten sich eine Brust amputiert, um besser mit Pfeil und Bogen schießen zu können. Diese körperliche Besonderheit verlieh ihnen auch den Namen: »a« – »mazos« (frei übersetzt *nicht mit weiblicher Brust*).

68 »Durch Dulden Tun: Idee des Weibes.« (Friedrich Hebbel: Werke. Bd. 4: Tagebücher I (1835–1847). Hrsg. von Karl Pörnbacher. München: Hanser, 1966, S. 286, Nr. 1516)

69 Hebbel, Tagebücher I, S. 336, Nr. 1802

70 Friedrich Schiller: Die Jungfrau von Orleans. Eine romantische Tragödie. Stuttgart: Reclam, 1996, S. 7 (Vs. 62)

71 Das Weiblichkeitsideal der Sanftmut gerät in den Jahren der Französischen Revolution bereits ins Wanken. Frauen bietet sich die Möglichkeit, aktiv am öffentlichen Leben teilzunehmen. Vgl. Gerda Marko: Das Ende der Sanftmut. Frauen in Frankreich 1789–1795. München: Beck, 1993

72 Hebbel, Tagebücher I, S. 354, Nr. 1872

73 Friedrich Hebbel: Judith. Eine Tragödie in fünf Akten. Stuttgart: Reclam, 1984, S. 67

74 Die Inquisitoren berufen sich auf Gottes ausdrückliches Gebot im 5. Buch Mose 22, 5: »Ein Weib soll nicht Männertracht tragen, und ein Mann soll nicht Weiberkleider anziehen; denn wer solches tut, der ist dem Herrn, deinem Gott, ein Greuel.«

75 Katharina Simon-Muscheid: »Gekleidet, beritten und bewaffnet wie ein Mann«. Annäherungsversuche an die historische Jeanne d'Arc. In: Jeanne d'Arc oder Wie Geschichte eine Figur konstruiert. Hrsg. von Hedwig Röckelein, Charlotte Schoell-Glass und Maria E. Müller. Freiburg [u. a.]: Herder, 1996, S. 34

76 Schiller, Die Jungfrau von Orleans, S. 14 (Vs. 324–327)

77 Schiller, Die Jungfrau von Orleans, S. 123 (Vs. 3536–3544)

78 Johann Arnold Ebert: Auf Sr. Hochfürstlichen Durchlaucht, Carl Wilhelm Ferdinand, regierenden Herzogs zu Braunschweig und Lüneburg, höchst erfreuliche Zurückkunft. Braunschweig, den 6. Februar 1794. Zitiert nach Friedrich Schiller: Schillers Werke. Nationalausgabe. Bd. 2 Teil II B: Gedichte (Anmerkungen zu Band 2 I). Hrsg. von Georg Kurscheidt und Norbert Oellers. Weimar: Böhlau, 1993, S. 173. – Ebert bezeichnet als »Furienbande« die aktiv an der Revolution beteiligten französischen Frauen, an denen sich die »deutschen Weiber« kein Beispiel nehmen sollen.

79 Damen-Conversationslexikon. Hrsg. von Carl Herloßsohn. Leipzig: Volckmar, 1834, S. 494 f.

(326 80 Jules Michelet: Die Frauen der Revolution. Hrsg. und übers. von Gisela Etzel. Frankfurt/Main: Insel, 1984, S. 169

81 Johanna Kahr: »Literature into Politics«. Von der prägenden Kraft literarischer Darstellungsschemata in der Historiographie: Michelet als Opfer Charlotte Cordays. In: Entgrenzungen. Studien zur Geschichte kultureller Grenzüberschreitungen. Hrsg. von Rudolf Behrens und Udo L. Figge. Würzburg: Königshausen & Neumann, 1992, S. 113

82 Michelet, S. 170

83 Michelet, S. 168
Das Charlotte Corday von Michelet zugeschriebene blonde Haar macht sie noch mehr zu einer engelsgleichen Gestalt.

84 »Jemand, der sie einmal bei einer belanglosen Gelegenheit in Caen hörte, hatte noch zehn Jahre später den Klang dieser einzigartigen Stimme im Ohr und hätte sie in Noten setzen können.« (Michelet, S. 170)

85 Michelet, S. 168

86 Peter Weiss: Die Verfolgung und Ermordung Jean Paul Marats dargestellt durch die Schauspielgruppe des Hospizes zu Charenton unter Anleitung des Herrn de Sade. Drama in zwei Akten. Frankfurt/Main: Suhrkamp, 1989, S. 143

87 Michelet, S. 235 f.

88 Virginia Woolf: Ein Zimmer für sich allein. Übers. von Renate Gerhardt. Frankfurt/Main: Fischer, [14]1995

89 Silvia Bovenschen: Die imaginierte Weiblichkeit. Exemplarische Untersuchungen zu kulturgeschichtlichen und literarischen Präsentationsformen des Weiblichen. Frankfurt/Main: Suhrkamp, 1979, S. 11

90 Rudolf Dekker / Lotte van de Pol: Frauen in Männerkleidern. Weibliche Transvestiten und ihre Geschichte. Übers. von Maria-Theresia Leuker. Berlin: Wagenbach, 1990

91 Dekker / van de Pol, S. 61

92 Michelet, S. 13

93 Reinhard Mohr: »Revolutionäres Gewäsch«. In: Der Spiegel 50 (1996), H. 33, S. 136

94 Zitiert nach Der Spiegel 51 (1997), H. 12, S. 244

95 »Ich erforsche das Böse«. Gespräch mit Susanna Tamaro. Geführt von Doja Hacker und Maria Gazzetti. In: Der Spiegel 51 (1997), H. 9, S. 234

96 »Ich erforsche das Böse«, S. 232

97 »Ich erforsche das Böse«, S. 234

98 Damen-Conversationslexikon, S. 300

3. Salome – Der Tod und das Mädchen

99 Oscar Wilde: Salome. Tragödie in einem Akt. Mit Illustrationen von Aubrey Beardsley. Aus dem Franz. übers. von Hedwig Lachmann. Stuttgart: Reclam 1990, S. 13

100 Wilde, S. 13

101 Wilde, S. 17

102 Wilde, S. 17 f.

103 Wilde, S. 18

104 Wilde, S. 18

105 Wilde, S. 20

106 Wilde, S. 44

107 Wilde, S. 52

108 Wilde, S. 54

109 Camille Paglia: Die Masken der Sexualität. Übers. von Margit Bergner, Ulrich Enderwitz und Monika Noll. Berlin: Byblos, 1992, S. 26

110 »Imago« bezeichnet ein erworbenes, imaginäres Schema – ein »Vorbild« –, das die Art und Weise festlegt, wie das Subjekt den anderen erfaßt.

111 Paglia, S. 28

112 Paglia, S. 14 f.

113 Paglia, S. 21

114 Vladimir Nabokov: Gesammelte Werke. Bd. 8 : Lolita. Roman. Übers. von Helen Hessel, Maria Carlsson, Kurt Kusenberg, H. M. Ledig-Rowohlt und Gregor von Rezzori, bearbeitet von Dieter E. Zimmer. Reinbek: Rowohlt, 1989, S. 25

115 Homer: Ilias. Odyssee. Übers. von Johann Heinrich Voß. München: Winkler, 1990, S. 605 f. (Odyssee, XII. Gesang, 184 ff.)

116 Zitiert nach Hugo Rahner: Griechische Mythen in christlicher Deutung. Zürich: Rhein-Verlag, 1957, S. 442

117 Michael Wetzel: »Le No$^{m}/_{n}$ de Mignon«. Der schöne Schein der Kindsbräute. In: Der Schein des Schönen. Hrsg. von Dietmar Kamper und Christoph Wulf. Göttingen: Steidl, 1989, S. 382

118 Wetzel, S. 381

119 Wetzel, S. 391

120 Robert Musil: Tagebücher. Hrsg. von Adolf Frisé. Reinbek: Rowohlt, 1976, S. 932 f.

121 Robert Musil: Der Mann ohne Eigenschaften. Roman. I. Erstes und zweites Buch. Hrsg. von Adolf Frisé. Reinbek: Rowohlt, 1987, S. 943

122 Rainer Maria Rilke: Sämtliche Werke. Bd. 1 : Gedichte. Hrsg. vom Rilke-Archiv. In Verbindung mit Ruth Sieber-Rilke. Besorgt durch Ernst Zinn. Frankfurt/Main: Insel, 1982, S. 375

123 Marianne Sinclair: Hollywood Lolita. The Nymphet Syndrome In The Movies. London: Plexus, 1988, S. 81

124 Georg Kaiser: Die jüdische Witwe. Bühnenspiel in fünf Akten. In: G. K.: Werke. Bd. 1 : Stücke 1895–1917. Hrsg. von Walther Huder. Berlin: Propyläen, 1971, S. 117–198

125 Vladimir Nabokov: Der Zauberer. Übers. von Dieter E. Zimmer. Reinbek: Rowohlt, 1987, S. 83

126 Nabokov, Der Zauberer, S. 89

127 François Nourissier: Brigitte Bardot. Übers. von Waldemar Sonntag. Bonn: Verlag der Europäischen Bücherei H. M. Hieronimi, 1963

128 Simone de Beauvoir: Brigitte Bardot – ein Symptom. In: Frankfurter Allgemeine Zeitung, 12. September 1959

129 Simone de Beauvoir, Brigitte Bardot – ein Symptom

130 Simone de Beauvoir, Brigitte Bardot – ein Symptom

131 2. Könige 23, 13

132 Percy Bysshe Shelley: On the Medusa of Leonardo da Vinci in the Florentine Gallery. Zitiert nach Mario Praz: Liebe, Tod und Teufel. Die schwarze Romantik. Vom Autor durchgesehene Übersetzung aus dem Italienischen von Lisa Rüdiger. München: dtv [3]1988, S. 43 f. Das Bild wurde ursprünglich Leonardo da Vinci zugeschrieben.

133 John Keats: Gedichte englisch – deutsch. Übers. und hrsg. von H. W. Häusermann. München / Zürich: dtv / Manesse, 1995, S. 81

134 Gustave Flaubert: November. In: G. F.: November. Erinnerungen, Aufzeichnungen und innerste Gedanken. Memoiren eines Irren. Hrsg., übers. und mit einem Nachwort von Traugott König. Zürich: Diogenes, 1991, S. 147

135 Walter Pater: Studies in the History of the Renaissance. Zitiert nach *Praz*, S. 220 f.

136 Arsène Houssaye: Confessions. Zitiert nach *Praz*, S. 221

137 Heinrich Heine: Florentinische Nächte. In: H. H.: Historisch-kritische Gesamtausgabe der Werke. Bd. 5 . Bearbeitet von Manfred Windfuhr. Hamburg: Hoffmann & Campe, 1994, S. 213

138 Richter 5, 24–26

139 Sigmund Freud: Das Tabu der Virginität. In: S. F.: Studienausgabe. Bd. 5 : Sexualleben. Frankfurt/Main: Fischer, 1972, S. 226 ff.

140 Franklin L. Ford: Der politische Mord. Von der Antike bis zur Gegenwart. Übers. von Ilse Utz. Hamburg: Junius, 1990, S. 451

141 Friedrich Gross: Delila, Judith, Salome. In: Eva und die Zukunft. Das Bild der Frau seit der französischen Revolution. Hrsg. von Werner Hofmann. München: Prestel, 1986, S. 212

142 Gert Kaiser: Der Tod und die schönen Frauen. Ein elementares Motiv der europäischen Kultur. Frankfurt am Main / New York: Campus, 1995, S. 79

143 Henri Sanson: Tagebücher der Henker von Paris 1685–1847. Bd. 1. Hrsg. von Eberhard Wesemann und Knut-Hannes Wettig. München: Beck, 1985, S. 203 f.

144 Allerdings sind diese Memoiren fingiert. Ihr Verfasser war wohl nicht der letzte Sanson. Trotzdem können viele Einzelheiten als authentisch gelten, da Henri Sanson dem Autor wahrscheinlich die Familiengeschichte mitgeteilt hat.

145 Sanson, S. 216

146 Sanson, S. 217 f.

147 Alexander Mitscherlich: Auf dem Weg zur vaterlosen Gesellschaft. Ideen zur Sozialpsychologie. München: Piper, 1971, S. 258 f.

148 Michel Foucault: Überwachen und Strafen. Die Geburt des Gefängnisses. Übers. von Walter Seitter. Frankfurt/Main: Suhrkamp, 1989, S. 17

149 Ford, S. 174 f.

150 Marion Hermann-Röttgen: Die Familie Borgia. Geschichte einer Legende. Stuttgart / Weimar: Metzler, 1992, S. X

151 Hermann-Röttgen, S. 121

152 Victor Hugo: Lucrèce Borgia. In: V. H.: Théâtre Complet II. Notices et notes par J.-J. Thierry et Josette Mélèze. Paris: Gallimard, 1964, S. 285–409

153 Hermann-Röttgen, S. 141

154 Ariost: Der rasende Roland. Bd. I: Gesänge 1–25. Übers. von Johann Diederich Gries. München: Winkler, 1980, S. 304 (XIII. Gesang, Strophe 70)

155 Vgl. Carola Hilmes: Carmen. Eine Femme fatale von A bis Z. In: Weimarer Beiträge 40 (1994), S. 119

156 Franz Hessel: Ermunterung zum Genuß. Kleine Prosa. Hrsg. von Karin Grund und Bernd Witte. Berlin: Brinkmann & Bose, 1982, S. 196

157 Hellmuth Karasek: Billy Wilder. Eine Nahaufnahme. Hamburg: Hoffmann & Campe, 1992, S. 135

158 Michael Reynolds: Ich hasse alle Männer. Die unfaßbare Geschichte einer Serienmörderin. Übers. von H. Roberts. München: Heyne, 1995, S. 277

159 Reynolds, S. 278

160 Reynolds, S. 104 f.

161 Reynolds, S. 95

162 Reynolds, S. 295

4. Gräfin Báthory – Im Zeichen des Bösen

163 Heroine des Grauens. Wirken und Leben der Elisabeth Báthory in Briefen, Zeugenaussagen und Phantasiespielen. Hrsg. von Michael Farin. München: Kirchheim [2]1990, S. 263 (Brief Matthias' II. an Georg Thurzó vom 24. Januar 1613. Aus dem Latein. übers. von Kurt Malisch)

164 Farin, S. 348 (Bericht des Gerichts von Újhely vom 9. Januar 1612. Aus dem Latein. übers. von Kurt Malisch)

165 Farin, S. 80 (Abschrift des Zeugen-Verhörs und Beschluß in Betreff der grausamen That, welcher Elisabeth v. Báthory, Gemahlinn des Grafen Franz Nádasdy beschuldiget wird. Prozeßakten vom 2. und 7. Januar 1611 in Bicse. Übernahme der durchgesehenen und geringfügig überarbeiteten Übersetzung aus der Zeitschrift Hesperus, Prag 1817)

166 Farin, S. 350 (Brief von Stanislas Thurzó an Georg Thurzó vom 25. August 1614. Aus dem Ungar. übers. von Judith Steinmann)

167 Farin, S. 339 (Bericht des Mózes Cziráky vom 14. Dezember 1611. Ungar. transkribiert von Judith Steinmann, übers. von Gerhard Seewann)

168 Farin, S. 270 (Bericht des Andreas von Keresztúr vom 19. September 1610. Aus dem Latein. übers. von Kurt Malisch)

169 Vgl. dazu Dieter Harmening: Der Anfang von Dracula. Zur Geschichte von Geschichten. Würzburg: Königshausen & Neumann, 1983, S. 57

170 Farin, S. 327 (Bericht von Andreas von Keresztúr an Matthias II. vom 28. Juli 1611. Aus dem Latein. übers. von Kurt Malisch)

171 Farin, S. 324 (Bericht von Andreas von Keresztúr an Matthias II. vom 28. Juli 1611)

172 Farin, S. 339 (Bericht des Mózes Cziráky vom 14. Dezember 1611. Ungar. transkribiert von Judith Steinmann, übers. von Gerhard Seewann)

173 Farin, S. 339 f. (Bericht des Mózes Cziráky vom 14. Dezember 1611.)

174 Georges Bataille: Die Tränen des Eros. Übers. von Gerd Bergfleth. München: Matthes & Seitz, 1981, S. 171 f.

175 Erst durch die Verschmelzung alter Sagenmotive von einem Frauenmörder, der seine Gattinnen tötet, mit den Erzählungen, Gerüchten und Legenden über Gilles de Rais wurde aus dem Knabenschänder und Kindermörder der Ritter Blaubart.

176 Stanisław Przybyszewski: Die Synagoge des Satan. Ihre Entstehung, Einrichtung und jetzige Bedeutung. Ein Versuch. In: St. P.: Studienausgabe. Bd. 6 : Kritische und essayistische Schriften. Hrsg. und mit einer Nachbemerkung von Jörg Marx. Paderborn: Igel Verlag Literatur, 1992, S. 77

177 Carlo Ginzburg: Hexensabbat. Entzifferung einer nächtlichen Geschichte. Übers. von Martina Kempter. Berlin: Wagenbach, 1990

178 Richard van Dülmen: Die Dienerin des Bösen. Zum Hexenbild in der frühen Neuzeit. In: Zeitschrift für Historische Forschung 18 (1991), S. 385–398

179 Przybyszewski, S. 82 f.

180 Przybyszewski, S. 84 ff.

181 Przybyszewski, S. 77

182 Przybyszewski, S. 88

183 Ginzburg, S. 31

184 Przybyszewski, S. 80

185 Will-Erich Peuckert: Ergänzendes Kapitel über das deutsche Hexenwesen. Zitiert nach Albrecht Schöne: Götterzeichen Liebeszauber Satanskult. Neue Einblicke in alte Goethetexte. München: Beck, [3]1993, S. 137

186 Dülmen, S. 385

187 Darauf weist Przybyszewski hin, der diesen Umstand allerdings nicht näher ausführt. Vgl. Przybyszewski, S. 102

188 Johannes Praetorius: Blockes-Berges Verrichtung. Zitiert nach Schöne, S. 134

189 Schöne, S. 134 f.

190 Przybyszewski, S. 96

191 Schöne, S. 126, Anm. 36

192 Schatten Satans. In: Der Spiegel 44 (1990), H. 41, S. 218

193 Schatten Satans, S. 218

194 Schatten Satans, S. 220

195 Schatten Satans, S. 220

196 Przybyszewski, S. 46

197 Przybyszewski, S. 46

198 Gerald Messadié: Teufel, Satan, Luzifer. Universalgeschichte des Bösen. Übers. von Michaela Meßner. Frankfurt/Main: Eichborn, 1995, S. 341

199 Vgl. Offenbarung 2, 9

200 Przybyszweski, S. 76

201 Przybyszweski, S. 97

202 Dieser berüchtigte, arsenhaltige Gifttrank wurde nach der im 17. Jahrhundert lebenden Neapolitanerin Giulia Tofana benannt, die ihn zubereitete und verkaufte.

203 Magnus Hirschfeld: Sexualität und Kriminalität. Überblick über Verbrechen geschlechtlichen Ursprungs. Wien: Interterrit, 1924

204 Klaus Völker: Historischer Bericht. In: Von denen Vampiren oder Menschensaugern. Dichtungen und Dokumente. Hrsg. von Dieter Sturm und Klaus Völker. München: Hanser, 1973, S. 529

205 Hugo Friedlaender: Interessante Kriminal-Prozesse von kultur-

historischer Bedeutung. Bd. I. Berlin: Berliner Buchversand, 1920, S. 153f.

206 Friedlaender, S. 150

207 Friedlaender, S. 151

208 Friedlaender, S. 153

209 Friedlaender, S. 152

210 Friedlaender, S. 157

5. Frauen morden besser

211 Paul Lindau: Verbrechen oder Wahnsinn? Das Schulmädchen Marie Schneider. In: P. L.: Interessante Fälle. Criminalprocesse aus neuester Zeit. Breslau: Schottlaender, 1888, S. 199–224

212 Lindau, S. 205

213 Lindau, S. 212

214 Lindau, S. 204

215 Lindau, S. 208

216 Cesare Lombroso: Der Verbrecher in anthropologischer, ärztlicher und juristischer Beziehung. Bd. 1. Übers. von M. O. Fraenkel. Hamburg: Richter, 1887

217 Havelock Ellis: Verbrecher und Verbrechen. Übers. von Hans Kurella. Leipzig: Wigand, 1894

218 Stefan Andriopoulos: Die Zirkulation von Figuren und Begriffen in kriminologischen, juristischen und literarischen Darstellungen von »Unfall« und »Verbrechen«. In: Internationales Archiv für Sozialgeschichte der deutschen Literatur 21 (1996), H. 2, S. 119

219 Leben und Sterben der Kindsmörderin Susanna Margaretha Brandt. Nach den Prozeßakten der Kaiserlichen Freien Reichsstadt Frankfurt am Main, den sogenannten Criminalia 1771, dargestellt von Siegfried Birkner. Frankfurt/Main: Insel, 1973, S. 51

220 Birkner, S. 115

221 Richard van Dülmen: Frauen vor Gericht. Kindsmord in der frühen Neuzeit. Frankfurt/Main: Fischer, 1991, S. 95

222 Dülmen, S. 26

223 Christian Gotthilf Salzmann: Carl von Carlsberg oder über das menschliche Elend. Erster Teil. Mit einem Vorwort von Günter Häntzschel. Bern [u. a.]: Lang, 1977, S. 199 (Faksimiledruck der Ausgabe des Siegfried Lebrecht Crusius Verlages, Leipzig 1783)

224 Schillers Werke. Nationalausgabe. Bd. 1 : Gedichte in der Reihenfolge ihres Erscheinens 1776–1799. Hrsg. von Julius Petersen und Friedrich Beißner. Weimar: Böhlau, 1992, S. 69

225 Jürgmeier: Gewalt macht Männer. Über die Folgen des Versuchs, das Unrechenbare zu kontrollieren. In: Neue Zürcher Zeitung, 1./2. März 1997

226 Ria Schmujlow-Claassen: Das Frauenphantom des Mannes. In: R. Sch.-C. und Hugo von Hofmannsthal. Briefe Aufsätze Dokumente. Hrsg. von Claudia Abrecht. Marbach am Neckar: Marbacher Schriften, 1982

227 Vgl. Schmujlow-Claassen, S. 230

228 Schmujlow-Claassen, S. 144

229 Schmujlow-Claassen, S. 144

230 Die Vergewaltigung der Artemisia. Der Prozeß. Übersetzung der lateinisch/italienischen Quellen von Gertraude Grassi. Hrsg. von Christa Wachenfeld. Freiburg im Breisgau: Kore, 1992, S. 52

231 Wachenfeld, S. 52

232 Wachenfeld, S. 122

233 Roland Barthes: Zwei Frauen. Übers. von Christa Wachenfeld und Helmut Figoluschka. In: Die Vergewaltigung der Artemisia. Hrsg. von Christa Wachenfeld. Freiburg im Breisgau: Kore, 1992, S. 13

234 Anne-Marie Christin: Diesseits des Spiegels. Übers. von Antje Pehnt. In: Venus, Grazie & Madonna. Evolution des Weiblichen in der Kunst. Hrsg. von Erich Lessing und Philippe Sollers. München: Metamorphosis, 1994, S. 248

235 Roberto Longhi: Gentileschi, padre e figlia. In: L'Arte 19 (1916), 245–314. Zitiert nach Rose-Marie Hagen: Artemisia. Die entehrte Malerin. In: Art (1988), H. 8, S. 81

236 Barthes, S. 13

237 Barthes, S. 13

238 Barthes, S. 13

239 Wachenfeld, S. 34

240 Deutsches Rechtswörterbuch. Wörterbuch der älteren deutschen Rechtssprache. Hrsg. von der Heidelberger Akademie der Wissenschaften. Bd. 9. Weimar: Böhlau, 1996, Sp. 878

241 Janet L. Langlois: Belle Gunness: The Lady Bluebeard. Bloomington: Indiana University Press, 1985

242 Peter Niggl: Killer aus dem Katalog. Auftragsmord – Ein neues Gewerbe. Berlin: Eulenspiegel, 1996

243 Carola Hilmes: Carmen. Eine Femme fatale von A bis Z. In: Weimarer Beiträge 40 (1994), S. 125 f.

244 Camille Paglia: Venus der Ätherwellen. In: Madonna Megastar. Photographien 1988 – 1993. Mit einem Essay von Camille Paglia. München [u. a.]: Schirmer/Mosel, 1994, S. 14

245 »Ich bin ein großer Angsthase«. Interview mit der Schriftstellerin Ingrid Noll über den ganz normalen Mord. In: Der Spiegel 48 (1994), H. 31, S. 154

Zu den Abbildungen

Seite 43:
Die Reproduktionsvorlage stellte uns das Focke-Museum, Bremen, zur Verfügung.

Seite 211:
Die Reproduktionsvorlage stammt aus der Deutschen Kinemathek, Berlin.

Seite 227 und 231:
Aus: Michael Farin (Hrsg.), Heroine des Grauens. Wirken und Leben der Elisabeth Báthory in Briefen, Zeugenaussagen und Phantasiespielen. München: P. Kirchheim, ²1990, S. 2 und 289.

An dieser Stelle sei allen gedankt, die direkt oder indirekt am Entstehen dieses Buches beteiligt waren.

Insbesondere danken wir unseren Eltern für ihre Unterstützung – dieses Buch ist auch ihnen gewidmet. Christian Drepper gab uns einige wichtige Hinweise, und ohne Stasek Krivys technischen Beistand wäre manches nicht möglich gewesen. Nicht unerwähnt bleiben dürfen Rainer Moritz und Monika Heinker vom Reclam Verlag Leipzig, ohne die es dieses Buch nicht gegeben hätte.

Essen, im Juni 1997 Christian Bolte und Klaus Dimmler

RECLAM-BIBLIOTHEK

Serial Killers

Das Buch der blutigen Taten

Herausgegeben von Annette Keck
und Ralph J. Poole.
234 Seiten. RBL 1596. 19,– DM
ISBN 3-379-01596-2

Serial Killers sind, so würde man meinen, ekelhaft und abstoßend. Und doch stehen Gewaltverbrechen in der Kunst wie im Leben häufig in enger Verbindung zu Liebesgeschichten. Der Spur des unheimlichen Reizes folgt dieses Lesebuch. Es sucht nach Beweggründen und wirft die Frage nach der Poesie des Verbrechens auf. Es beleuchtet die unterschiedlichen Erzählweisen im Spannungsfeld von Groteske und dokumentarischer Sachlichkeit. Wer zeichnet den Tathergang grauenerregender nach? E. T. A. Hoffmann? Bram Stoker? Fritz Haarmann? Jeffrey Dahmer? Erstaunlicherweise: Unterschiede gibt es über die Jahrhunderte hinweg kaum.

Die Geschichte der Serial Killers – so machen Annette Keck und Ralph J. Poole durch ihre Auswahl deutlich – ist keine Geschichte der ansteigenden Brutalität, sondern es sind historische und gegenwärtige Geschichten, die sich einem Phänomen nähern: dem Faszinosum der Gewalt.